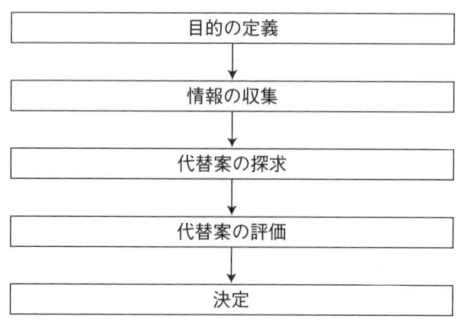

図表1−1　合理的な意思決定

出所：森田保男［1996］『経営学』同文舘、53頁より、筆者作成。

ている状況を判別し、将来の状況の変化を予測し、いくつかの代替案を立案し、評価の後、行動を選択するプロセスである（図表1−1）。

　意思決定は、権限の面からみて管理者の基本的な職能である。日々の活動において、さまざまな問題や例外事項が発生する。経営管理者は随時、対処しなければならない。そこで、経営管理者は判断をおこない決定するのである[1]。

　意思決定とは、なんらかの問題に直面した場合、それを解決するために行動すること、あるいはある目的を達成するために行動することである。同時に実行することのできない複数の代替案をあげ、それぞれの代替案がもたらす結果を明らかにし、その結果を一定の水準に基づいて評価し、最適かつ実行可能な選択をすることである。

　企業に勤務する者も商店に勤務する者も、それぞれが意思決定をおこなっている。つまり、すべての勤務者が意思決定をおこないながら仕事に取り組んでいるのである。シュンペーターは『経済発展の理論』のなかで、同じく労働者は等しく意思決定をおこなっていると述べている。

　企業における意思決定は、目的に合致した「より正確な情報の収集」と「その処理能力」に基づき、収益と原価との差である利潤の極大化を図ることを目的としている。しかし、「環境の不確実性」や「過去からの断絶」が支配する現実の社会では、その実態を正確に把握することはできない[2]。

　組織における意思決定は、一見合理的におこなわれているようにみえるが組

織図とは離れた個人の影響が多くみられるのが現状である。組織の意思決定はトップダウンがよいのか、ボトムアップがよいのか、なかなか決定できない企業は多いと考えられる。できれば企業の意思決定には合理性を重んじて、暗黙知よりも形式知を優先すべきではないだろうか。

2. 意思決定のプロセス

　意思決定のプロセス自体は、きわめて簡明であり、自己の欲求とアウトサイドの欲求との接点を目的化し、それにあった目標、案、リスク対応と思考を展開すればよい。アウトサイドのニーズのとらえ方、自己のインサイドの欲求の高め方、意思決定プロセスの創造的な活用などについて、アマとプロとで大きな差がある。

　アップルのスティーブ・ジョブズは、「貧欲であれ、愚かであれ、そして情熱が必要である」と述べている。また意思決定については「直感を大事にする」と、プロセスを飛び越えている部分もあった。一般的な意思決定のプロセスは図表1-2のフローで提示できる。

　意思決定にはベースとなる基礎思考能力があり、「知」「情」「意」がリーダーに必要な資質といわれている。思考能力には分析的思考能力（analysis）、想像的思考能力（imagination）、統合化的思考能力（synthesis）の3分野がある。

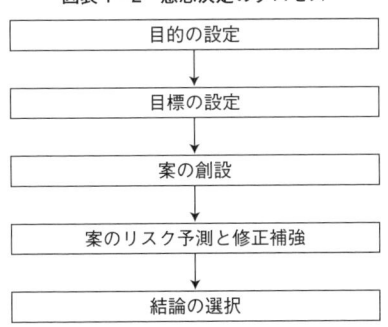

図表1-2　意思決定のプロセス

出所：中島一［1990］『意思決定入門』日本経済新聞社、26頁。

A New
Introduction to
Management

新経営学概論

宮脇敏哉 編 Toshiya Miyawaki
村上則夫・和田 造・吉田一郎
Norio Murakami, Hajime Wada & Ichiro Yoshida

ナカニシヤ出版

まえがき

　2011年3月11日の東日本大震災によって、パラダイムが大きく変化した。2008年9月17日のリーマンショックから、わが国が立ち直ろうとした矢先に未曽有の災害が降りかかってきたのである。経済・経営ともに大きな影響を受け続けているのが現実である。ここで経営学の力を取り入れ再起を図りたいと考える。いまこそ今後のビジョン設定から始めて、経営学のあらゆる分野を動員すべきと考える。再度のイノベーションを展開するときである。

　シュンペーターが、イノベーションが経済発展をもたらすというとき、イノベーションが経済に不均衡（変化）をもたらすことを意味している。イノベーションとは意識的かつ組織的に変化を探すことである。イノベーションは社会や経済に変化を起こし経済発展をもたらす一方、変化を機会として利用することもある。イノベーションをおこなう者が企業家であり、企業家がイノベーションをおこなう。

　ドラッカーは1992年に「イノベーションとは古いものの廃業」であると述べている。ドラッカーはその著書『未来企業』のなかで、「イノベーションは、天才とはほとんど関係がない。インスピレーションとも、ほとんど、あるいはまったく関係がない」と述べた。

　シュンペーターとドラッカーを通して、イノベーションを学び、どのように概念が形成され活用されているかを検討することによって、今後の展開を図ることが重要である。

　価値の創造は、イノベーションを引き起こす能力によって決まる。企業は、買収、収益性の見込めない事業の売却、合理化といった方法だけでは成長を続けられないし、中核事業からさらなる価値を創造し、コアコンピタンスを最大限に活用しなければ収益性は保てない。したがって、イノベーションを継続的におこなうことは企業にとって不可欠である。

　イノベーションを促進する企業文化の醸成は難しい。なぜなら、伝統的な戦略計画の立案手法を超えるものだからである。戦略計画ではほとんどの場合、潜

在需要の拡大をもたらす機会ではなく、既存製品や関連製品に目が向けられる。一方のイノベーションは、潜在コンシューマのニーズを予想し、評価し、創造的な方法で満たす製品である。イノベーションは技術に基づくものもあるが、多くの場合は明確なニーズや潜在ニーズを企業が認識することで発生している。イノベーションは、コンシューマや自社のバリューチェーンにおいて、原材料の調達から売上後の付加価値のあるサービスの提供までのあらゆる段階で実現することができる。

　本書の構成は第1章「意思決定論」、第2章「経営組織とその展開」、第3章「中小企業論」、第4章「企業システム」、第5章「企業システムと情報」、第6章「高度情報化と企業システム」、第7章「財務分析概論」、第8章「資金管理概論」、第9章「経営史」である。

　出版事情が厳しいなか、こころよく刊行していただけるナカニシヤ出版、中西健夫社長には感謝するしだいである。

　　2012年3月

　　　　　　　　　　　　　　　　執筆者を代表して　　宮　脇　敏　哉

目　　次

まえがき ———————————————————————— i

第1章　意思決定論 ———————————————————— 1
1. 意思決定と行動　1
2. 意思決定のプロセス　3
3. 意思決定の目的と戦略的意思決定　5
4. 意思決定の考え　7
5. 意思決定の理論　8

第2章　経営組織とその展開 ———————————————— 11
1. サイモン　11
2. テーラー　13
3. サイヤートとマーチ　15
4. チャンドラー　15
5. バーナード　17
6. コンティンジェンシー理論　19

第3章　中小企業論 ————————————————————— 23
1. 中小企業の誕生と問題点　23
2. 中小企業の位置づけ　26
3. 日本とアメリカの中小企業について　27
4. 多様化する中小企業　29
5. 中小企業・ベンチャー企業の創業と失敗時のリスク　31
6. リスクマネジメント　35

iii

第 4 章　企業システム ── 53

1. 企業とは ── 私たちの日常を支える企業　54
2. システムとしての企業
　── 企業＝企業システムというとらえ方　62
3. 企業システムと社会・人間 ── 企業と社会・人間との関係　69

第 5 章　企業システムと情報 ── 77

1. 「情報」とは ── 企業の重要な経営資源としての情報　78
2. 企業における情報の重要性
　── 企業におけるダイナミックな情報の流れ　87
3. 企業と情報システム ── 情報を利用する「仕組み」　94

第 6 章　高度情報化と企業システム ── 101

1. 急速に進展する日本の高度情報化
　── 「情報化」の進展から「高度情報化」の進展へ　102
2. 高度情報化に伴うネットワークの進展
　── 企業経営を変えるインターネット　108
3. 企業とクラウドコンピューティング
　── 新潮流としてのクラウドコンピューティング　116

第 7 章　財務分析概論 ── 121

1. イントロ ── 財務分析とは？　121
2. 財務諸表とは？　124
3. 財務分析とは？　131
4. 収益性指標とは？　143
5. 安全性指標とは？　153
6. 成長性指標とは？　162
7. 粉飾決算とは？　164
8. 収支分析とは？　167

9. ま　と　め——総合的な視点　172

第8章　資金管理概論 ——————————————— 175
　1. イントロ——企業の経営は健全であるか？　175
　2. キャッシュ・フロー計算書の仕組み　178
　3. キャッシュ・フロー計算書の意味　186
　4. キャッシュ・フローと運転資金　192
　5. 資金運用表とキャッシュ・フロー計算書　198
　6. 資金繰りと資金繰り表　201
　7. 金融機関との取引　208
　8. 中小企業のための経営支援　222

第9章　経営史
　Takeoff：対外的な影響を受けながらの内発的な工業化の始動 ——————————————— 233
　1. 17世紀の経済成長と人口爆発　234
　2. 江戸時代の貿易と外交　235
　3. 幕末の開港と貿易　239
　4. 明治前期の経済　246

人 名 索 引　253
事 項 索 引　254

第1章　意思決定論

　経営学のなかの経営組織論をひも解くと、多くの経営学者が理論を展開している。近代経営組織論の始祖といわれるバーナードは、意思決定の重要性に着目し、経営行動の本質は意思決定であるとした。またサイモンは、経営行動の特徴から管理を意思決定ととらえ、管理上の意思決定の合理性を分析した。そしてチャンドラーは、戦略的意思決定の特徴から企業の長期計画の基本目的を決定し、その遂行に必要な行動方式を確定し、経営の諸資源を分配するとした。
　アメリカのテーラーやフランスのファヨールは、職能組織を企業活動のラインとスタッフととらえていた。そして管理者の経験のなかから有効と考えられる知識を基準として、経営管理を分析した。
　本章では意思決定とはなにか、意思決定と行動、意思決定のプロセス、意思決定の考え、意思決定の目的などを要諦として検討していく。

1. 意思決定と行動

　すべての経営行動は、組織構成員によって遂行されるが、それ以前にいかなる行動をとるべきかを決定する必要がある。決定は組織全体の階層の構成員によっておこなわれる。これを意思決定という。基本的に意思決定は共通したプロセスをもっている。意思決定の定義は、ある目的を達成するために、置かれ

分析的思考能力は、主として、アウトサイドの欲求の情報収集と理解につながっている。想像的思考能力は、おもにインサイドの欲求と関連している。統合化的思考能力は、主として意思決定プロセスと関連している。

　分析的思考能力は、①現状を正確に理解し、②現状と過去、または過去と将来の因果関係を明らかにしようと努める能力である。現状を正確に把握するのに必要な技術は、物事を細分化してとらえることである。因果関係については、現在を過去の要因の結果としてとらえる必要がある。分析的思考能力は、情報収集のかなめである。

　想像的思考能力は、①願望・夢をもつ、②願望・夢から意思へ、③想像思考の技術である。「なりたい」ということと「なるのだ」ということの差は大きい。願望や夢を「意思」にまで転換させないとイマジネーションの展開が弱くなることから、「なるのだ」へステップアップさせる必要がある。イマジネーションは、思考の技術というよりも、むしろ思いの強さのほうが大きな影響を与えるが、技術的な訓練も可能である。得たいものやつくりたいものを絵にしてみる方法（ドローイング）、鳥を見て飛行機を開発するように類比物を用いて類推をおこなう方法（アナロジー）、抽象化された概念、コンセプトから発想を展開する方法（メタファー）などの訓練法がある[3]。

　意思がないと組織を円滑に動かす意思決定はできない。すばらしい技術の開発は、たった1人の技術者の熱意から始まる。ある技術者が1つのアイデアを思いつき、上司に予算を申請するが却下され、あきらめる。しかし、新技術を開発する技術者は1人でも研究を始める場合が多い。そうすると、賛同者が1人あらわれ、2人あらわれ、やがて正式なプロジェクトとして上司に認可される。どのようなプロジェクトも、たった1人の強い意思から始まり、その熱意で組織が動いたという例が多いのである。

　責任転嫁、足の引っ張りあい、縄張り意識など、組織の病理が意思決定を阻害するのは、意思決定者の意思が不明確なときである。また、意思決定者には、意思を伝達するリーダーシップが必要不可欠である。では、なぜ意思決定を誤ってしまうのか。「情報収集が十分でない」、「状況をよく分析していない」、「思考の手順が合理的でない」、「やり遂げたいという気持ちがない」など、意思決定の重要要素を欠いたときに誤る可能性が高くなる[4]。

どのような組織においても意見の対立や権力闘争が多く発生している。民主主義の教育が徹底的におこなわれているわが国においてさえ、大手企業において民主的な運営がなされていない場合がある。また地域間の民主主義格差があることも否定できない。地域の発展スピードが遅いところでは、偏重した組織運営が平然とおこなわれている場合が多い。

3. 意思決定の目的と戦略的意思決定

目的から目標、そして案へと展開する意思決定の仕組みについては、そのメカニズムの解明が必要である。意思決定には目的が必要であり、目的がなくて失敗した事例が多くある。良い目的をもち、十分に状況を分析しながら思考を進めれば、良い目的、良い案が登場するのである。しかし、状況分析を欠くことによって、意思決定を正確にできず、失敗することがある。ベンチャー企業によくみられるのが、少し業績が伸びてくると、資金調達能力や技術開発力が追いついていなのに、過大な設備投資をおこない、資金ショートを起こすことである。

目的を構成する1つの要素である意思は、どのようなはたらきをするのだろうか。意思を欠き、状況分析からだけで目的を設定すると、結局は状況の後追いをすることになる。大きく伸びた会社は、経営者の意思が会社を引っ張っており、さらに目的を生み出し、それが成長の契機となっている。経営者および企業の構成員は、一生をかけて仕事に邁進している。そこに本当にやりたいこと、本当にやりぬきたいということがなければ、本気で挑戦することはできない。企業人の意思は、社会・コンシューマへの貢献を通して自己の能力を向上させるものである。

意思決定の目的設定法としては、まず、やりたいことを列挙する。そして、意思を確認して、状況を分析する。なんのために、いつまでに、なにを達成するのかを決定する[5]（図表1-3）。

アンゾフは、組織の意思決定を、戦略的意思決定（strategic decision）、管理的意思決定（administrative decision）、業務的意思決定（operating decision）の3つに分けて、戦略的意思決定の重要性を説いた[6]（図表1-4）。

図表1-3　意思決定目的の設定確認

```
1. 十分な情報を取得しているか
2. 強い意思が背景にあるか
3. 優先順位があるか
4. 現状分析をしているか
5. 将来分析をしているか
6. 何のために、いつまでに、何をするのか
7. 組織が共有できるか
8. 企業の目的と連動しているか
```

出所：中島一［1990］『意思決定入門』日本経済新聞社、97頁より、筆者作成。

図表1-4　主要な意思決定

意思決定の種類	主要な意思決定
1. 戦略的な意思決定	目的と目標、多角化戦略、拡大戦略、管理戦略、財務戦略、成長の方法、成長のタイミング
2. 管理的な意思決定	組織の構造づくり、資源転換の構造づくり、仕事の流れ、流通システム、施設の立地
3. 業務的な意思決定	業務上の目的と目標、価格設定とアウトプットの水準、マーケティング政策と戦略

出所：亀川雅人・鈴木秀一［1997］『入門経営学』新世社、119頁。

　経営管理者の意思決定のうち、より大きな全社的なものは戦略的な意思決定である。アンゾフの3つの意思決定は、経営階層を形成している（図表1-5）。ロワーマネジメントの意思決定は、上司から与えられた目標の日常業務の範囲であり、反復的な意思決定である。ミドルマネジメントの意思決定範囲は、ロワーの日常業務とトップの戦略との間にあり、コンフリクトを解決し調整する。社内的な意思決定と社外的なものの双方に関係する。ミドルは組織のなかの情報や権限などを策定し、社内と社外を調整する役割を果たしている。トップマネジメントの意思決定は、事業ポートフォリオの組み合わせを決めることである[7]。

　アンゾフによる戦略的意思決定のプロセスは、①企業目標の確定、②内部評

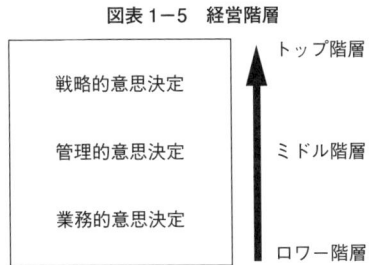

図表1-5　経営階層

出所：亀川雅人・鈴木秀一［1997］『入門経営学』新世社、120頁に筆者加筆。

価、③外部評価、④シナジーと組織機構とに関する決定、⑤優先順位の設定、⑥下位の意思決定となる。戦略的意思決定は、「企業の目標達成を最適度に可能にする方法であり、資源の転化のプロセスを方向づけること」である。

戦略的意思決定とは、企業の目標達成のために、企業がみずからの全資源を動員して、環境変化のなかにみずからイメージする企業発展の機会を探求し、それを実現するための一連の意思決定プロセスである[8]。

4. 意思決定の考え

バーナード（Chester I. Barnard, 1886-1961）は、近代組織論に基づく経営活動を考えるシステム学派（System School）として研究をおこなってきた。バーナードは、「組織経済の唯一の計算書は、成功か失敗かであらわしたものであり、その経済の唯一の分析は、組織の行動に関する意思決定の分析である」と述べた。組織経済のバランスがとれ、組織効用の余剰が増えたか減ったかは、直接の共通尺度がないので組織が成長したか縮小したかで判断するしかない。しかし組織行動に関係する意思決定を分析することによって、間接的に組織経済を把握することができる。それゆえ意思決定の正確さを高めることが重要となる。

ヘンリー・フォードが自動車の組み立て作業を7883工程に分けたことによって、これまで1人が1台の組み立てに12時間28分かかっていたのを、工程別に作業させることによって、最終的に1時間32分ですむようになった。

しかし、バーナード以後の階層組織における分業では、情報の収集・整理・分析の専門化としての機能が重視される。ピラミッド型組織は、最終目的を順次分割し、最下位の従業員に狭い範囲の問題に関心を集中させ、必要な情報を集めて、順次上位者へ伝達させる機能をもっている。たとえば、窓口のコンシューマに対応している販売担当者は、今日はどのような商品が、どのようなコンシューマに販売されたか、情報収集をしなければならない。理論的にはトップの手元には部下の数だけの情報が集まる計算になる。部下の一人ひとりが特定の情報を専門的に集めるので、より正確な情報がトップに集まると考えられる。

バーナードは、産業組織においては作業員・事務員・試験員・実験室助手・販売員・専門技能者・技師などが、全体としての組織に外的な環境の戦略的要因の探求に携わっていると述べた。ピラミッド型の管理組織は、情報収集・分類・整理の体系であり、意思決定の体系ということができる。組織経済のバランスを維持して、組織の存続を考える手掛かりは、こうした仕組みのはたらきと、その結果としての組織の成長具合を検討することによって得られる[9]。

バーナードの意思決定には人間性が感じられる。それは彼が人間の協働を提唱したことによると考えられる。略奪の脅威からの脱却、そして人間の自由をバーナードは求めており、早くから環境問題も提起している。長い間アメリカにおいては、人間は企業のために労働力を提供して、少ない対価を受け取るのが当たり前であった。そこでバーナードは、利己的な個人主義をやめて社会や共同体と個人は同じレベルにあると考えたのである。

5. 意思決定の理論

サイモン（Herbert A. Simon, 1916-2001）は「組織における意思決定過程の研究」によって、1978年にノーベル経済学賞を授与された。サイモンは、意思決定こそが管理の核心であり、管理の理論の用語は、人間の選択の論理と心理から導き出されねばならないと考えた。サイモンは論理実証主義の立場に立って、精密で、経験的に検証可能な、人間の合理的な意思決定の理論の構築をおこなった。意思決定は、それ以上分析不可能な基礎的単位ではない。人間によ

る選択の過程は諸前提から結論を引き出す過程であり、意思決定を、その構成要素である諸前提に分解することが重要である。

　人間の選択の理論（a theory of human choice）、すなわち意思決定の理論において、意思決定は分析においては大ざっぱな単位である。意思決定は分析単位をもたなければ、正しい人間行動の理論を打ち立てることはできない。意思決定においては、合理性（rationality）が追求される。合理性とは行動の諸資源を評価できる体系によって、望ましい代替的行動を選択することである。

　サイモンは、全能の合理性をもった経済人（economic man）モデルに代えて、限られた合理性を追求する経営人（administrative man）モデルを提唱した。管理の理論の中心的な関心は、人間の社会的行動の、合理的側面と非合理的側面の境界にあり、意図され、制限されている。経営人は最大を求めるのではなく満足を求める[10]。

　サイモンは個人の選択肢について、たとえば重い荷物をもった人をサポートする場合に、だれかがリーダーシップをとって指示しなければ移動できないと述べている。個人の意思決定は、個人がどこに行きたいかによって決定される。組織のなかにおいては、組織の構成メンバーがどのように行動するかをみている必要がある。組織メンバーの行動が把握できない場合は、その把握に時間がかかる。

　バーナード、サイモンについては、次章において経営組織論の観点から再度取りあげたい。バーナードはピラミッド型の組織において下位の構成員が狭い範囲の業務に集中すべきと述べたが、後年これとは異なる理論が登場している。またサイモンは組織を考えるうえで権限・忠誠心・能率・情報・訓練を重視した。これらは組織からの影響の要諦となっており、経営過程での意思決定における調整・専門能力・責任とともに経営組織論にとって掘り下げるべき課題である。

【注】
(1) 佐野雄一郎ほか［1993］87頁。
(2) 森田保男［1996］53頁。

(3) 中島一 [1990] 29-34 頁。
(4) 同上書、76-78 頁。
(5) 同上書、88-95 頁。
(6) 印南一路 [1999] 113 頁。
(7) 亀川雅人ほか [1997] 118-120 頁。
(8) 印南一路 [1999] 114-115 頁。
(9) 眞野脩 [1997] 19、87-89 頁。
(10) 佐護譽 [1990] 40-44 頁。

【参考文献】
印南一路 [1999]『すぐれた組織の意思決定』中央公論新社。
亀川雅人・鈴木秀一 [1997]『入門経営学』新世社。
佐護譽 [1990]『経営学要論』泉文堂。
佐野雄一郎・松下高明・岡田匡令・宮下清・天野恒男 [1993]『経営管理総論』同文書院。
中島一 [1990]『意思決定入門』日本経済新聞社。
眞野脩 [1997]『講義経営学総論』文眞堂。
森田保男 [1996]『経営学』同文舘。

第2章　経営組織とその展開

　経営学の根幹である経営管理論・経営組織論・経営戦略論は、広範囲にわたって密接に関連している。それは、長年の研究によってケーススタディとしてGMやフォード、IBMなどが取りあげられてきたことによる。経営するためには、管理・組織・戦略が必要不可欠であるからである。チャンドラーは「組織は戦略に従う」と述べ、メイヨーは「人間尊重を主張する人間関係論」と述べ、バーナードは「人間の協働」、「人間の自由意思」と表現した。マズローは心理学的見地から「欲求の五段階説」を展開した。

　これらの関連する経営学分野を連動させるために、本章では経営組織とその展開を、意思決定に続いて検討する。

1. サイモン

　サイモン（Herbert A. Simon, 1916-2001）の組織論は、組織論とは特別な人だけがやるべき学問ではなく、市民の学問であるという基本の上に成り立っている。サイモンは1916年ウィスコンシン州ミルウォーキーに生まれ、20歳でシカゴ大学政治学科を卒業した。その後、カリフォルニア大学バークレー校で行政調査プロジェクトの研究員となり、1942年にイリノイ工科大学の政治学助教授となり、翌1943年にシカゴ大学で政治博士号を取得した。青年期の彼の

関心は政治的なアドミニストレーション（行政）から出発していた。1947年の『経営行動』の原題は Administrative Behavior である。その後、1949年にカーネギー工科大学（現カーネギーメロン大学）の管理工学および心理学教授に就任、政治学、心理学はもとより、社会学、経済学、コンピュータ工学、認知科学など、じつに多様な分野で多くの業績を発表している。

サイモンは組織の管理者が意思決定する際、その人を意思決定の主体としてみている。意思決定過程にはある動機が存在し、それを満たすためにはどうしたらよいかの手段を探すことが意思決定過程の活動であると述べている。組織についての命題は人間行動についての命題であるから、組織論はどのような人間行動の仮説を前提とするかによってその基本的な性格が決まる。社会科学でもっとも常識的な人間行動の仮説は経済人モデルである。経済人モデルにおける経済人の合理的な意思決定は、次のような前提に立っている。①人間はある目的を達成するためのすべての代替的戦略を列挙できる。②これらの代替的戦略の結果をすべて知っている。③自分の価値前提から、これらの結果を評価し、序列化できる[1]。

サイモンはその著書『経営行動』において、組織の忠誠心について以下のように述べた。「組織された集団のメンバーがその集団に一体化する傾向があることは、人間行動の一般的な特徴である。意思決定する場合、組織への忠誠心によって、かれらは、集団に対するかれらの行為の結果の観点から、代替的な行為のコースを評価するようになる。それがアメリカのためになるという理由である特定の行為のコースをとるときは、その人は自分自身をアメリカに一体化させている[2]」。

またサイモンは「組織への忠誠心は、また過小評価すべきでない困難をひき起こす。一体化がひき起こす好ましくないおもな効果は、彼自身が一体化している限定された範囲の価値が、その範囲外の他の価値と比較考慮されなければならない場合に、制度化された個人は、一体化により正しい意思決定をすることが妨げられることである」と忠誠心の弊害を指摘した[3]。

サイモンは組織の影響のメカニズムについて、以下のように述べている。①組織は仕事をそのメンバー間に分割する。すなわち各メンバーに達成すべき特定のタスクを与えることによって、組織はメンバーの注意をそのタスクに向け

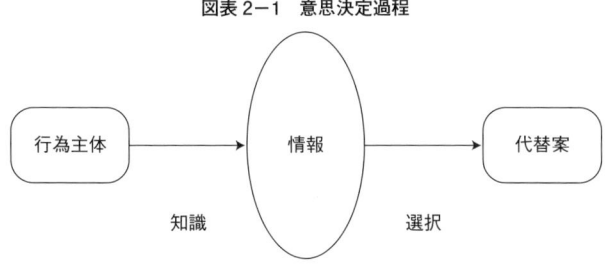

図表2-1 意思決定過程

出所：鈴木秀一［2002］『入門経営組織』新世社、149頁。

図表2-2 意思決定過程の活動

出所：鈴木秀一［2002］『入門経営組織』新世社、149頁。

させ、それのみに限定させる。②組織は標準的な手続きを確立する。ある仕事は特定の方法でなさなければならないときっぱりと決めることによって、その仕事を実際に遂行する個人が、その仕事をどうやって処理すべきか毎回決める必要がなくなる。③組織は権限と影響のシステムを確立することによって、組織の階層を通じて決定を下に伝達する。④組織には、すべての方向に向かって流れるコミュニケーション経路がある。⑤組織は、そのメンバーを訓練し教化する[4]。

2. テーラー

　テーラー（Frederick W. Taylor, 1856-1915）の組織論は職能別組織（functional organization）に関する問題が要諦となっている。それは、計画職能と作業職能

との分割に職能化の原則が存在することを指している。テーラーの組織論においては、計画部（planning department）の設置が重要視される。計画部の設置は、計画的、頭脳的な仕事を現場の職長や労働者からすべて分離し、これを1部門に集中することによって成立する。計画部の職能的要素としては、時間研究、標準化の仕事、資材・部品の在庫の記録、管理、原価の記録・分析、組織の維持および改善、雇用、監督などの労務管理、販売受注の分析、などの工場管理職能が含まれる。テーラーの計画部の職能に対する考えは、①科学的事実を発見するための調査研究、②科学的調査に基づく基準や標準の設定、③計画の作成と必要な指令の発行、④標準と実績との比較による統制である。

職能別組織の原則は、管理労働を分離・分割して、各管理者が細分化した職能を分担するというものである。軍隊式の組織は、各労働者は1人の管理者から命令を受け、管理の各職能はこの管理者を通じてだけ労働者に伝達（communication）できることが特徴的である。職能的な組織は、各労働者が1人の職長から命令を受けるのではなく、違った職能的職長（functional foreman）から、日常の命令や援助を直接に受けるという点がもっともいちじるしい特色である。

テーラーによれば、軍隊式組織のもとで1人の職長によっておこなわれていた管理の仕事は、8人の職能的職長に分割できる。計画部は、①作業命令および手順（order or work and route clerk）、②指示票係（instruction card clerk）、③時間および原価係（time and cost clerk）、④訓練係（shop disciplinarian）である。工場現場の職能的職長は、①準備係（gang boss）、②速度係（speed boss）、③検査係（inspector）、④修繕係（repair boss）である[5]。

テーラーの科学的管理論は、工場の現場から発生したもので、世界最初のマネジメント論といわれている。テーラーは、ハーバード大学に合格していたがロウソクやランプで勉強していたために目に支障が出ており、学問を断念して鉄鋼産業に就職した。それまでは職能制度によって製造工程が一定にされていなかったことにテーラーは疑問をもち、製造過程にストップウォッチをもちこんだのである。

3. サイヤートとマーチ

　サイヤートとマーチ（R.M.Cyert & J.G.March）は、その著書『企業の行動理論』（1963年）において、サイモンに従い、大規模組織を伴った現代の企業について、意思決定が企業経営の要諦であると論じている。彼らは、広い意味での企業組織の成員は、経営者・管理者・一般従業員のみならず、株主・消費者・原材料供給者などからなると考えた。そして、組織目的は、広範な組織成員の多様なステークホルダーの相互作用（バーゲニング）から形成されていると述べている。企業目的はステークホルダーを有する広範な企業構成員のバーゲニング過程から生み出されている。組織はバーゲニング過程を伴った組織要員の連合体（coalition）とされ、企業は複数の企業目的を追求しており、利益・売上高・市場シェア・生産性が最重要とされる。また、その過程において、成員間における利害対立（コンフリクト）を克服しなければならない。

　組織の成員は意思決定において、目的に照らして予想される結果を想定して情報収集をおこなっている。これを組織期待というが、サイモンが述べた満足意思決定の基準に従い、代替案を探索して評価、選択、意思決定、実行という過程よりも、意思決定の実行を想定して、代替案の評価から選択への流れが評価されている。彼らのいう逐次的意思決定とは、1つの代替案の探索・評価という過程を通り、順番に意思決定することである。組織選択の意思決定過程では、適応性人間行動モデル（個人、集団、社会レベルから人間行動をモデル化する）に基づき、企業も適応的合理性をもっていると考えられる。さらに、企業は環境に対して学習しながら経験を積み、意思決定ルールの構築をおこなっている[6]。

4. チャンドラー

　チャンドラー（Alfred D. Chandler, Jr., 1918-2007）は、その著書『組織は戦略に従う』（1962年）において、アメリカを代表する企業であるデュポン、GM、スタンダード石油ニュージャージー（現エクソンモービル）、シアーズ・ロー

バックを取りあげ、マネジメント全体を分析した。チャンドラーは多くの企業の調査分析をおこない最先端のマネジメントとはなにか、またイノベーション企業はどこか、などを明らかにした。

彼は『組織は戦略に従う』において革新的な上記4社を取りあげ、事業の拡大方法や組織形態の形成、新製品開発などを要諦に、マネジメントを検討した。また、企業について以下のように定義した。「この言葉は広い意味で用いており、利益追求型の大規模企業のうち、原材料の調達から最終顧客への製品販売へと至る連続的なプロセスの一部あるいはすべてを扱う企業を指す[7]」。

チャンドラーが経営戦略の先駆者といえるのは、アメリカを代表する企業群について調査を多くおこない、さまざまな文献の解析をおこなってイノベーションの重要さを説いたからである。チャンドラーは分析による結果を『組織は戦略に従う』において、①戦略と組織、②歴史的背景、③デュポンの集権的な組織・多角化戦略・新戦略にふさわしい組織づくり、④GMの組織と戦略、⑤スタンダード石油ニュージャージーの組織と戦略、⑥シアーズ・ローバックの戦略と組織、⑦組織イノベーション、⑧事業部制の広がり、⑨巨大企業の歴史として明らかにした。

チャンドラーは、事業の成長パターンに応じて異なったタイプの組織が生まれるという主張をより正確にあらわすために、事業成長のプランニングと実行を「戦略」、新たに加わった活動や経営資源をマネジメントするための部門を「組織」とよぶ。そして「戦略」とは、長期の基本目標を定めたうえで、その目標を実現するために行動を起こしたり、経営資源を配分することであると述べた[8]。

次に彼は、水平統合から垂直統合について検討する。アメリカでは1880年代、1890年代に複数部門を擁する統合的な企業が多く誕生した。当時企業が統合へと向かう道のりとして一般的だったのは、同業他社との結びつきを強めるというものであった（水平統合）。アメリカの大多数の業界で早い時期に起きた再編は、供給過剰への懸念に突き動かされていた。市場が急拡大を遂げていたのに、なぜ経営資源を十分に活かせないのか。答えは、多くの小規模企業が急激に生産量を増やしたため、供給量が当面の需要を上回ったことにあった。

1890年代以降、法律面よりもむしろマネジメント面でのイノベーションが、

アメリカ企業の発展にはるかに重要な意味をもつようになった。複数の企業が集まって単一の法人となったとしても、マネジメントが一元化されたといえるためには、本社が価格や生産スケジュールの設定にとどまらず、幅広い業務を担う必要があった。本社組織を設けて、工場やマーケティング組織の方向づけをしてこそ、一元的なマネジメントができたといえる。水平統合に本社一括管理が加わると、それ以前に比べて垂直統合（開発や部品製造、最終製品の販売など、異なる工程の企業の統合）への圧力が高まり、工場へのコストが増大した。このようにチャンドラーは実際の企業を分析することによって、「戦略」と「組織」を明確にした[9]。

　チャンドラーは、『組織は戦略に従う』において、事業部制の成立と事例をあげてトップマネジメントの重要性を述べている。トップマネジメントの役割分担にも触れており、大規模組織における責任の所在を明確にした。デュポン、GM、スタンダード石油ニュージャージー、シアーズ・ローバックなどの戦略と組織を経営史的にみて、経営戦略を構築したと考えられる。デュポンにおいては、ドメイン戦略ではない多角化戦略を深く掘り下げている。GMにおいては経営委員会の重要性を指摘した。またスタンダード石油ニュージャージーでは垂直統合と職能組織について、シアーズ・ローバックではゆるやかな分権化を中心としている。

　そしてチャンドラーは、組織イノベーションを取りあげており、組織の変化・変革について強い関心をもっていたことがうかがえる。チャンドラーはイノベーションを「創造的革新」と述べており、ドラッカーの「創造的破壊」と同じような考え方をもっていたと考えられる。組織イノベーションは、経営陣の資質や先見性に大きく左右されることは明らかであるが、チャンドラーが取りあげた4社は、時間こそかかったものの、経営陣が変化する意思決定をおこなうことができたといえる。

5. バーナード

　組織についての問題意識の重要点は、組織における個人と組織の両立・調和・統合である。この問題意識を精緻に理論展開したのがバーナード（Chester

I. Barnard, 1886-1961) である。バーナードは具体的な企業を体系と規定し、物的、生物的、個人的、社会的構成要素の複合体であるとした。

　そして組織を、「2人以上の人びとの意識的に調整された活動や諸力の体系」と定義した。人間は組織において一個独立の人間であるとともに、組織の一員であるという二重性をもつ、つまり個人人格と組織人格の2側面をもつものとしてとらえられている。個人は、個人として賃金を得たい、昇進したいなどの欲求によって、企業に参加している（誘因）。個人の目的や動機を満たそうとすることが個人人格である。企業はモノやサービスの産出・提供を通じて利潤を追求している。それは個人の目標とは別物であり、しかし個人によってなされる（貢献）。組織としての共通の目的に役立つ側面が組織人格である。

　バーナードは、誘因と貢献について、以下のように説明する。両者の比較は個人の頭脳においてなされる主観的評価であり、個人がどのように評価するかによって、誘因の価値が変わる。また貢献は組織存続の条件であり、組織は十分かつ適切な誘因を提供しようとするが、誘因が不足する場合がある。その場合は個人の精神状態にはたらきかけて欲求水準を変えるということがおこなわれる。

　誘因は、一般誘因とその他の特殊な誘因とに分けることができる。

　一般誘因は、①社会結合上の魅力（組織での調和）、②習慣的な作業条件（拒絶反応が少ない）、③参加の機会（組織を通じた社会参加）、④心的交流（仲間意識）である。

　その他の特殊な誘因としては、①物質的誘因（賃金・報酬などの貨幣、物的条件）、②個人的非物質誘因（栄誉・地位）、③好ましい物的作業条件（快適・習慣、意識されないことが多い）、④理想の恩恵（働く者の誇り）である[10]。

　バーナードは人間の個人性を重んじる理論を展開した。バーナードは、2人以上の人が協働する体系として組織をとらえている。それは個人は社会的なつながりをもっており、組織に翻弄されるべきものではないという考え方であった。あくまでも個人には組織に参加する自由があるのであり、参加しない自由もあるとバーナードは考えていた。個人は根本的に自由であり、協働作業に参加して集合体に便益を提供するものであると考えたのである。

6. コンティンジェンシー理論

　コンティンジェンシー理論（contingency theory）は条件理論、条件適合理論、構造条件適合理論などともよばれる。それは組織と環境との関係に目を向け、組織の環境が異なれば有効な組織は異なる、という命題の上に成り立っている。この理論は組織をオープン・システムと見なし、伝統的組織論におけるクローズド・システム観から脱皮しようとするところに新しい特徴がある。

　コンティンジェンシー理論では、環境の不確実性から組織構造、そして組織有効性という影響関係の仮定のもとで、組織とその環境間の相互作用やサブシステム内およびサブシステム間の相互作用、そして諸変数の関係や構成のパターンが分析される。そのため分析レベルは組織レベルと集団レベルに分けられる。

　コンティンジェンシー理論では、オープンシステム観に立って環境と組織との関係が問題とされている。しかも間接的に組織に影響を与える一般型環境だけではなく、直接に組織の目的達成に影響を与える特定の環境と組織の関係を明らかにしている[11]。

　1970年代において組織と環境の適合関係の問題がコンティンジェンシーアプローチとして中心的に論じられた。初期のコンティンジェンシー理論の特徴は、環境と組織構造の関係から、特定の環境下においてはある特定の組織が適合するというような、環境決定論的立場をあらわしたことである。

　またネオコンティンジェンシー理論といわれる理論では、組織主体、つまり経営者の主体的選択を認めて経営戦略との関係から、組織自体にも環境に適合するためのある程度の選択幅が存在するということが主張された。

　1980年代から1990年代にかけて、認知の問題が注目されるようになった。この認知に関して組織論上では大きく2つの領域で議論されている。1つは初期のコンティンジェンシー理論による組織と環境の適合パターンの環境決定論である。もう1つは、ネオコンティンジェンシー理論の戦略的選択論の議論を超えて、組織主体による環境適応および組織進化の議論である[12]。

　コンティンジェンシー理論においては、それぞれの状況に活動がマッチして

いるかが重要である。条件的に適合できなければ組織運営ができなくなる。組織の管理者からの指示があれば、部下はそれに従うのであるが状況によっては対応できないことがある。部下が適合したいと考えていても、状況がそれを許さない場合が不適合となる。リーダーシップをとる場合は、コンティンジェンシー理論を展開していかなければ組織運営が難しくなる。

　第1章の意思決定論から本章の経営組織とその展開において経営学の根幹をなす多くの研究者を取りあげた。研究者の各理論をひも解いていくと、やはりその研究者の経歴が大きく関係していることがわかるだろう。経営管理においても、たとえばテーラーとファヨールの違いがある。同じく組織のトップに立った2人であるが、職工としてスタートしたテーラーと、鉱山技師から早くに経営トップに就任したファヨールの考え方は違っている。どのように違っているかというと、経営管理や経営組織をみる視点の位置が違うのである。やはり、テーラーは下位の方向から、ファヨールは上位の方向からみていると考えられる。
　サイモンとバーナードについても、同じように視点の違いがある。サイモンは下位の方向から、バーナードは上位の方向からみていると考えられる。バーナードはニュージャージー・ベル社長としての実務家経験が理論構築の原点になっている。長年の実務家としての経験が彼の組織観を形成しており、経営者からの組織管理論を展開できたものと考えられる。しかし、これだけの実績を出しているバーナードにしても、「まだ経営的センスを伝えられない」と『バーナード経営学の展開』のなかで指摘されている。
　また、チャンドラーは、経営組織から経営戦略へと経営学の大きな発展に寄与したばかりではなく、それに続くアンゾフ（部分的無知の状態からの意思決定）、ドラッカー（イノベーション）へと影響を与えた。今回はホーソン実験をおこなったメイヨーやレスリスバーガーについては触れることができなかった。ホーソン実験については今後の課題としたい。

【注】

(1) 鈴木秀一［2002］147-149 頁。
(2) Herbert A. Simon［1997 = 2009］14 頁。
(3) 同上書、15 頁。
(4) 同上書、171-172 頁。
(5) 鈴木喬［1992］82-85 頁。
(6) 角野信夫［2001］95-96 頁。
(7) Chandler［1990 = 2004］12 頁。
(8) 同上書、17 頁。
(9) 同上書、36-38 頁。
(10) 大橋昭一ほか［1999］86-88 頁。
(11) 高松和幸［2009］29-32 頁。
(12) 高橋正泰ほか［1998］47-48 頁。

【参考文献】

大橋昭一・渡辺朗［1999］『現代経営学理論』中央経済社。
鈴木秀一［2002］『入門経営組織』新世社。
鈴木喬［1992］『経営組織の研究』同文舘出版。
高橋正泰・山口善昭・磯山優・文智彦［1998］『経営組織論の基礎』中央経済社。
高松和幸［2009］『経営組織の展開』創成社。
角野信夫［2001］『経営組織』新世社。
庭本佳和［2006］『バーナード経営学の展開』文眞堂。
Chandler, Jr. Alfred D.［1990］*Strategy And Structure*, MIT Press.（アルフレッド D. チャンドラー, Jr.［2004］『組織は戦略に従う』有賀裕子訳、ダイヤモンド社）
Simon, Herbert A.［1997］*Administrative Behavior : A Study of Decision-Making Processes in Administrative Organizations*, Fourth Edition, MIT Press.（ハーバート・A・サイモン［2009］『経営行動』ダイヤモンド社）

第3章 中小企業論

　中小企業論や地場産業論が発展することが、地域経済振興に大きく寄与することは明白である。筆者が近年の日本における中小企業クラスター地域（東大阪市・燕市・三条市・北九州市・大田区・鯖江市・魚津市・川崎市・苫小牧市）を調査した結果、判明したのは、地域の特性よりもヒトそのものが重要だということである。

　調査は経営戦略論の方向よりおこなったが、大都市だけにベンチャーキャピタルが参加したり、IPOを目指しているというような一般的な見方と異なる結果が多く判明した。

　本章では中小企業の誕生から形成、リスクマネジメントを要諦に検討する。中小企業にとって成長と衰退は両輪で回っている場合が多いので、あえてリスクの観点からも検討した。

1. 中小企業の誕生と問題点

　中小企業の歴史は人類の歴史であるともいえる。人類が誕生してまもなく、商人が登場した。聖書のなかには商人の記述があり、古代より物の交換がおこなわれていたと推測される。その後、物々交換、そして家内制手工業をへて工場の設立をみたわけである。企業の発展につれて、需要の拡大に相応する工場

建設や設備投資などの追加投資が、しだいに多額の資本を必要とするようになった。

これに対して多額の資金を有する資産家は、利益配当を期待して資金出資をおこない、また投機をおこなう会社が登場したのである。しかし、事業の内容が予想以上の成長、発展を遂げるとともに、技術革新の進展により、投資家の理解を超えた生産現場が出現した。そして、予想以上の利益追求とともに危険負担が増大した。20世紀に入ると、所有と経営の分離がおこなわれるようになった。とはいえ、大企業の経営者は専門経営者が一般的になっているが、中小企業においては所有と経営の分離にいたっていないのが現状である[1]。

世界を見渡せば、そこには一握りの大企業と多数の中小企業が存在している。世界のリーディングカンパニーのまわりには無数の中小企業があり、大企業の展開を根底から支えている。中小企業のなかにはオンリーワン企業も多く存在しており、世界的なシェアをもつ企業があらわれている。アメリカを筆頭に日本、スウェーデン、イギリス、ドイツ、イタリア、スペインそして台湾においても、企業は中小企業がほとんどである。

中小企業がクラスター化することによって地域、国が成長でき、やがてそのなかから大企業へと変革する企業もあらわれる。日本のクラスター地域は、各工業地帯に存在しているが、とくに帯広、苫小牧、室蘭、燕、三条、鯖江、川崎、浜松、名古屋、東大阪、神戸、広島、北九州、長崎などが代表例である。クラスター地域には、さまざまな分野の企業が立地し、地域経済を底支えしている。そこには、世界ナンバーワンのシェアをもつ製品を製造している企業もあり、中小企業のすぐれたコアコンピタンスをみることができる。スローガンをみると東大阪市は「人工衛星を打ち上げよう」、また北九州市は「ロボットの町」、「環境宣言都市」など、地域の特性を理解しコアコンピタンスを前面に打ち出している。

日本、アメリカをはじめ世界各国で、中小企業によって高度な経済システム、工業化が推進されている。各国の企業に占める中小企業の占有率は高くなっており、そのことが産業界全体を押し上げているといっても過言ではない。たしかに、大企業のブランド力に、多くの中小企業が負けている。コンシューマが商品を手にしたとき、最後に物をいうのがこのブランド力である。しかし大企

業ももともとは中小企業からスタートアップしている。中小企業のルーツを探るべく、ここでは、誕生から形成、成長へと視点を置き、みていくことにしたい。

　中小企業は相対的概念である。大企業に対する中小企業という意味で、相対的である。産業別に違いがあるという意味においても、相対的である。また歴史的にみて、企業の規模別分布が変化するという意味においても、相対的である。したがって、中小企業の上限をどのように設定するかによって、その量的ウェイトは異なる。規模を測定する場合の指標も、従業員数、売上高、資産額、市場占拠率等々、多岐にわたる。仮に中小企業の上限を、第2次産業について従業者300〜500人程度としてその量的ウェイトをみると、どの国においても企業数では例外なく99％以上を占めている。

　従業員数でみた中小企業のウェイトは、国によって多少の違いはあるが、50〜80％に達している。このように現代では、中小企業の占める率は高くなっている。さて、中小企業はどのように誕生したのであろうか。古くはバザールを発生の形態とし、やがて家内制手工業が生まれた。そして、産業革命により、資本主義の象徴たる機械制工業が登場したのである。工業段階に入ると、資本のあるなしで、規模に差が出てきた。資本、人、生産を集めた企業が発展し、大企業が登場した。中小企業は、この大企業への入り口に位置する小資本による企業といえる。

　日本では、明治から第1次世界大戦時における産業革命によって、小工業が誕生したと考えられる。そして、後の政府による支援によって、資本を集中させていく大企業と、そうでない中小企業とに分類された。問題点としては、1929年に金融恐慌が発生し、日本の中小企業は打撃を受けたこと、さらにその後、大企業の輸出体制に組み込まれていき、それまでの中小企業の個性が埋没したことである。これにより、経済活動は財閥中心で動いていくこととなったが、第2次世界大戦後の日本では、戦後復興により、中小企業の活気が呼び起こされた[2]。

　しかし、1949年のドッジラインの強力なデフレ政策によって、再び中小企業は低迷することになる。その後、1963年に中小企業基本法が制定され、中小企業の活性化、近代化が進められた。このときにベンチャーキャピタル的要

素をもった中小企業投資育成会社が誕生した。1970年代に入ってからは、ドルショック、石油危機が発生し、1974年以降、世界的な不況となる。1980年代に入ると、急成長時代が始まり、バブル経済崩壊まで中小企業の時代となった。しかし、1990年のバブル経済崩壊後は、「失われた15年」によって日本経済は低迷した。

2. 中小企業の位置づけ

『中小企業白書（2011年版）』によると、わが国の中小企業の企業数は421万社（2006年）であり、大企業が約1.2万社（0.3％）、中小企業が約419.8万社（99.7％）であった。従業員数は4013万人（2006年）であり、大企業が約1229万人（30.6％）、中小企業が約2784万人（69.4％）であった。

中小企業の業種別の企業数の割合は、卸売業5.5％、運輸業1.8％、建設業11.6％、製造業10.8％、小売業20.9％、その他サービス業33.7％、飲食店、宿泊業15.4％となっている。これを市町村人口規模別でみると、1万人未満では卸売業2.5％、50万人以上6.0％（以下の％は前者が1万人未満、後者を50万人以上とする）、運輸業では2.2％と3.5％、建設業18.3％と10.9％、製造業9.7％と10.5％、小売業27.0％と19.5％、その他サービス業23.1％と34.9％、飲食店、宿泊業17.2％と14.7％と比較することができる。

自社の強みとする事業分野を大企業と中小企業で各項目を比較すると、以下のようになる。企画・立案は大企業5.3％と中小企業8.9％（以下の％は前者が大企業、後者が中小企業とする）、マーケティングは4.9％と2.4％、設計6.6％と5.4％、試作0.0％と7.3％、中間財製造14.8％と16.6％、最終財製造12.3％と20.5％、商品販売19.3％と18.2％、輸送2.5％と0.9％、情報システム4.9％と1.0％、企業取りまとめ1.6％と1.6％、資金調達、代金回収4.1％と4.0％、研究開発4.1％と4.0％、経営支援1.2％と1.0％、その他18.1％と11.1％であった。中小企業は、大企業に比べて「企画・立案」、「試作」、「最終財製造」を強みとしている。

3. 日本とアメリカの中小企業について

　日本では、1963年成立の中小企業基本法で、中小企業の量的規定がなされた。そこでは、従業員300人以下または資本金1億円以下、小売・サービス業では従業員50人以下または資本金1000万円以下、卸売業は100人以下または3000万円以下が中小企業と規定されている。

　中小企業基本法は1973年に改定され、その後1999年に再度改定された。1999年の改定により、36年ぶりに中小企業の量的定義が変更された。現行の中小企業基本法において、中小企業は製造業で資本金3億円以下または従業員300人以下、卸売業で資本金1億円以下または従業員100人以下、小売業では資本金5000万円以下または従業員100人以下、サービス業では資本金5000万以下または従業員50人以下である。

　アメリカの中小企業法は1953年に制定され、中小企業の定義をその事業分野で支配的地位にいない独立企業とし、業種別にその範囲が定められている。中小企業の範囲は1967年改正規則で詳しく定義された。独立の所有および経営において、その分野において支配的でないことが共通の条件であるが、さらに政府調達、政府資産販売、融資、投資育成会社援助、政府調達関係下請など、項目の相違に応じて定義の違いがみられる。工業454業種についてみると、500人未満の中小企業が347業種、500人以上750人未満が48業種、750人以上1000人未満が56業種、1000人以上1500人未満が3業種（航空機、弾薬、石油精製）となっている[3]。アメリカでは1970年代および1980年代においても、中小企業はアメリカのビジネスシステムの重要な要素として存続した。今日までアメリカの中小企業庁は、一般的に中小企業を500人未満の従業者を有する企業と定義してきた。この定義に従えば、1982年には全国の99％以上が中小企業として分類された。1986年に所得税の申告をした1700万の事業所のうち、1300万は所有者のほかに従業者はいなかった。また、500人以上の従業員を有する企業はわずか1万社にすぎなかった。大半の企業が植民地時代と同じように、きわめて個人的な方法で経営され続けていた。1982年現在で975万事業所が個人所有、150万が共同企業であったのに対して、280万が法人として設

立されていた⁽⁴⁾。

　世界各国で中小企業についての定義や考え方が、大きく異なっているとはいうものの、中小企業は大企業ではないという点だけは世界共通の認識である。日本でもこの点を否定した見解は存在しない。そもそも「小」あるいは「中小」という概念は「大」に対する相対的概念であるから、「中小企業は大企業ではない」ということは、いわば当たり前のことである。「中小企業とは大企業ではない企業である」という答えは、形式理論的には間違っていないにしても、内容的にはまったく空虚である。この答えでは、大企業と中小企業との区分がなにに基づいて、どこでなされるのかが全然わからない⁽⁵⁾。

　中小企業は大企業の前段階に位置するのか、そうではなく、中小企業として存在するのかによって、経営戦略はまったく異なってくる。この経営戦略によっても中小企業は分類できるが、やはり数量的に分類されたほうがわかりやすい。

　中小企業は地域経済の担い手として重要な役割を果たしている。中小企業には、消費生活と直接かつ密接な関連を有しているものが多くみられる。地域市場を対象とする消費財の生産、小売業、対個人サービス業、地域の住民を対象とする建設業等々が、中小企業の圧倒的部分を占めている。とにかく中小企業を欠いては、人間の生活が成り立たないことは明らかである。このことは、逆にいえば、人間の生活している所であれば、どこにでも中小企業が存在していることを意味している。実際、大企業は特定の場所にしか立地していないが、中小企業は全国どこにでも存在している。つまりこのことは、中小企業が地域性を有していることを示唆している。地域の実情に応じて、中小企業のあり方も異なっているわけである。

　人間の社会生活は、もともと一定の地域性を有している。地域的にまとまりのある再生産圏のなかで、人間は生活をしてきた。一定の気候、風土のもとで、歴史的に形成されてきた社会、つまり地域的独自性をもった社会のなかで、人間は生活してきたのである。こうした地域経済の担い手として、中小企業は重要な役割を果たしてきた⁽⁶⁾。

　しかし中小企業は大企業と競合する分野では明らかに不利であり、存続が困難である。原理的には資本主義的な経済の成長過程において企業間競争が存在

するかぎり、弱小な企業は淘汰され退場することになる。そこで中小企業が生き残るためには、大企業が参入できない分野、つまりニッチ産業に特化する必要がある[7]。

4. 多様化する中小企業

『中小企業白書（2011年版）』では、中小企業であることのメリットとデメリットという興味深いデータが発表された。メリットとしては「意思決定が迅速」、「小回りが利く」、「経費がかからない」、「きめ細やかな対応が可能」、「地域に密着した製品、サービスを提供可能」をあげている。またデメリットとしては、「大規模な事業に対応困難」、「大規模な販売や営業が困難」、「業界の情報が入手しにくい」などをあげている。このように中小企業は、メリットを活かしつつ、デメリットにも対応していく必要がある。

現代の中小企業には、①市場競争の苗床、②イノベーションの担い手、③雇用機会創出の担い手、④地域経済発展の担い手としての役割が求められている。大企業に対応することを念頭に置いていない中小企業が増加しており、また独立独歩で経営されることも多い。多様で個性的な中小企業が登場し、それをサポートするシステムが構築されようとしている。

中小企業政策も多様化しており、制度整備が進んでいる。改正中小企業基本法、中小企業近代化促進法、中小企業新分野進出等円滑化法、中小企業経営革新支援法などが整備された。中小企業に必要な事項としては、人材開発、起業家育成、学校教育におけるベンチャー的創業発想がある。また中小企業における第二創業がいわれて久しいが、自社のもつすぐれたコアコンピタンスを有効に活用して、さらなるイノベーションへと行動することが重要である[8]。

世界を見渡すと、そこには、一握りの大企業と多数の中小企業が存在している。世界の企業をリードする大企業のまわりには無数の中小企業があり、大企業を根底から支えている。アメリカを筆頭に日本、イギリス、ドイツ、イタリアそして台湾の企業は、99％が中小企業である。かつて中小企業は「異質多元的」であるといわれたが、産業構造の高度化とともに、今日では中小企業の存在形態はますます多様化しつつある。産業構造の高度化は、いいかえれば社会

図表3－1　中小企業政策の変遷

1. 1944年以前	1884年 1936年 1937年	主要産業に対する技術改善指導と同業組合の設立 商工組合中央金庫の設立 信用保証制度の創設
2. 1945年以降	1947年 1948年 1949年 1950年 1953年	独占禁止法の制定 中小企業庁の設置 国民金融公庫の設置 中小企業信用保険法の制定 信用保証協会法の制定
3. 1955年以降	1956年 1957年 1960年 1963年 1965年 1966年 1967年 1973年 1976年 1980年	機械工業振興臨時措置法の制定 下請代金支払遅延防止法の制定 中小企業団体の組織に関する法律の制定 商工会等の組織に関する法律の制定 中小企業基本法の制定 小規模企業共済法の制定 官公需確保についての中小企業者の受注の確保に関する法律の制定 中小企業振興事業団の設立 マル経融資制度の設置 中小企業事業転換対策臨時措置法の制定 中小企業大学校の設置
4. 1985年以降	1986年 1999年 2000年 2005年 2006年	中小企業事業転換法の改正 中小企業基本法の改正 新事業創出促進法の制定 中小企業新事業活動促進法の制定 中小ものづくり高度化法の制定

出所：中小企業庁［2011］『中小企業白書』同友館、76-77頁より、筆者作成。

的分業の進化の過程であった。経験的にみれば、市場経済の進展とともに社会的分業は進化した。それによって社会的に効率が実現されたのである。

　もちろん、社会的分業のみならず、企業内分業もまた進展した。内部経済の実現である。そして需要の拡大、技術の進歩に伴って、社会的分業、企業内分業ともに進展し続ける。しかもこの両者は、効率を指向しつつ、相互に交錯し、流動的に展開する。

　市場経済に依存して、社会的分業と企業内分業、外部経済と内部経済、経済

単位の分化と統合が、それぞれ交錯しながら進展する。内部経済を通じて企業規模は拡大し、企業内分業化が進化する。同時に社会的分業もまた進化の一途をたどっている。こうして、経済成長とともに「大企業はますます拡大し、他方中小企業はますます増加する」という命題が経験的に妥当だと認められるようになった[9]。中小企業の現状をみるにつけ、その存立形態はさまざまである。日本では集団的生産組織体が発展してきたことがわかる。ヨーロッパ、アメリカにおいても多くの中小企業が存在し、日本と同じように社会的分業における下請けも多いが、1つの会社に専属として携わることは少ない。

　日本の中小企業は、下請制のもとで発展し、特定の親企業の下に組織されている。これまで、社会的弱者の立場に置かれていた中小企業であるが、従業員のレベルはけっして大企業に劣っていることはない。大企業と中小企業は共存共栄し、それぞれの得意分野において成長発展が望まれる。中小企業は各地域経済に深くかかわりをもっており、建設業、製造業を中心に多くの雇用や経済効果を生み出している。中小企業の構造的問題としては、中小企業に対する競争制限、保護的措置の緩和や撤廃があげられる。しかし日本経済のなかにおいて中小企業の存在は大きくなっており、中小企業の健全な発展が期待されている[10]。図表3－1はこれまでの中小企業政策の変遷を提示したものである。

5. 中小企業・ベンチャー企業の創業と失敗時のリスク

　中小企業、中小中堅企業、ベンチャー企業の起業には、多くの困難が待ち受けている。起業はたえずハイリスク・ハイリターンにさらされているのだが、今日、多くのベンチャー企業が起業している。大学発ベンチャー企業も、すでに1500社（2007年）を超えて目標の1000社計画を達成している。そのなかでIPO（新規株式公開）に至っているのが15社である。これまでいわれてきた「ベンチャー企業は1000に1つしかIPOできない」は、大学発ベンチャーに関しては当てはまらない。それは、大学発ベンチャーには、産学官の強力なサポートがあることの結果であると考えられる。

　いわゆる「ヒルズ族」の不正により、ベンチャー企業のイメージがそこなわれたともいわれる。だが、各ベンチャー学会の調査によると、2006年に多発

した不正は特殊な例であるとして、これまでのベンチャー企業のイメージは変わっていない。とくに学生ベンチャーに対しては、産学官およびベンチャー企業の専門家によるメンター作業が重要と考えられる。ベンチャー企業がいとも簡単にスタートアップできるというような風潮があるが、起業はたやすいものではなく、険しい登山をするものと考える必要がある。

総務庁の「就業構造基本調査」によると、サラリーマンの割合は過去数十年にわたり増加を続けており、反対に自営業者は減少している。転職希望者は増加しており、近年は入社後3年で退社するような場合も多くなっている。リクルートリサーチによると、定年まで働きたいという学生は男子で30.4％、女子で14.8％であり、将来転職したいという学生は男子27.6％、女子45.0％であった。早い時期に独立したいという学生は、男女ともに少ない。中小企業・ベンチャー企業が発展するためには、この少ない独立希望学生を多くする必要がある。そのためには、一度失敗しても再度チャレンジできる社会システムの構築が急がれる。

本章では、中小企業・ベンチャー企業の創業を担う創業者について、その問題点を含めて検討したいと考える。『中小企業白書（1999年版）』によると、開業率が低下している理由として、「中小企業創造的活動実態調査」などでは、事業者側とベンチャーキャピタリストなど支援者側（以下、支援者側と記述）の双方にとって、失敗時に生活が不安定になるリスクが高いという点をあげている。このような失敗時のリスクの大きさが安定志向を生み、その安定志向を現実のものにできた社会にあっては、自らリスクをとるよりもサラリーマンとなることが合理的選択となりえた。

しかし、大きな環境変化のなかで全体的な不確実性が高まっている。会社をスピンオフした後の事業の懐妊期間や、事業が立ち上がるまでの生活を支え、失敗時のリスクを限定する社会的制度的環境を整備する一方、今後成功群が増えていけば、失敗で背負う痛手のみならず、成功で得るものの大きさが広く認識されることになる。リスクの一方で、チャンスがあるという意識の変化をもたらすうえでも、創業の活発化は重要である。

ひと言で創業活動といっても、個別にみるときわめて多様なものである。サラリーマンら事業経験のない者によるものを含む自営業的な起業、あるいは個

人によるSOHOなど新しいタイプの起業は、多くの雇用機会を生み出す可能性があるし、こうした身近な企業経営者の存在は、次世代の創業の活発化を促す環境を提供するうえでも、重要なものである。また、これまでのベンチャー型の起業も、わが国の技術力の向上と新たな市場の創出に一定の役割を果たしてきた。これらは、具体的な事業活動の場面で重なりあうものである。創業活動は、個人の自己実現を可能とする就業機会という意味でも、重要と考えられる。

しかし、日本においては、金融機関からの借入金に際し、個人保証が必要となる慣行が、前に述べた失敗時のリスクの大きさにつながっている。ベンチャーキャピタルやファンドが出資をおこなう場合であっても、すでに成長を遂げ株式公開が間近になった段階に重点が置かれがちである。こうした点が、わが国のベンチャー企業の創業環境における部分的な不備として指摘されている。

アメリカと比較しても、日本に独立開業希望者が少ないのは、社会風土のひと言では片付けられない深い心理的な問題がある。アメリカでは、独立開業者への尊敬の念が非常に強く、たとえ失敗しても「良く失敗した次は必ず、さらに大きい事業ができる」と喝采する。日本では、独立開業が成功し、大企業になったとしても、「金儲け」がうまい人間としての評価でしかない。今後はこのような風評をものともしない、新しい独立開業者が増加しなければならないと考える。

全国の約110万社を対象とした帝国データバンクの調査（1997年）によると、社長の平均年齢は56歳11ヶ月で、1997年の56歳8ヶ月から3ヶ月高くなり、前年比で18年連続上昇している。12年前に比べ、3.1歳高齢化している。また、女性社長が経営する企業数は、5万9501社の5.2％で、1997年から0.03％上昇し、1986年と比較して1.5％高く、着実に女性経営者が増加しているのがわかる。総務庁「就業構造基本調査」によると、1982年以降、自営業者数の減少が顕著となり、1959年と比較して1997年では約283万人減っている。一方、会社の女性役員数は着実に増加してきた[11]。

日本経済の活力の源泉は、中小企業である。ところが、近年の開廃業率の低下を背景に、中小企業はもとより、わが国経済の活力の減退までもが懸念され

ている。そのような環境のなか、経済に活力を与える創業への期待が高まっている。総務省統計局「事業所・企業統計調査」(『中小企業白書(2001年版)』)により、まずはじめに全産業の開廃業率をみることにする。企業数および既存企業の事務所の増設・閉鎖も考慮した事業所数をもとに算出した開業率と廃業率の動向によれば、1986年以降に開業率は増加しているものの、廃業率の増加のほうが顕著であったため、開廃業率の差は拡大した。

　さらに、企業を個人企業と会社(法人企業)に分けてみると、個人企業数による開廃業率の推移は、企業数による開廃業率の推移と大差ない動きとなっているのに対し、会社数による開業率と廃業率は、1996年以降の最新の調査時点になって逆転している。とくに、廃業率の上昇が顕著となっている。次に、事業所ベースの業種別(大分類)における開廃業率をみると、開業率と廃業率の両方に寄与している業種は「小売業」「飲食店」「サービス業」であるが、廃業率に寄与している業種は「建設業」「製造業」「卸売業」である。また、他業種に比べ現在の開業率が高い業種において、約20年前と現在の開業率を比較すると、「飲食店」の減少が際立っており、「サービス業」や「製造業」「卸売業」も低下している[12]。

　中小企業の技術開発において、異業種との交流により活性化している地域が多くあるが、それは各都道府県の商工部、商工会議所の指導による効果のあらわれである。これらの交流によって、自社技術の補完、共同開発、人材資金の困難対応などに役立っている。中小企業の技術開発によって注目されているのが、アントレプレナーシップをもった先端技術開発型企業としての中小企業、ベンチャー企業である。中小企業、ベンチャー企業は、乏しい経営資源を有効に活用し、高度な経営戦略、マーケティング戦略、アントレプレナーシップ論を駆使し、技術革新および変化をおこなっている。

　日本の中小企業政策は多数あるが、縦割り行政の弊害によって十分機能しているとはいえない。しかし、そのなかにあって中小企業事業団の中小企業技術者研修、技術指導員養成研修、技術開発事業、技術移転・交流促進事業は、活発におこなわれている。さらに、中小企業の近代化・高度化対策をおこなう中小企業基本法によって、経営資源の充実、金融支援、自己資本充実のサポートが確立している。自己資本充実とは、中小企業投資育成会社の投資であり、東

京・大阪・名古屋（福岡は九州事務所）にそれぞれ投資育成会社が設置され、全国をカバーして投資活動をおこなっている。中小企業投資育成会社は、ベンチャーキャピタルであるが、IPO後も安定大株主として、創出されたベンチャー企業・中小企業の育成に取り組んでいる。とはいえ、ベンチャー企業・中小企業ともに、ただ単に政府の育成政策頼みになることは、避けなければならない。

6. リスクマネジメント

(1) 日本における倒産事例——ジェネシス・テクノロジーの例

①ジェネシス・テクノロジーの経営行動の歴史

　ジェネシス・テクノロジー（設立1987年12月、資本金1億円で設立、本社は東京）は株式会社神戸製鋼所、米国メガテスト社、日本エル・エス・アイ株式会社および神鋼電機株式会社の4社の合弁にて設立された。事業主体は半導体テスターの販売事業および半導体テストハウス事業であった。1988年5月所沢工場にてウェハテストを開始した。1994年7月テスター販売事業から撤退して事業目的を半導体テストハウスに絞り、同年7月西脇工場で液晶用ICアセンブリ（組立）を開始した。そして、1996年11月九州工場の操業を開始、2000年8月九州第2工場の操業を開始した。2001年6月本店所在地を東京から西脇市に移転した。2004年4月株式会社神戸製鋼所の子会社であるコベルコ・エスエスアイ・デザイン株式会社と事業統合、半導体設計事業を開始した。2006年3月東京証券取引所市場第2部に株式上場するが、2008年9月25日民事再生手続開始の申立てを神戸地方裁判所に受理され、事実上倒産した。

②ジェネシス・テクノロジーの倒産の経緯

　民事再生手続の理由としては2007年3月期にFPD（フラット・パネル・ディスプレイ）駆動用のICの生産調整および価格下落により、売上高が減少し、利益面でも損失を余儀なくされたことによる。さらに、ロジックICにおいても、顧客における生産動向の変化による数量減少が大きく影響し、業績が

悪化した。

　資金面では、中期経営計画に掲げた施策を着実に実行し、金融機関からの信頼回復へとつなげることで資金調達を図るとともに、ファクタリングを活用することで資金の確保を目指した。しかし、2009年3月期においては、第1四半期はほぼ計画どおりであったが第2四半期において半導体テストハウス事業の需要が減退し、第3四半期以降においてもさらに業績悪化するという見通しになったために、民事再生手続が申請された。

③ジェネシス・テクノロジーの財務内容
　ⅰ）**財務状況**　　倒産半年前の第21期の有価証券報告書によると総資産は、流動資産および固定資産がともに減少した結果、前事業年度末に比べて44億3627万6000円減少（前事業年度比35.8％減）し、79億4852万6000円となった。総資産のうち、流動資産は、売上高の減少に加えファクタリングの実行により、売掛金の一部を早期回収したので売掛金が16億9130万8000円減少した。さらに、設備投資によって現金・預金が6億2079万円減少した。その他を含めて前事業年度末に比べ26億3178万2000円減少（前事業年度比42.3％減）し、35億8650万6000円となった。

　また、固定資産は当事業年度において設備投資を抑制ならびに減価償却などにより、有形固定資産および無形固定資産合計で13億1261万8000円の減少などによって、前事業年度末に比べて18億449万3000円減少（前事業年度末比29.3％減）し、43億6202万円となった。

　ⅱ）**経営成績**　　第21期の経営成績は、主力製品であるFPD駆動用ICを中心に価格下落の影響を受けた。さらに、顧客の生産動向の変化により、数量が減少し、厳しい経営環境となった。売上高については、半導体テストハウス事業において売上拡大に向けた新規顧客開拓を目的としたプロジェクト活動をおこなってきたが、市場環境悪化による大幅な減収によって、前年事業年度に比べ28億2446万1000円減少（前事業年度比25.6％減）し、82億645万円となった。

　また、半導体設計事業では、受託設計案件が低調に推移した。さらに、音声・オーディオ関係のロイヤリティ収入が減少したことによって、前事業年度

図表3－2 ジェネシス・テクノロジーの要約貸借対照表（単位：千円）

	17期	18期	19期	20期	21期
資産の部					
Ⅰ．流動資産					
当座資産	4,515,937	3,783,006	7,146,212	6,116,091	3,577,870
棚卸資産					
その他の流動資産	11,029	18,713	20,830	106,520	11,318
貸倒引当金	△2,439	△2,248	△4,674	△4,327	△2,685
流動資産合計	4,524,530	3,799,475	7,162,371	6,218,288	3,586,506
Ⅱ．固定資産					
有形固定資産	4,545,813	4,522,268	4,284,819	5,030,673	4,084,463
無形固定資産	144,526	369,754	489,216	543,518	177,109
投資その他の資産	446,450	502,652	566,553	592,321	100,446
固定資産合計	5,136,790	5,394,675	5,340,589	6,166,513	4,362,020
Ⅲ．繰延資産					
繰延資産合計	263,280	312,509	382,501	406,150	―
資産合計	9,661,321	9,194,151	12,502,961	12,384,802	7,948,526
負債の部					
Ⅰ．流動負債					
流動負債合計	3,131,872	2,604,021	3,838,940	2,472,280	3,049,799
Ⅱ．固定負債					
固定負債合計	1,611,085	1,237,135	999,568	2,917,548	2,776,762
Ⅲ．引当金					
引当金合計	598,898	732,867	907,833	1,051,628	1,106,735
負債合計	4,742,958	3,841,157	4,838,508	5,389,828	5,826,561
資本の部					
Ⅰ．資本金	1,900,000	1,900,000	2,632,600	2,633,950	2,633,950
Ⅱ．資本余剰金	1,500,000	1,500,000	2,539,680	2,541,030	2,541,030
Ⅲ．利益余剰金	1,518,363	1,518,363	12,000	1,820,226	△3,052,782
資本合計	4,918,363	5,352,994	7,664,452	6,994,974	2,121,965
負債資本合計	9,661,321	9,194,151	12,502,961	12,384,802	7,948,526

に比べ2億3254万1000円減少（前事業年度比37.8％減）し、3億8256万円となった。この結果、全体の売上高は、前事業年度に比べ30億5700万3000円減少（前事業年度比26.2％）し、85億8901万1000円となった

図表3－3　ジェネシス・テクノロジーの要約損益計算書（単位：千円）

営業収益	17期	18期	19期	20期	21期
Ⅰ．売上高	11,428,313	11,261,370	12,973,035	11,646,014	8,589,011
営業費用					
Ⅱ．売上原価	8,534,628	9,303,483	10,618,166	10,896,686	9,891,075
売上総利益	2,893,685	1,957,887	2,354,886	749,327	△1,302,064
Ⅲ．販売費・一般管理費	810,007	955,663	1,219,026	1,280,055	1,155,277
営業利益	2,083,677	1,002,222	1,135,860	△530,727	△2,457,342
Ⅳ．営業外収益	12	2,470	4,180	6,143	6,999
Ⅴ．営業外費用	266,875	57,849	107,934	41,027	65,215
経常利益	1,816,814	946,845	1,032,106	△565,611	△2,515,558

　第21期の有価証券報告のなかに設備投資に関するリスクが多く取りあげられているが、このころには倒産予測ができていたのかもしれない。それは、「当社が投資資金を十分に確保できず、設備の導入が必要な時期に設備投資を実施できなかった場合には、当社の業績が影響を受ける可能性がある」、また「品質管理において工程ミスによる破損または不良出荷により、顧客に重大な損害を与え、損害賠償の請求によって業績が影響される」、「工場の建物の契約において途中解約では違約金の発生は考えられる」などの記述である。

　図表3－2から、要約貸借対照表項目のなかで倒産1年前の21期と倒産3年前の19期を観察すると、6点の大きな特徴をとらえることができた。①当座資産において3年前と1年前の比較では50.1％の減少、②無形固定資産では36.2％の減少、③固定資産合計では81.7％の減少、④資産合計では63.6％の減少、⑤利益余剰金では－25439.9％の大きな変化が出ている、⑥資本合計では27.7％の減少となっている。したがって、利益余剰金の大きな変化は倒産の現象を予知できる項目であると考えられる。

　要約損益計算書からは倒産1年前の21期と倒産3年前の19期では、大きな変化が4点発生している。①売上高では66.2％減、②売上総利益では－55.3％減、③営業利益では－216.3％の減、④経常利益では－243.7％減となっている。特徴としては②～④における大幅減少があげられる。それは、売上総利益、営業利益、経常利益の異常値が発生した場合は、倒産の確立が大きくなることを

意味している。

④アドバンテストの経営行動の歴史

　ジェネシス・テクノロジーと同じ業態である現存企業のアドバンテストの財務内容と比較検討することによって、倒産企業と現存企業の特徴を明らかにしたい。アドバンテスト（1954年に東京都板橋区で設立）は武田郁夫によって「タケダ理研工業株式会社」として起業された。その後、本社・工場を東京都練馬区に移転させた。1983年に東京証券取引所第2部に株式上場、同年本社を東京都新宿区に移転した。アドバンテストの主力商品は半導体デバイスを試験するテスタや、通信などの各種技術を評価する測定器である。1985年に社名を「株式会社アドバンテスト」に変更、2001年にはニューヨーク証券取引所に株式上場して成長を続けている。

⑤アドバンテストの財務内容

　ⅰ）**財務状況**　2009年3月期（67期）の財務状況は半導体・部品テストシステム事業の売上高において62.6％の減少というたいへん厳しい状況になっている。メモリ半導体テストシステムの売上高は、DRAM半導体およびフラッシュメモリ半導体の価格下落に伴い前年比に対して81.0％減少し、非メモリ半導体用テストシステムの売上高は、前年比に対し18.4％減少した。

　半導体需要が数量ベースで増加しているにもかかわらず、半導体価格の低下圧力を受けている時期が、半導体・部品テストシステムに対する価格低下圧力がもっとも強くなっている。メカトロニクス関連事業の売上高は前年比58.8％減少、サービスなどにおいては前年比18.2％減少、研究開発費は前年度比16.7％であり、当期は30.9％であった。

　ⅱ）**経営成績**　売上高は前年比58.1％の減少、おもな売上減少要因は、半導体・部品テストシステム事業においてDRAM半導体などの価格が大幅に下落したことによる。取引地域である台湾、日本、韓国の減少が大きく影響している。当期の海外売上比率は67.7％（前年度69.3％）となっている。当期利益は前年度に比べて914億5200万円減少し、749億200万円の損失となっている。

　アドバンテストの要約貸借対照法表および要約損益計算書を提示した（図表

図表3-4 アドバンテストの要約貸借対照表（単位：百万円）

	62期	63期	64期	65期	66期
資産の部					
Ⅰ．流動資産					
当座資産	202,658	165,319	198,562	213,712	163,242
棚卸資産					
その他の流動資産	735	727	1,307	9,017	9,110
貸倒引当金	△10	△0	—	△983	—
流動資産合計	203,388	166,050	199,872	213,182	163,723
Ⅱ．固定資産					
有形固定資産	40,054	39,778	38,781	37,784	43,512
無形固定資産	1,884	1,437	1,233	1,467	1,856
投資その他の資産	31,718	30,842	34,650	37,263	38,054
固定資産合計	73,658	72,058	74,665	76,515	83,422
Ⅲ．繰延資産					
繰延資産合計	5,707	4,137	3,482	4,791	6,433
資産合計	277,047	238,109	274,538	289,697	247,145
負債の部					
Ⅰ．流動負債					
流動負債合計	56,504	69,495	68,120	56,358	31,000
Ⅱ．固定負債					
固定負債合計	31,651	9,539	9,191	8,533	6,881
Ⅲ．引当金					
引当金合計	10,647	8,609	8,651	6,255	5,170
負債合計	88,155	79,034	77,311	64,891	37,881
Ⅰ．資本金	32,362	32,362	32,362	32,363	32,362
Ⅱ．資本余剰金	32,973	32,973	32,973	32,973	32,973
Ⅲ．利益余剰金	135,672	158,563	187,229	208,372	229,822
資本合計	188,891	159,074	197,226	224,805	209,264
負債資本合計	277,047	238,109	274,538	289,697	274,145

3-4、3-5)。ジェネシス・テクノロジーにおいて大きな特徴を示した①当座資産、②無形固定資産、③固定資産合計、④資産合計、⑤利益余剰金、⑥資本合計の6点を、アドバンテストの同時期（66期と64期）においても計算した。それぞれ、①18％減少、②50.5％増加、③11.7％増加、④10％減少、⑤

図表3−5　アドバンテストの要約損益計算書（単位：百万円）

営業収益	62期	63期	64期	65期	66期
Ⅰ．売上高	150,558	203,315	217,688	197,753	147,686
営業費用					
Ⅱ．売上原価	86,008	107,067	113,606	98,195	80,339
売上総利益	64,549	96,247	104,082	99,558	67,347
Ⅲ．販売費・一般管理費	40,772	54,337	54,335	58,054	58,545
営業利益	23,776	41,910	49,746	41,503	8,802
Ⅳ．営業外収益	4,067	4,622	6,433	5,440	37,419
Ⅴ．営業外費用	3,811	3,167	2,301	3,306	7,462
経常利益	24,033	43,365	53,878	43,638	38,759

22.7％増加、⑥6.1％増加である。

　すべて減少であったジェネシス・テクノロジーに比べて、アドバンテストは2点の減少のみであった。

　ジェネシス・テクノロジーの要約損益計算書からは倒産1年前と倒産3年前では、大きな変化が4点発生していた。倒産していないアドバンテストの4点を観察してみると、①売上高では32.8％減少、②売上総利益では35.3％減、③営業利益では82.3％減、④経常利益では28.1％減となっている。ジェネシス・テクノロジーの特徴としては②～④における大幅減少があげられたが、アドバンテストにおいても同様の結果となり、倒産していない企業も同じような経営環境に置かれていることが明らかになった。

　2008年の上場企業倒産は33件であった。2008年9月のリーマンショックによって半導体メーカーの衰退および半導体搭載製品の売れ行き不振が重なりあって、ジェネシス・テクノロジー、アドバンテストに大きな影響を与えている。しかし、大手企業の系列であったジェネシス・テクノロジーが倒産し、系列ではないアドバンテストの経営が安定しているのをみて、アントレプレナー型企業とイントラプレナー型企業の違いがはっきりすると考えられる。つまり、ジェネシス・テクノロジーは大手企業系列だったために、不測の事態のときには助けてもらえる可能性があったが、アドバンテストにはどこも助けてくれないという緊張感が存在したのではないだろうか。

(2) 日本における倒産事例――トランスデジタルの経営行動の歴史

①トランスデジタルの経営行動の歴史

　トランスデジタルは1969年に静岡県三島市において、株式会社三島情報コンサルタントとして設立された。1989年には社団法人日本証券業協会に株式を店頭登録した。2007年にエキサイト株式会社と業務提携、同年子会社のキムラヤネット株式会社を売却、トランスデジタルは2008年9月1日、当年14社目の倒産企業となった。東証ジャスダック上場のシステム開発会社であった同社は、8月28日、29日と続けて不渡りを出し、9月1日に民事再生法を東京地方裁判所へ申請し、事実上の倒産企業となった。トランスデジタルは2008年に入ってから株価が下がり続けており、ついに8月には株価1円企業となったのである。

②トランスデジタルの経営理念

　トランスデジタルは40年前に静岡県において情報サービス企業として起業し、多くのステークホルダーに支えられて成長してきた。同社は3つの経営理念を掲げていた。①ITによってお客様の発展に貢献していくこと、②企業行動基本方針を理解し、社会に貢献し続けること、③適正な利益を確保し、株主様の期待に応えながら会社の永続的な発展を図っていくことであった。また基本行動基本方針を7つあげている。①法令などの遵守、②公正な取引、③健全な企業経営、④厳格な個人情報の管理、⑤職場環境の整備、⑥反社会的勢力との遮断、⑦環境への配慮であった。

③営業の状況

　2005年の営業報告書によると新規事業としてITセキュリティ事業、ECマーケティング事業をおこなっており、これらを次世代のコアコンピタンスとする計画であった。また、大和工業株式会社の新製品の型式試験認定の遅れによって、売上予測が違ったことを述べている。さらに、子会社である株式会社フォリアルの販売商品の撤退に伴う商品除却損と、ITセキュリティ事業の海外拠点の一部閉鎖に伴う貸付債権の引当金計上などによって、特別損失を26億

6800万円計上して当期純損失が22億3500万円となった。

　2006年はわが国の景気が回復してきた年であり、IT情報サービス関連業界においても、企業の旺盛な情報化投資を反映し、受注ソフトを中心として伸張した。しかし、技術者の不足、システム開発の高度化・短期化、価格・受注競争などの激化によって、厳しさが出てきた。このような状況にあってトランスデジタルは出資先、投資先の業績不振により、多大な損失を計上した。

　特別損失として、51億1000万円の損失が発生した。その内訳は、①遊技機メーカーの事業計画の遅れ、売上計画の大幅な落ち込み（24億1700万円）、②子会社の業績不振による特別損失（10億4100万円）、③営業用投資有価証券および投資有価証券の評価損（10億1800万円）、④その他不良債権に対する貸倒引当金（5億3600万円）、⑤その他（9600万円）である。

④資金調達の状況と対処方法
　2006年の社債発行による資金調達をみると、無担保転換社債型新株予約権付社債を発行し、5億円を調達している。さらに、新株または新株予約権の発行によって、同年4000万円、2007年に第三者割当増資によって10億円、同年新株予約権を発行し、2500万円、その後、第三者割当増資によって10億9900万円、同年新株予約権行使に伴う新株式発行によって600万円を調達している。

　このような状況のなかで対処課題の設定をおこなっている。①債権・資産管理の徹底、②新規事業・子会社事業の黒字化、③株価対策、④安定株主の形成、⑤決算発表の早期化、⑥人材育成、確保、⑦キャッシュ・フローの改善などであった。

⑤トランスデジタルの財務状況
　ⅰ）**業績の概要**　2008年3月期有価証券報告書は、以下のように述べる。原油価格高騰の影響やサブプライムローン問題によるアメリカ企業の減速や為替動向が不安定要因となってはいるが、企業収益は堅調さを維持し、設備投資の増加傾向により、景気はゆるやかに回復基調が続いている。IT情報産業においても企業のアウトソーシングの進展や好調な企業収益を背景にIT関連設

図表3－6 トランスデジタルの経営指標

回次	第35期	第36期	第37期	第38期	第39期
決算年月	2004年3月	2005年3月	2006年3月	2007年3月	2008年3月
売上高（千円）	3,807,902	3,798,594	4,808,951	4,205,228	2,689,303
経常利益又は経常損失（△）（千円）	27,876	229,915	671,013	△46,423	△434,736
当期純利益又は純損失（△）（千円）	△212,583	113,142	△1,879,047	△5,924,693	△4,205,001
資本金（千円）	3,026,967	5,191,167	5,571,167	6,624,273	7,544,110
発行済株式総数（株）	14,112,485	38,712,485	42,712,485	83,180,985	226,401,385
純資産額（千円）	3,736,370	8,216,651	7,222,870	3,316,589	908,883
総資産額（千円）	4,326,453	8,834,797	10,288,240	4,912,154	2,714,784
1株当たり純資産額（円）	264.96	212.31	169.15	38.97	3.87
1株当たり配当額（円）	—	—	—	—	—
（内1株当たり中間配当額）)	(—)	(—)	(—)	(—)	(—)
1株当たり当期純利益又は純損失（△）（円）	△21.97	4.98	△46.36	△127.91	△46.40
潜在株式調整後、1株当たり当期純利益（円）	—	4.64	—	—	—
自己資本比率（％）	86.4	93.0	70.2	66.0	32.3
自己資本利益率（％）	—	1.38	—	—	—
株価収益率（倍）	—	121.5	—	—	—
配当性向（％）	—	—	—	—	—
従業員数（名）	137	139	134	101	84

出所：EDINET提出書類、2008年トランスデジタル株式会社（E04842）有価証券報告書、3頁。

備投資が盛んにおこなわれている。

　しかし、同社はこのような経済状況において、既存事業における利益率の低下や、不採算事業からの撤退を遂行している。そして、過去の投資案件の不良債権化や出資先・投資先の業績不振によって、多大な損失を発生させ続けている。

　ⅱ）**財務状況**　財務状況は、連結子会社数の減少や事業環境の大幅な変化および業績の悪化により、売上高が35億3000万円（前年同期増減額△22億9700万円）と大幅な減収となった。損益は営業損失6億7800万円（前年同期増減額7500万円）、経常損益7億8800万円（同年同期増減額△500万円）、当期純損失42億5900万円（前年同期増減額14億1000万円）となっている。

44

⑥トランスデジタルの事業リスクと課題

ⅰ）**事業リスク**　トランスデジタルによる自社分析では、以下の6点のリスクが存在していたことを提示していた。①一括請負形態での業務受注におけるリスク（追加または変更による実工程の増大の負担など）、②機器販売事業の在庫リスク（在庫管理の不備による納品までのタイムラグが失注の原因を発生など）、③投資事業に伴うリスク（価格変動や信用リスクなど）、④資金繰りに伴うリスク（エクイティファイナンスの依存度とそれに伴う費用負担など）、⑤債権の回収可能性にかかわるリスク（取引先の倒産や資金繰り悪化による債権回収の延滞と子会社に対する貸付金の回収不可能など）、⑥風評リスク（信用・コンプライアンス・業務・製品など）である。

ⅱ）**コーポレートガバナンス**　トランスデジタルは、コーポレートガバナンスを充実させ、公正で透明性の高い経営を遂行するために、逐次その機能、体制の充実を図っていた。戦略性と機動性に富んだ経営とその監視機能を強化するために、2000年より執行役員制度を導入した。これにより、業務執行とその監督をする機関とが区別され、機動性に富んだ業務執行とそれに対する監督ができていた。さらに、社長直属の監査室を設け、社内の事業の分析、利益計画、社員におけるコンプライアンスの強化をおこなった。

ⅲ）**課題対応について**　本業であるシステム開発事業については、金融機関・企業の情報関連投資に対する需要待ちであり、技術者の確保や原油価格高騰による原価高などの問題が山積していた。機器販売事業においても大阪支店を中心に業務集中をおこなう必要があった。プライスリーダーとして景気にはあまり左右されないが、収益率の低下や競争激化が懸念された。EC・マーケティング事業については、化粧品・健康食品の販売が広告規制によって計画通りに進行できなかった。ITセキュリティ事業については、イギリス子会社を中心に利益の出る体質への転換をおこなった。トランスデジタルは経営者の問題認識の改善をおこなった。それは、「お客様に対しITソリューション分野においてつねに最善の問題解決の提案と、最適なサービスを提供していくこと」であった。さらに、「株主価値の向上」を重要な経営方針とした。

ⅳ）**訴訟問題**　近年の業績低迷とともに2つの訴訟問題が発生していた。①有限会社オオタコーポレーションは、2006年7月にトランスデジタルおよ

びメディア241株式会社を被告とする詐害行為取消等請求（請求額8595万円）の提訴をおこなった、②有限会社大東製鋲は、トランスデジタルを被告とする商品売買契約に基づく代金支払請求（請求金額1000万円）をおこなった。②については大東製鋲の勝訴となっている。

⑦類似企業サイボウズ株式会社との比較

　ⅰ）**優良企業サイボウズ**　　倒産企業トランスデジタルの特徴を明らかにするうえで、同じ業態の優良企業との比較が参考になるだろう。詳細な比較分析は今後の課題としたいが、以下、優良企業サイボウズの概要を紹介しておくので、各自考えてみてほしい。

　サイボウズは、1997年に愛媛県松山市においてサイボウズ株式会社として設立された。1998年大阪市へ本社移転、翌年東京支店を開設した。同年東京証券取引所マザーズ上場、本社を東京に移転、2005年東京証券取引所第1部へ市場変更した。

　事業内容は「ソフトウェア事業」、「通信事業」、「ソリューション事業」の3つにより構成されている。①ソフトウェア事業は、顧客の立場に立ったより使いやすい新製品の開発をおこなっている。②通信事業は、連結子会社による事業展開をおこなっている。③ソリューション事業は、ネットワークシステムの設計・開発・運用保守、インターネット技術の設計・開発、IT技術者の派遣や営業強化コンサルティングなどをおこなっている。

　ⅱ）**事業の概要**　　サイボウズの事業テーマは「収益力の向上」であり、グループ・マネジメントに厳しい姿勢で取り組んでいる。また、「簡単・便利・安い」をキーワードに、ソフトウェアを中心とした通信、ソリューション関連の情報サービスを提供している。主力のソフトウェア事業においては、「グループウェアのシェア拡大」、「新アプリケーションの提供」および「継続モデルの強化」を3つの軸として、企業向けのソフトウェア開発・販売に力を注いでいる。2007年に創業10周年を迎え、同社は中小企業向けウェブ型グループウェア「サイボウズoffice」を中心に多数の製品群を提供している。

　ⅲ）**サイボウズの課題**　　ソフトウェア事業においては、セキュリティへの対応、テクノロジーの進化、顧客ニーズの多様化などの環境が大きく変化して

図表3－7　サイボウズの経営指標

回次	第7期	第8期	第9期	第10期	第11期
決算年月	2004年1月	2005年1月	2006年1月	2007年1月	2008年1月
売上高（千円）	2,626,916	2,902,211	3,320,917	3,678,069	3,945,753
経常利益（千円）	475,238	441,677	835,667	768,637	1,125,196
当期純利益（千円）	179,148	263,830	485,100	372,159	176,767
資本金（千円）	424,506	424,506	497,340	553,485	553,789
発行済株式総数(株)	32,239.96	96,719.88	100,620.88	512,319.40	512,408.00
純資産額（千円）	2,291,704	2,555,535	3,159,993	3,548,746	3,735,855
総資産額（千円）	2,822,305	3,023,723	3,725,163	4,656,102	4,681,294
1株当たり純資産額(円)	71,082.73	26,422.03	31,404.95	6,926.82	7,290.78
1株当たり配当額	―	272	482	73	35
(うち1株当たり中間配当額)（円）	(―)	(―)	(―)	(―)	(―)
1株当たり当期純利益(円)	5,556.71	2,727.78	4,930.64	733.62	345.03
潜在株式調整後、1株当たり当期純利益(円)	5,410.87	2,598.24	4,727.26	707.05	336.70
自己資本比率（%）	81.2	84.5	84.8	76.2	79.8
自己資本利益率(%)	8.1	10.9	17.0	11.1	4.9
株価収益率（倍）	28.6	45.4	138.9	88.9	89.8
配当性向（%）	―	10.0	9.8	10.0	10.0
従業員数	71	84	96	122	147
(外,平均臨時雇用者数（人))	(41)	(49)	(60)	(61)	(51)

出所：EDINET提出書類サイボウズ株式会社（E05116）有価証券報告書、3頁。

いる。同社の強みであるグループウェア部門に事業を集中させ、中小企業に加え大企業の顧客獲得が求められる。人材の採用と育成においては同社の理念を共有できる優秀な人材を集めること、また、社員のモチベーションを高める仕組みづくり、教育制度の充実が求められる。グループにおける内部統制システムの整備と強化においては、グループ内での統一した内部統制基準の適用に加え、子会社の管理部門との情報共有や子会社従業員のリテラシー向上のための教育体制が求められる。

　中小企業には、アントレプレナーによって誕生・成長して大企業となるところもあるが、その反面、衰退企業としてステージから退出する企業も多く発生

しているのが現状である。近年ベンチャー企業的急成長企業に注目が集まってきたが、衰退した企業（倒産企業）については、あまり検討されてない現実がある。

　経営学から企業をとらえたときになにが必要不可欠なのかを、いま一度考える必要がある。今後の課題としては、企業の成長を述べるときには必ず衰退企業をも取りあげていきたい。

第3章 中小企業論

【資料】

〈利益額〉

資料3-1 経常利益

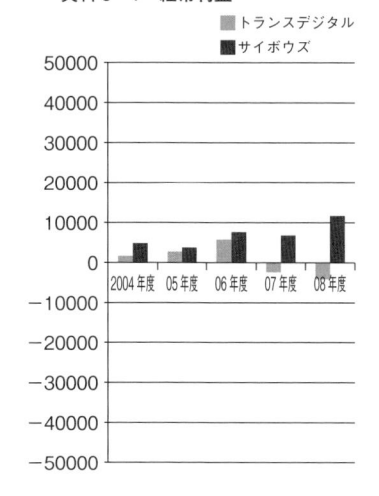

資料3-2 当期利益

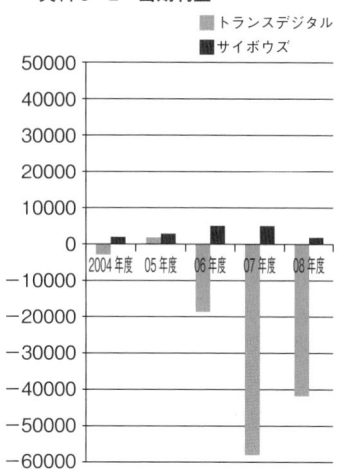

〈資産額〉

資料3-3 純資産額

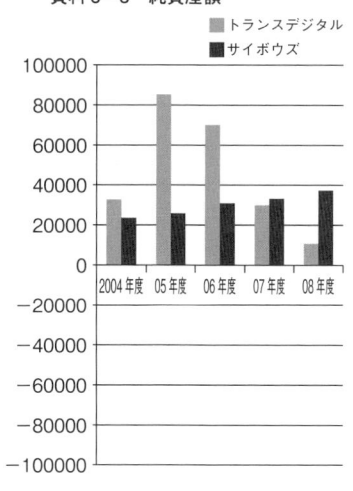

資料3-4 総資産額

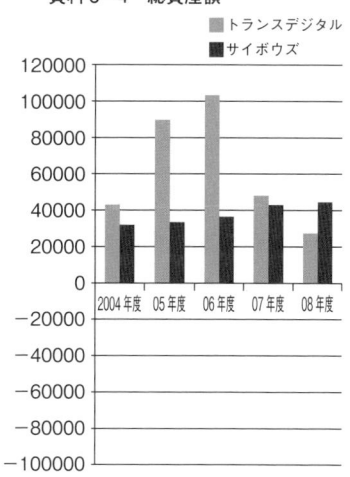

〈自己資本〉

資料3-5　自己資本比率

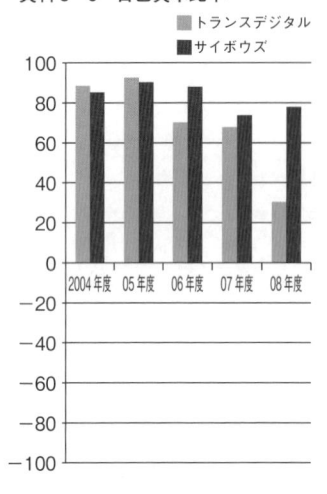

資料3-6　自己資本利益率

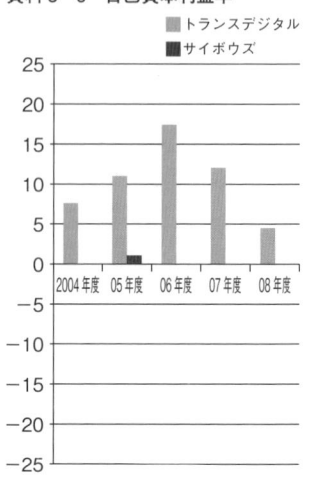

資料3-7　1株当たりの純資産額

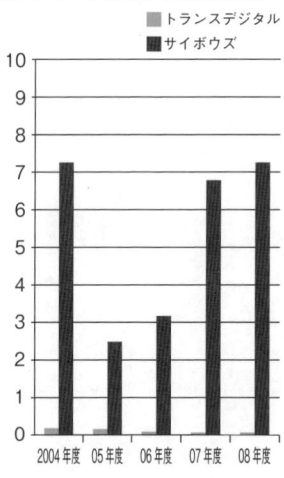

資料3-8　1株当たり当期純利益又は純損失

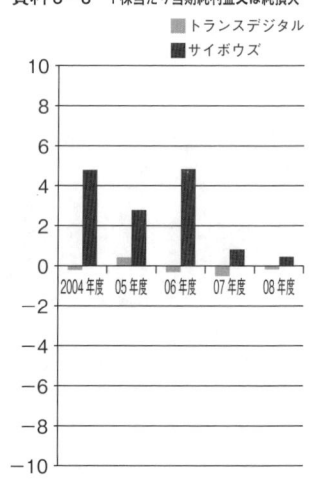

【注】

(1) 三宅健三 [1995] 2 頁。
(2) 清成忠男 [1987] 14 頁。中小企業の役割は大きいといわざるをえない。しかも、中小企業のウェイトが低下しているわけではない。ただ問題は、評価である。
(3) 藤田敬三ほか [1968] 26 頁。アメリカの規定は業種に応じて相当きめが細かいが、日本の場合はこれに比べて簡潔である。中小企業が「異質多元」「混沌たる総体」であるかぎり、単純な規定では業種によって枠組みからはみ出してしまうことが多くなる。
(4) 瀧澤菊太郎 [1992] 12 頁。イギリスでは『ボルトン報告書』(1971 年) で、工業などでは 200 人以下が中小企業と定義されている。しかし、ドイツやスイスでは、50～499 人が中企業、49 人以下が小企業となっている。フランスでは 500 人未満が中小企業、10 人未満が手工業となっている。イタリアでは、500 人以下が中小企業となっている。
(5) ブラックフォード [1989] 146 頁。1970 年代および 1980 年代を通して、アメリカの中小企業庁は引き続き各種の融資や援助の計画をもって、中小企業の発展のために活動を続けた。1981 年に、同庁は 50 万件の融資をおこなっており、未回収残高は総額で 170 億ドルになっていた。それにもかかわらず、中小企業庁は、中小企業とりわけマイノリティのニーズに十分応えなかったとして、しだいに批判にさらされるようになった。
(6) 瀧澤菊太郎 [1992] 15 頁。中小企業の定義や考え方は国によって異なり、また時期によって異なることになる。「中小企業とはなにか」という問題に対する答えをこのように考える見解を認識意義型中小企業本質論とよぶことにする。
(7) 日本経営診断学会関西部会 [2004] 4 頁。
(8) 同上書、30-33 頁。
(9) 清成忠男 [1987] 23-24 頁。一定の分野においては、生産、流通の両面において、中小企業は独自の存在基盤を失い、全国的な生産流通の末端に位置づけられるようになった。
(10) 同上書、28 頁。中小企業は、社会的分業の進化に伴って、単に量的に増加しただけではなく、質的に多様化した。
(11) 中小企業庁編 [1999] 274-275 頁。情勢の役員数は、1997 年時点は横ばいだったものの、全体に占める比率は過去 40 年以上にわたり、一貫して増加して 2 割を超えており、女性の高い地位への社会進出の姿がうかがわれる。
(12) 中小企業庁編 [2001] 144-145 頁。アメリカ中小企業庁「アメリカ中小企業白書」によれば、アメリカの開業率は過去 10 年、12～14％台、廃業率も 11～12％台と、日本に比べ高水準で推移している。

【参考文献】

太田進一 [1989]『中小企業の比較研究』中央出版社。
清成忠男 [1987]『経営学入門シリーズ　中小企業』日本経済新聞出版社。
────[1993]『中小企業ルネッサンス』有斐閣。
瀧澤菊太郎 [1992]『現代中小企業論』放送大学教育振興会。
中小企業総合研究機構 [2000]『アジアにおけるベンチャー企業の動向と課題に関する調査研究』中小企業総合研究機構。
中小企業総合事業団 [2002]『中小企業におけるコーポレートガバナンス』中小企業総合

事業団。
―――［2000］『ベンチャー関連基礎情報集・調査事業主要国にみる創業環境の国際比較――英国、ドイツ、フィンランド、イスラエル、台湾』中小企業総合事業団。
中小企業庁編［1993］『中小企業白書』大蔵省印刷局。
―――［1994］『図でみる中小企業白書』同友館。
―――［1999］『中小企業白書』大蔵省印刷局。
―――［2000］『図でみる中小企業白書』同友館。
―――［2000］『中小企業白書』大蔵省印刷局。
―――［2001］『中小企業白書』ぎょうせい。
―――［2003］『中小企業白書』ぎょうせい。
―――［2011］『中小企業白書』同友館。
日本経営診断学会関西部会［2004］『中小企業経営の諸問題』八千代出版。
藤田敬三・竹内正巳［1968］『中小企業論』有斐閣。
ブラックフォード、M.G.［1989］『アメリカ中小企業経営史』川辺信雄訳、文眞堂。
三宅健三［1995］『中小企業の経営管理』中央経済社。

第4章 企業システム

　多くの経営学関連の書籍や参考書、とくに入門書などでは「企業とはなにか」、「企業とはどのような存在なのか」という問いから出発する。それは、当然のことであり、人間論を論ずるのに人間そのものに対する定義や規定なしでは議論を展開できないのと同じである。本章では、経営学の主要な考察対象である企業の存在について、システム理論の視点から論じている。

　わたしたちすべての人間は、社会のなかで日常生活を営むとき、いつも直接的、間接的に企業となんらかの関係をもっている。企業で働いている人間であればなおさら、一日の大半を企業という場で過ごしている。考えれば考えるほど、企業というものの必要性や重要性は計り知れない。

　本章では、システム理論の視点から企業の姿を説明するとともに、システムとしての企業と社会との関係、そして企業と人間との関係を論じているが、とりわけ、企業システムの主要な構成要素である「人間」の存在を議論の基底部分に置いている。

1.「企業」とは —— 私たちの日常生活を支える企業

(1) 人間に課せられた課題 ——〈生きる〉ということ

　わたしたちのマネジメント感覚(経営感覚)、あるいは、マネジメント力(経営管理能力)というのは、ある目的をもって構成(形成)された組織に加われば、必ずといってよいほど必要な感覚であり、あるいは、能力であるといってよい。すなわち、国家といった超巨大組織から、地域社会、地方自治体、企業、学校、団体、さらには家庭といった小さな家族の集まりにいたるまで、その存在を維持し存続させ、さらに発展させるために必要なのである。

　しかし、一般的に、経営学という学問において、もっとも基本的な考察対象とされているのは、なんといっても「企業」の存在である。そこで、本章では、「企業とはいったいどのようなものなのか」、「企業とはどのような存在なのか」ということについて述べる必要性があるが、どのように説明したとしても、企業というのは人間によって構成され、人間によって動かされている。どんなに能力のあるサルやイヌであっても、企業というものの構成要素とはいえない。企業は、人間の目的のためにつくられるものである。

　そこで、ここでは、「企業」そのものについて展開する前に、まず簡単に、企業の主要な構成要素である「人間」について考えることから始めたい。

　「人間」というものの存在に関する幾多の説明があるとしても、人間とは自由意思をもち、意識的に自己の存在を認識することのできる存在である、という説明が成り立つであろう。しかしながら、わたしたち人間は、独立した存在ではあっても、環境と完全に遮断された真空的な状態では生きていけない。つまり、人間とは、その基本的な存在様式からして、好むと好まざるとにかかわらず、他の複数の人たちとの絶え間なしの応答や交わりといった、なにかの接触を必要とし、他の複数の人たちとの相互関係(相互作用、相互依存)のなかでしか生きられない。お互いに、生命の鼓動が響きあうような、さまざまな「かかわりあい」のなかで生きているのである。

　いいかえれば、わたしたち人間というのは、まぎれもなく社会的存在であり、

いわゆる「間柄」存在なのである。したがって、もし仮に「他者」（他者とは、通常の他人だけを指すのではなく、親、兄弟姉妹、あるいは夫や妻など自己と異なるすべての存在をいう）から完全に遮断されれば、人間としての死を待つしかない。体内の心臓や脳が動いていても、もはや社会的存在としての人間ではないのである。

そして、このような人間に課せられた課題とは、この地上を去るまで、どのような状態、どのような境遇にあっても、精一杯に「生き続けること」、「生きながらえること」であるといってよい。それは、なんらかの事情で企業から解雇されたり、治療の難しい病に倒れたとしてもである。

わたしたち人間は、自由意思を備えた生命存在として、その生命力を精一杯に発揮するならば、一人ひとりの生き方は異なるにせよ、なにものにも代えることのできない、輝きをもった存在となりうるのである。

(2) わたしたちの日常生活と企業① ── 企業の分類

わたしたち人間が、日常生活を正常に過ごそうと思えば、生まれた瞬間からこの地上を去るまで、商品（製品）としての財やサービスを必要とする。

赤ちゃんが必要とするものを考えてみよう。ベビーベッド、おむつ、おしゃぶりやおもちゃなどのベビー玩具、タオル、肌着や靴、ミルク、哺乳ビンないしベビーカーなど、1人の赤ちゃんを育てるためには数えあげたらきりがないくらいの財が必要である。さらに、商品としての財だけではない。赤ちゃんの頭の髪の毛が伸びれば、美容院や理髪店で散髪しなければならない。病気になれば病院にかけこみ、記念の写真を写真館で写すかもしれない。企業の業種構成からみれば、美容院、理髪店、病院および写真館は、サービス業の分類に入り、赤ちゃんはお金を出してサービスを受けたことになる。

わたしたちが個人的に直接消費する目的で購入する財を消費財という。さらに、消費財は、比較的購入価格が高く、長期にわたって利用可能な耐久消費財と、一度または数度の消費で消耗してなくなる非耐久消費財とに区分される。前者の耐久消費財には、住宅や住宅設備、家具類、冷蔵庫、洗濯機、自動車、パソコンおよび携帯電話などが含まれ、後者の非耐久消費財には衣料品や食料品などが該当する。なお、経済学的には、消費財の対比概念として生産財を考

図表 4 − 1　企業の分類

分類	業種	資本金規模または従業員規模
大　企　業		資本金 5 億円以上または負債額 200 億円以上
中 小 企 業	製造業・その他の業種	3 億円以下または 300 人以下
	卸売業	1 億円以下または 100 人以下
	サービス業	5,000 万円以下または 100 人以下
	小売業	5,000 万円以下または 50 人以下
小規模企業	製造業・その他の業種	20 人以下
	商業・サービス業	5 人以下

出所：執筆者作成。

えており、こちらの財は法人などが生産目的で使用する財のことをいう。

　では、わたしたち一人ひとりが日常生活において必要とする商品としての財やサービスを専門的に生産し、社会に広く流通させ、消費者に販売しているのはだれであろうか。それこそが、「企業」という存在であり、わたしたちの必要な財やサービスを生産し流通させ、そして販売する役割を担っているのである。

　企業は、資本金または従業員数によって、大企業、中小企業、小規模企業に分類されている。

　なお、表のなかの大企業に関しては、日本の会社法の「大会社」の定義であり、一般的には、中小企業の基準を超える資本金または従業員数を有している企業が大企業と考えられている。したがって、実際的には、資本金 3 億円以上または従業員 300 人以上の大規模企業と考えると理解しやすいだろう。中小企業の資本金規模または従業員規模に関しては、中小企業基本法（2000 年改正）のなかで分類されている基準に従っている。

　企業の分類としては、ほかに、「零細企業」というよび方もあり、地元の商店街の個人商店のご主人が、「うちは零細企業だからね」などという言葉を聞く機会も多いと思われる。零細企業に関しては、具体的な定義はないことから、小規模企業と同等の規模か、それ以下の場合を考えると理解しやすいだろう。したがって、経営者 1 人ないし数人の家族によって成り立っている農家や商店

が典型的な零細企業といえる。

(3) わたしたちの日常生活と企業② ―― 企業の影響力

わたしたちの日常生活のなかで、企業という存在をいつも意識することはないが、たとえば、自動車、テレビ、パソコンないし携帯電話など耐久消費財を購入する際には、商品そのものの機能や値段（販売価格）もさることながら、どこの企業が提供している商品かも、消費者として大きな判断材料になるだろう。

現在、日本には約434万社の企業が存在している。よくテレビなどで流されているコマーシャルの広告主（資金の提供者で、スポンサー企業ともいう）は、大企業の場合が多く、そのなかでも、とりわけ、国民のだれもが知っている企業を有名企業とよんだり、大手企業とよんだりもする。したがって、知らず知らずのうちに、自然と企業名が頭に残ってしまう場合もあるが、それはごく一部の有名企業名にすぎず、たくさんの中小企業名を覚えている人は少ないだろう。

たしかに、大企業は消費者に財やサービスを販売した額を示す売上高の額も膨大であり、日々巨額の資金を動かしていることから、社会全体に及ぼす影響力はきわめて大きく、国民の生活に対する影響力も大きい。それは、通常の日常生活では感じえないが、大企業の収益の悪化や経営破たん、さらには企業の倒産などが起きたときの新聞やニュースでの取り扱い方を思い浮かべてみるとよいだろう。

過去に、大企業の倒産によって社会不安が広がったり、国民の経済活動や日常生活にも影響を与えた事例は数多いが、近年、子供から高齢者まで幅広く知っている身近な事例としては、「株式会社NOVA」（設立当初の社名は株式会社ノヴァ、その後、1995年6月に定款上の社名を株式会社NOVAに変更している）の経営破たんがある。

株式会社NOVAは、「駅前留学」というキャッチコピーで広く知られ、「NOVAうさぎ」というイメージキャラクタが人気を集めたことでも有名な外国語教室（英会話教室など）を展開していた企業である。この企業は、1990年8月に資本金1000万円で設立され、その後順調に発展して、1999年10月には資本金

を50億円に増資している。2001年に「お茶の間留学」の24時間サービスを開始し、駅前留学の拠点数500店舗を達成するなど順調に発展しているかにみえたが、2007年10月26日に会社更生法の適用を申請して、事実上、企業倒産した。負債総額は約440億とも500億を超えるとも報じられ、さらに元会社社長が業務上横領（業務上横領は、法的には自己の占有する他人の物を横領することによって成立する犯罪行為）の容疑で逮捕までされている。

　この株式会社NOVAの経営破たんによって、各地の消費者センターなどには、解約金が返金されないという苦情が多数寄せられた。マスメディアでもこの企業をさまざまな形で取りあげ、全国的な社会問題となったことは記憶に新しいことと思う。

　このような事例からも理解できるように、1社といえども、株式会社NOVAの経営破たんは、大企業の倒産がもたらした社会的な影響力の大きさをまざまざとみせつけたといってよい。

　さて、現在、日本には約434万社の企業があると述べたが、じつは大企業の数は全企業数の0.3％を占めているにすぎない。残りの99.7％を中小企業が占め、そこでは約2800万人、全従業員数の71.1％の人たちが従業員（社員）として働いている。

　つまり、中小企業は、企業数や従業員数などからみても、大企業に比べて圧倒的に多いのである。よくさまざまな文書でみる"日本経済を支えているのは中小企業"とか、"中小企業こそがわが国経済の屋台骨"という表現は、このような背景から来ている。事実、全国各地の地域経済の活性化を担い、地域雇用の受け皿としても、中小企業は大きな役割を演じている。大企業の影響力が社会全体に直接的、間接的に及ぶとすれば、中小企業の影響力は地域社会に生きる地域住民の日常生活に直接及ぼすものであり、その影響力を軽視することはできないといってよい。

　ちなみに、あるアンケート調査によれば、中小企業は、「経営者と社員、部門間の一体感・連帯感」、「個別ニーズに細かく応じる柔軟な対応力」、あるいは、「経営における迅速かつ大胆な意思決定能力」を強みとして考えているとする調査結果が公表されている。そこからは、従業員のチームワークを大切にして、経営者が日々工夫をし、機動的な判断やリーダーシップを発揮している

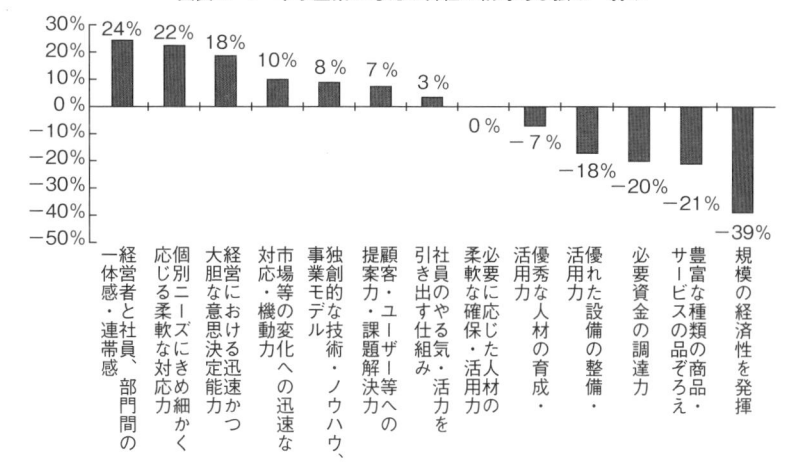

図表4−2　中小企業が考える自社の相対的な強み・弱み

経営者と社員、部門間の一体感・連帯感	24%
個別ニーズにきめ細かく応じる柔軟な対応力	22%
大胆な意思決定能力	18%
経営における迅速かつ柔軟な対応力	10%
市場等の変化への迅速な対応・機動力	8%
独創的な技術・ノウハウ、事業モデル	7%
顧客・ユーザー等への提案力・課題解決力	3%
社員のやる気・活力を引き出す仕組み	0%
必要に応じた人材の柔軟な確保・活用力	−7%
優秀な人材の育成・活用力	−18%
優れた設備の整備・活用力	−20%
必要資金の調達力	−21%
豊富な種類の商品・サービスの品ぞろえ	（値欠損）
規模の経済性を発揮	−39%

資料：三菱 UFJ リサーチ&コンサルティング(株)「企業の創意工夫や研究開発等によるイノベーションに関する実態調査」(2008 年 12 月)

(注)　回答者を中小企業、大企業の 2 グループに分類したうえで、各々の項目で「優れている」、「やや優れている」と答えた回答数を累計し、全項目の合計が 100％になるように各グループ間で配点。その後、各々の項目において「|(中小企業グループの点数)／(大企業グループの点数)|−1」を算出し、この値を高いものを「中小企業が相対的に優れていると考えている項目」とした。

出所：中小企業庁編［2009］『中小企業白書 2009 年版』経済産業調査会、52 頁。

中小企業の姿が目に浮かぶのである。

(4) 企業の法的形態と経済的形態

　日本語でいう「経済」という用語は、もともと「ポリティカル・エコノミー(political economy)」の略語であり、最初に訳したのは、1万円札でおなじみの福澤諭吉である。経済とは、世の中を治め、人民を救うことを意味する「経世済民（もしくは経国済民）」を略したものと伝えられている。

　この経済という言葉を用いれば、現在の日本の社会は生産と消費のバランスを市場メカニズムによって調整する形態の「市場経済」を採用している。社会体制的には、市場経済体制、あるいは、資本主義における市場経済の体制という意味で資本主義市場経済体制ともよび、世界的にみればほとんどの国がこの市場経済体制をとっている。すなわち、ほとんどの国では、市場経済体制のも

図表 4-3　企業の形態

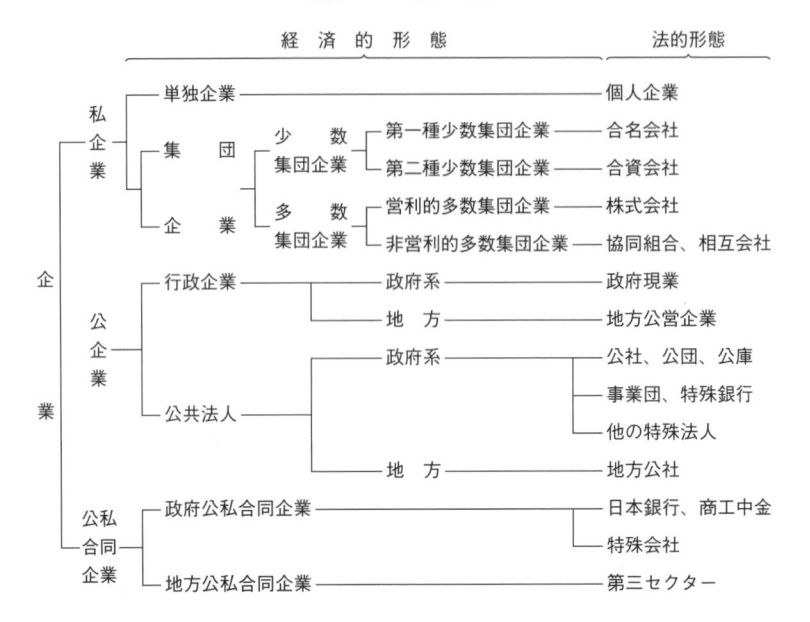

```
                    経 済 的 形 態                         法的形態

              ┌ 単独企業 ──────────────────── 個人企業
              │                     ┌ 第一種少数集団企業 ── 合名会社
       ┌ 私 ──┤          ┌ 少 数 ──┤
       │ 企   │          │ 集団企業  └ 第二種少数集団企業 ── 合資会社
       │ 業   └ 集 団 ──┤
       │        企 業    │ 多 数    ┌ 営利的多数集団企業 ── 株式会社
       │                 └ 集団企業  └ 非営利的多数集団企業 ─ 協同組合、相互会社
       │
       │              ┌ 行政企業 ──┬ 政府系 ─────────── 政府現業
  企 ──┤              │            └ 地 方 ─────────── 地方公営企業
  業    │ 公          │                              ┌ 公社、公団、公庫
       ├ 企 ─────────┤            ┌ 政府系 ─────────┼ 事業団、特殊銀行
       │ 業          │            │                  └ 他の特殊法人
       │              └ 公共法人 ──┤
       │                           └ 地 方 ─────────── 地方公社
       │
       │ 公私        ┌ 政府公私合同企業 ──────────┬ 日本銀行、商工中金
       └ 合同 ───────┤                              └ 特殊会社
         企業        └ 地方公私合同企業 ──────────── 第三セクター
```

出所：佐久間信夫編［2006］『よくわかる企業論』ミネルヴァ書房、9頁。

と、維持・存続、そして発展という目的を達成するために、企業はさまざまな様式や形態をとって経営をおこなっているのである。なお、市場経済体制の対概念が計画経済体制で、中央当局によってあらゆる経済活動が運営・統制されている形態の経済体制をいう。

さて、日本においては、法的形態と経済的形態という2つに企業の形態を区分することができる。

まず、企業の法的形態は、民法や会社法など日本の法律によって規定されている形態で、大きく個人企業、組合企業および会社企業に分けられる。組合企業には民法上の組合と匿名組合（商法第535条に規定され、匿名組合員が営業者の営業のために出資し、その営業者の行為によって生じた利益の分配を受けることを約束する契約の形態）があり、会社企業には合名会社、合資会社、株式会社、合同会社および相互会社などがある。以前は有限会社という形態も一般的で

あったが、2006年に施行された会社法で廃止されている。

　これに対して、企業の経済的形態のほうは、出資者はだれなのか、それが民間の私人であるのか、あるいは、国や地方公共団体であるのかによって、大きく私企業、公企業および公私合同企業という3つに分けられている。

　わたしたちが日常的に耳にする会社には、会社名に「株式会社○○○」とか、「○○○株式会社」などと付されている例が多いが、大企業といわれる現代の大規模企業は、例外なく株式会社形態をとっている。

　株式会社は、資本金を均一で小額の単位に分割した株式を発行して、広く社会的資本を集めることができることから、合名会社や合資会社のように個人的資本を結合する企業形態とは異なり、企業規模の拡大を容易にする形態でもある。以前、ある日本の若い経営者が「時価総額世界一の企業にしたい」と発言していたが、時価総額とは株価×発行株数によってあらわされ、その企業の値打ちをあらわす指標として用いられる。結局、実際には実現しなかったものの、「時価総額世界一の企業」という発言は、株式会社という形態ゆえに語れる言葉である。

　大企業とよばれる株式会社では、株主（所有者）ではなく、専門的な知恵・知識や能力を有した経営者が企業経営を担当するのが一般的であり、このような経営者を専門経営者（professional manager）ともよぶ。かくして、大企業では、「所有と経営の分離」が進んでいるが、中小企業などの株式会社では、所有と経営の分離がおこなわれず、株の所有者がみずから企業経営も担当し、多数の小株主に企業経営を任せることはせず、出資から得られる配当のみを受け取るのが普通である。

　なお、株式会社の設立に際しては、以前は最低資本金制度（1000万円以上の資本金の払い込みが必要）が導入されていたが、2006年に施行された会社法によってこの制度が撤廃され、制度上は1円での株式会社の設立が可能となっている。

　むろん、資本金1円での設立後、順調に業績を伸ばして大企業に発展するかどうかは設立後の企業経営のあり方いかんによるが、新規企業の設立を促す目的としては有益であるといえよう。

2. システムとしての企業──企業＝企業システムというとらえ方

(1)「システム」とは

　企業を説明しようとするとき、そのとらえ方や説明の方法については、論者によって、あるいはまた、学問領域によって異なるが、ここでは、システム理論の知恵を借用して、企業＝企業システムというとらえ方について簡潔に説明してみたい。

　わたしたちは、正常な日常生活を過ごそうと思えば、だれもが、好むと好まざるとにかかわらず、さまざまなシステムとかかわり、さまざまなシステムに組み込まれた存在であることを意識させられる。すなわち、現代社会では、一人ひとりの人間が非常に多様で、幾重にも重なる重層的なシステムに取り巻かれており、「システム」という用語に対して、とりわけ大きな違和感や嫌悪感を感じることもないだろう。その意味で、いわゆる"市民権"を獲得した用語といってよい。

　そもそも、「システム」という用語を一般大衆化させた大きな要因の1つは、コンピュータ・システムの開発、普及および利用にあったといっても、あながち誤りとはいえないだろう。わたしたち人間は、人間と人間との相互関係、そして社会の形成・発展ときわめて深く関連しながら、ごく単純なシステムないし小規模なシステムから、より段階的に複雑で、かつ精巧・緻密なシステムないし大規模なシステムへと洗練され、高度化し、多種多様なレベルと種類のシステムを驚くほどの速さで構築してきた。現代では、わたしたち人間がつくりあげるシステムが、じつに複雑化し、多様化しており、量的にも質的にも過去の社会とは比較にならないほどになっている。

　システムというのは、その構成要素──システム要素という──の種類や数、また要素間の相互関係のあり方などで異なったものとなるが、1つの分類の仕方として、自然システムと人工システムとに区分することができ、さらに後者を、社会システムと機械システムとに区分することができる。

　宇宙システムや銀河系（銀河システム）、あるいは生態系（生態システム）

は、巨大な自然システムであるが、自然システムには、わたしたちが日常的に目にするイヌやネコといった動物、あるいは、サクラやコスモスといった植物も含まれる。

　機械システムは、人間の手によってつくられた多数の機械部品の結合や連結によって成り立つものであり、機械部品がそれぞれ組織的に配置され、外部からなんらかの力の作用や影響を受けて、それぞれの部品が一定の機能を果たすことによって系統的な運用が実現するものである。たとえば、時計、電気掃除機、自動車、ロボット、パソコン、テレビおよび携帯電話など、その例はすぐに思いつくことだろう。また、国家、社会、地域社会、企業および小集団などは、社会システムとして分類される。

　では、学問的な視点から、「システム」とはどのようにとらえられているのだろうか。

　日本語でいう「システム」という用語は、もともとラテン語の"宇宙（コスモス／秩序と調和）"を語源とする。したがって、その反対語は無秩序性、混乱ないし混沌（カオス）である。

　じつは、「システム」という用語は、これまで広く人びとの間でいわれながらも、学問的な視点からとらえれば、非常に抽象的な概念であり、一概に規定したり定義づけることが難しく、研究者によって、用語の規定やその意味内容が異なっている。

　ここでは、「システム」に対する数多くの研究者の考えや定義をいちいち列挙することは避けるが、おおむね、これまで議論されている内容を集約すると、システムとは特定の複数の要素（部分）を構成要素として、その構成要素間（部分間）に緊密な相互関係（相互作用、相互依存）がみられ、一定の目的をもった「組織化された複合体」と表現することができる。

　いいかえれば、システムとは、"2つ以上の相互関係を有する要素（部分）から構成された1つの組織化された統一的、複合的全体"としてとらえることができるのである。

　以下では、いくつかのシステム特性のなかから、便宜的に、有機的なシステムとしての企業の姿、オープン・システムとしての企業の姿、そしてシステムの二重の同時的側面（二重の存在性格）について述べることにしたい。

(2) 有機的なシステムとしての企業

　先に、システムとは、"2つ以上の相互関係を有する要素（部分）から構成された1つの組織化された統一的、複合的全体"としてとらえることができることを述べた。

　動物や植物、人間、そして社会は有機的な〈生きている〉システムであり、1つの全体としてのシステム（system as a whole）である。むろん、企業もまた〈生きている〉システムであり、1つの全体としてのシステムとしての存在である。すなわち、企業＝企業システムなのである。

　社会なり企業なり〈生きている〉システムを構成する複数の要素は、すべて相互に影響を与えあう非常に緊密な相互関係を有している。一般的に、"関係"とはつながりであり、2つ以上の物事の間で、一方の行動ないし結果が他方になんらかの影響を与えるような状態にあることを意味している。より簡潔には、相互関係というのは、文字通り相互的、すなわち、単純にAからBへと流れる直線型の一方向的関係とは異なり、相互的な両方向的関係を意味している。そしてまた、そこに事柄の連続的な繰り返しという状態が前提となっているのである。

　有機的な〈生きている〉システムは、複数の要素から構成され、システムを構成する1つの要素に生じた変化・変動が、他の要素に対して影響を与え、さらに他の要素に影響を与えながらシステム全体にも行き渡り、逆にまた、そのシステム全体の変化・変動が個々のすべての要素に影響を与えていくという、「個（部分）」と「全体」との統一的な調和関係、あるいはまた、機能的に分離することの不可能な関係が成立しているのである。

　たとえば、わたしたち人間は、およそ60兆個の細胞から構成されている。細胞はさらに複数の器官を形成している。

　人間は、骨格や筋肉のほかに、さまざまな独自の機能をもった複数の器官（感覚器官、呼吸器官、消化器官および泌尿器官など）や神経系などが切り離しがたい緊密な関係によって成り立っており、そこにまた、意志、思考および感情などがあらわれてくる。人間の思考や感情などが脳を中心に営まれるとしても、脳が正常にはたらくためには、そこに血液を通して酸素が運ばれなければなら

第4章　企業システム

図表 4−4　システムの関係

A ────────→ B 　　　直線型の一方向的関係

A ←───────→ B 　　　相互的な両方向的関係

出所：執筆者作成。

ないし、その血液を正常に運ぶのは心臓の絶え間のないはたらきによるのである。

　企業もまた、有機的な〈生きている〉システムであり、わたしたち人間にたとえることができる。企業を構成する基本的な要素は、人（人間）、物（物質）、金（資金）、そして情報である。経営学では、この人、物、金、そして情報を経営資源ともよぶが、これらの要素は、すべて相互に影響を与えあう非常に緊密な相互関係をもって成り立っている。その重要度に相違はあるとしても、人は必要だが、物や金は必要なしという企業は存在しないし、情報は重要だが人はいらないという企業も存在しない。お互いがお互いを必要とし、しかも調和のとれた1つの全体としての姿をもって成り立っているのである。

　さらに、システムとしての企業における人（人間）だけを考えてみよう。企業には、一つひとつの細胞にあたる従業員（社員）がおり、従業員が機能別に組織化されて人体の諸器官ともいえるいくつかの部や課がある。それは、たとえば、経理部（課）、開発部（課）、製造部（課）、販売部（課）および人事部（課）という名称かもしれないが、それぞれの部（課）は、企業の目的を達成するために、相互に緊密な影響を与えながら業務を遂行していくことになる。

　仮に、経理部（課）が販売部（課）や人事部（課）を無視して業務を進めれば、そこに、なんらかの業務上の問題が発生しかねない。もしも、がん細胞のような組織なり集団が企業内部に存在し暴走すれば、人間が死にいたるのと同じように、企業もまた死（倒産）という事態を招きかねないのである。

65

(3) オープン・システムとしての企業

　システム理論に基づく区分として、システムは、大きくオープン・システム（open systems／開放系）とクローズド・システム（closed systems／閉鎖系）とに分けて理解されている。

　有機的な〈生きている〉システムは、オープン・システムであり、そのシステムを取り巻く環境との間で、たえず密接な相互関係を営んでいる。他方、機械システムである時計、パソコンないし自動車は、クローズド・システムの一例である。つまり、時計は電池が消耗すればストップするし、自動車はガソリンがなくなれば停止したままになってしまう。時計はみずから電池を交換することはできず、自動車もみずからガソリンを入れることはできない。このようなシステムを自己完結的な存在という。

　地域社会を考えてみよう。地域社会も典型的なオープン・システムであり、広く世界の国々や大小の都市、さらに複数の他の地域社会にもさまざまな影響や作用を与え、逆に、さまざまな影響や作用を受けるという「外に開かれた」オープン・システムなのである。

　企業もまた、単独の独立体として地球上に存在しているわけではない。動物や人間の体を構成している一つひとつの独立した細胞がまったくの孤立状態では機能しえないように、企業そのものもまた、企業を取り巻く環境との相互作用を断ち切ったまったくの孤立状態で存在することはできないのである。

　そしてさらに、システムの特性からオープン・システムとしての企業の姿を示せば、その企業を取り巻く環境との間で、持続的に物質、エネルギー（人財や資金など）、情報をインプットとして取り入れ、これらを企業内部で変換して、アウトプットとして企業外部に再度送り出すプロセス（過程）、つまり、インプット－変換－アウトプット（input－transformation－output）をおこなっていると説明することができる。

　このようなオープン・システムの特徴であるインプット－変換－アウトプットという変換過程は、そのすべてがないと有機的な〈生きている〉システムは成り立たない。むろん、インプットとアウトプットは、計数的・計量的な要素だけではなく、思考、概念、知識、経験および認識などといった数量化が困難

第 4 章　企業システム

図表 4-5　システムの区分

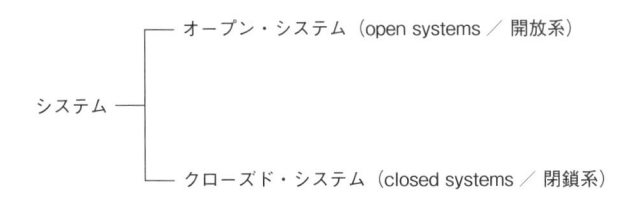

```
                  ┌─── オープン・システム（open systems ／ 開放系）
システム ───┤
                  └─── クローズド・システム（closed systems ／ 閉鎖系）
```

出所：執筆者作成。

図表 4-6　インプット - アウトプット関係

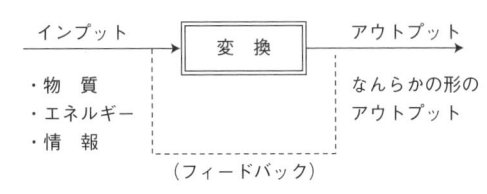

```
インプット  ────────→ ┌──────┐ ────────→ アウトプット
                          │ 変  換 │
・物　質                   └──────┘          なんらかの形の
・エネルギー                                    アウトプット
・情　報
              （フィードバック）
```

出所：執筆者作成。

で表現しがたいもののほうがはるかに多いといえる。

システムは、このような変換過程を通じて、その生命力を維持し、再生産能力を強め、激しく変わる状況の変化に適応する能力を強化しているともいえるのである。

(4) 企業システムの二重の同時的側面

これまで、企業というのは、有機的な〈生きている〉システムであり、オープン・システムであると説明した。

さらに、企業というのは、一方においてそれ自体1つの自己充足的で自立的な単位としての存在である ── これをシステムの自足性、自立性と称する ── と同時に、他方において、より大きなシステム（上位システム）である産業や社会の一部分をなして ── これをシステムのサブシステム性と称する ── おり、システムとしての企業は、具体的存在として、この2つの基本的

図表4-7　企業の二重の同時的側面

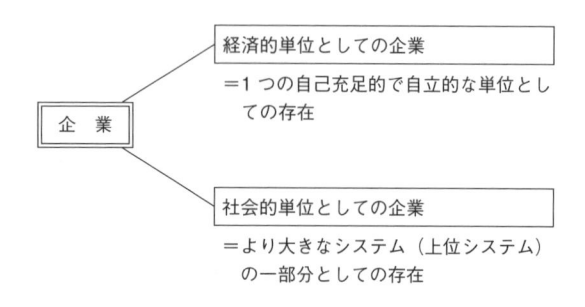

```
                    ┌─────────────────────────────┐
                    │ 経済的単位としての企業       │
          ┌─────────┤                             │
┌──────┐  │         │ ＝1つの自己充足的で自立的な単位とし │
│ 企 業 │──┤         │   ての存在                  │
└──────┘  │         └─────────────────────────────┘
          │
          │         ┌─────────────────────────────┐
          │         │ 社会的単位としての企業       │
          └─────────┤                             │
                    │ ＝より大きなシステム（上位システム） │
                    │   の一部分としての存在      │
                    └─────────────────────────────┘
```

出所：執筆者作成。

属性を同時にもつ二重の存在であると説明することができる。

たとえば、先に、わたしたち人間は、およそ60兆個の細胞から構成されていると述べたが、1個の細胞というシステムは、それ自体1つの自己充足的で自立的な単位として存在し、細胞自体の大切な機能を果たしている。それと同時に、より大きなシステムである身体全体を形成する一部分として、身体を健康に保つために、他の細胞と相互関係を保ち調和しつつ必要な機能を発揮している。このように、細胞は二重の同時的側面を有していると説明することが可能なのである。

また、日本の国家というシステムは、1つの自己充足的で自立性を備えた1つの国家として存在しており、そこから、日本の国家を国家として維持するための独立した政治的、経済的、社会的および文化的諸活動などをおこなう個別の独自的存在であると同時に、世界の国々（上位システム）のなかの一国家としての存在として、世界に対して責任をもつ存在であると説明できよう。

むろん、このようなシステムの二重の同時的側面は、システム理論に基づくとらえ方であるが、さらに、1つの自己充足的で自立的な単位として存在する企業の性格から経済的単位としての企業の姿があらわれ、より大きなシステム（上位システム）である産業や社会の一部分として存在する企業の性格から社会的単位としての企業の姿があらわれる。

企業は、資本主義社会における経済活動をになう活動主体であり、経済的な

価値（経済的成果）を達成するために、財やサービスを専門的に生産し、社会に広く流通させ、消費者に販売している。すなわち、経済的単位としての企業は、経済的な価値の達成を基本的な原理とするものである。

同時に、企業は、社会全体の発展や国民の福祉などの向上に貢献するという社会的機能を果たすこと、すなわち、社会的な価値（社会的成果）への達成が要請されている。そして、このような社会的単位としての企業の姿から、企業の「社会的責任（CSR：corporate social responsibility）」という理念が展開されることになる。つまり、企業は、みずからの維持・存続、そして発展という目的のために、後述する社会諸集団との間で、良好な相互関係を取り結び、さまざまな社会的要請を認識するとともに、企業みずからの積極的な自発的行為としての社会貢献活動、貧困の解消や人権の保障、あるいはまた、地球環境・自然環境保護への配慮など具体的な遂行が求められているのである。

従来は、経済学や経営学において、経済的な価値を追求する経済的単位としての企業の姿が強調されていたが、今日においては、企業は経済的単位としての側面と社会的単位としての側面を有する二重の同時的側面であるという認識が一般化し、このような認識に基づいて、具体的な経営目的・目標、経営者の企業経営のあり方、経営戦略などが検討され、実際におこなわれているのである。

3. 企業システムと社会・人間 —— 企業と社会・人間との関係

(1) 社会のなかの企業

企業は、本来的に社会的な制度であり、社会のなかに存在している。すなわち、企業というのは、社会というシステムとまったく隔絶して、あるいは、孤立して存在するものではない。

かくして、企業は、企業を取り巻く環境を無視ないし軽視した経営のあり方では、企業みずからの存立は許されなくなっている。

それは、たとえば、1人の人間の生き方にもたとえることができる。ある男性がわがままで、自分のことしか考えない自己中心的な性格をもち、ことある

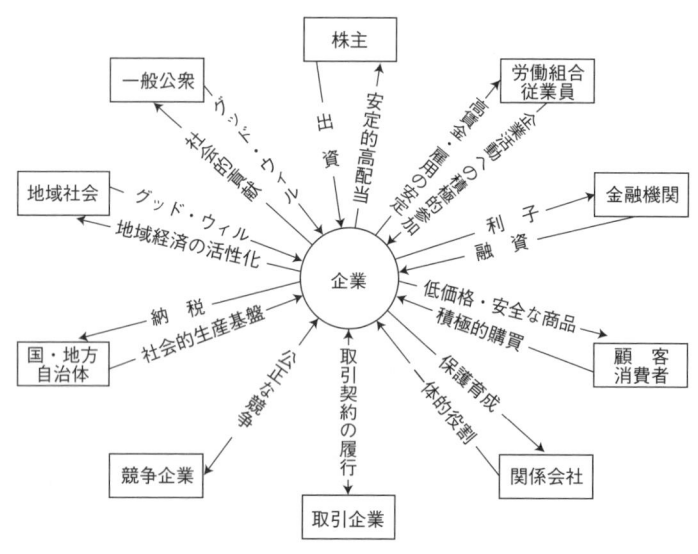

figure 4−8　企業と企業に影響を与える社会諸集団との関係（例）

（企業を中心とした図。周囲の集団と企業との関係：
- 株主：出資／安定的高配当
- 労働組合・従業員：労働力の提供／雇用・賃金・福利厚生の保障
- 金融機関：利子／融資
- 顧客・消費者：低価格・安全な商品／積極的購買
- 関係会社：保護育成／一体的役割
- 取引企業：取引契約の履行／事業協力
- 競争企業：企業間競争
- 国・地方自治体：納税／社会的生産基盤
- 地域社会：グッド・ウィル／地域経済の活性化
- 一般公衆：社会的信頼／グッド・ウィル）

出所：佐久間信夫編［2006］『よくわかる企業論』ミネルヴァ書房、37頁。

ごとに周囲の人たちと衝突してひどい迷惑ばかりかけていたとすれば、やがて、だれも彼を受け入れず相手にしなくなり、最後には孤立して孤独な生活を過ごさざるをえなくなる。それは、本人にとっても幸福な人生とはいえないのである。

　同様に、社会的な存在である企業もまた、企業を取り巻く環境と「グッドウィル（good-will）」の状態になければならない。

　このグッドウィルとは、社会が企業に対してもつ好意的なイメージのことであるが、グッドウィルの獲得が持続的、永続的な企業の維持・存続、そして発展にとって不可避なのである。

　そのような意味では、以前のように、公害問題を引き起こすような企業はみられなくなったものの、近年、構造計算書偽装問題（耐震偽装問題）、大手自動車会社によるリコール隠し、食品の賞味期限改ざん事件や期限切れ原材料使用問題、牛肉偽装事件ないし牛肉ミンチの品質表示偽装事件などの企業犯罪が

多発し、マスメディアでも頻繁に取りあげられていたが、このような、いわゆる企業不祥事は企業へのマイナスイメージを増大させることとなり、企業にとってはけっして好ましい経営行動とはいえないのである。

さて、これまで、企業を取り巻く「環境」という表現を用いてきたが、この環境とは、株主、顧客、取引先ないし地域社会などの社会諸集団を意味している。最近の経営学の研究領域では、このような企業にとっての利害関係にある社会的諸集団を「ステークホルダー（stakeholders）」という名称でよんでいる。

一般的には、このステークホルダーを第1次ステークホルダーと第2次ステークホルダーとに分類している。従来、前者の第1次ステークホルダーは内部環境、そして、後者の第2次ステークホルダーを外部環境とよんでいたのである。

まず、第1次ステークホルダーは、企業とより密接な相互関係にあり、企業経営に直接的なさまざまな影響を与える社会的諸集団のことである。たとえば、株主、従業員、労働組合、顧客、納入業者（供給業者）、卸売業者および小売業者などがこれにあたる。他方、第2次ステークホルダーは、企業経営に直接的・間接的にさまざまな影響を与える社会的諸集団のことである。たとえば、国や地方公共団体などの行政機関、社会的活動団体、地域社会および海外の行政機関などがこれにあたる。

今日では、これまで以上に、企業にとってのステークホルダーの存在は大きく、企業経営上、非常に重大な影響を及ぼす存在として、ステークホルダーの要請に対する対応などに配慮することが企業側に求められているのである。

(2) 企業システムにおける人間

「人」は企業経営の根幹である。

社会というシステムの主要な構成要素は人間であるが、企業というシステムもまた人間を中心に構成され、人間によって動かされている。どんなに能力のあるサルやイヌであっても、企業というものの構成要素とはいえない。企業は、人間の定めるある一定の目的のためにつくられる。どんなに、物（物質）、金（資金）、そして情報が豊富でも、そこに人間がいなければシステムとしての企業は存在しないのである。

あるドイツの哲学者は、人間を〈ホモ・ファーベル〉、すなわち〈つくる人〉と定義づけた。あらためて説明するまでもなく、人間は絶え間なく発展する科学技術によって、高度で多様な機能をもつ道具や機械をつくり、そしてこれらを利活用することで自分自身の能力をいちじるしく高めている。また、このような、つくること、それらを利活用することで、わたしたち人間相互の結びつきを広範囲に広げ、多様化し、緊密化し強化することによって、社会全体の機能を高めているのである。
　先に、企業は経済的単位としての側面と社会的単位としての側面を有する二重の同時的側面を有しているという認識を示したが、最終的に、企業は、人間一人ひとりの幸福を実現する存在とならなければならないと考える。
　多くの人間は、心から喜びをもって生きたいと願っている。単なるこの世に生存するだけではなく、「幸福」、「幸せに満ちた生涯」を希求してやまないのである。それは、原始的な狩猟技術を用いて生活資源として動物を捕獲していた狩猟中心社会に生きていた人間であろうと、いろいろな情報通信機器が普及して大量情報が世界中を飛びかっている現代社会のなかで懸命に生きている人間であろうと、その基本は変わらないと考えられるし、未来社会で生活を営むであろう人間もまた同様であるといえよう。
　「幸福」というのは、哲学的な１つの規定として、"意志がその目的に完全に到達して、そこに十分な満足を感ずること" とされているが、一般的には、"望みが満ち足りて不満のない状態" と考えられている。この「幸福」というのは、他の興味深いいくつかの言葉と比較しても、圧倒的に魅力を秘めた言葉である。実際の日常生活のなかでいろいろな困難を乗り越えるために苦労し、新たなものに熱意をもってチャレンジしていくのは、その果てに絶望と不名誉が待ち受けているのではなく、やはり、満足感（充実感）や幸福感を得ることができる、あるいは幸福を勝ちえることができるからである、と明言してもあながち大きな誤りとはいえないだろう。
　ロシアの文豪・トルストイ（Tolstoi, L.）はみずからの著書『人生論』において、「人間の生命とは、人間の幸福を得ようとする欲求であり、人間の幸福を得ようとする欲求が、人間の生命である」と述べているが、簡潔に表現すれば、人間の生命と人間の幸福はイコールであって、人間は生命のあるかぎり幸福の

追求者以外のなにものでもないということになろう。このトルストイの言葉は、それを1つの真理として受け入れるかどうかの判断は別として、人間の生命と人間の幸福との双方の強い結びつきを表現するのにきわめて大きな貢献を果たしていると思われる。それゆえに、幻想に基づく幸福はだれも望まないといってよい。

冒頭で述べたように、わたしたちが生まれた瞬間からこの地上を去るまで、企業によって提供される商品としての財やサービスを必要とし、企業のなかで一日の大半の時間を過ごす場としての人間にとって、企業とわたしたち人間の幸福とはまったく無関係とは考えられないのである。

(3) 人間の力を「デザインする」

ここに、あるシステムの存在を仮定して、そのシステムを構成している個々の要素（部分）がもっていない特性をシステム全体として有する場合、この特性を「創発特性」という。より簡潔には、「全体は要素（部分）の単なる総和である」ないし「要素（部分）の単純な総和が全体である」という考え方ではなく、「全体は要素（部分）の単なる総和以上のもの」と表現してもよいであろう。

たとえば、学校のクラブのようなサークル、小集団ないし組織といったシステム全体のパワーは、その個々の構成員一人ひとりのもつパワーの単なる総和ではないことは、だれもが実際の生活を通して経験していることである。

よく知られていることだが、「ダイヤモンド」と「煤」とは、ともに同じ原子から構成されている。

古来より、ダイヤモンドは宝石の王者ともいわれ、物質のなかでもっとも硬度が高く、高価でもある。一方の煤のほうは、煙のなかに含まれる黒色の粉末で、年末におこなわれる「煤払い」の対象となる厄介ものである。

しかし、分析すると、似ても似つかないはずのダイヤモンドと煤は、ともに同じ炭素原子なのである。ではいったい、双方の成分が同じであるとすれば、どこに違いがあるというのか。それは、専門家によれば、成分である原子と原子の間の結合関係が異なるという。

ダイヤモンドのほうは、互いに4つの炭素原子が化学結合とよばれる関係で

図表4-9　ダイヤモンドと煤の違い

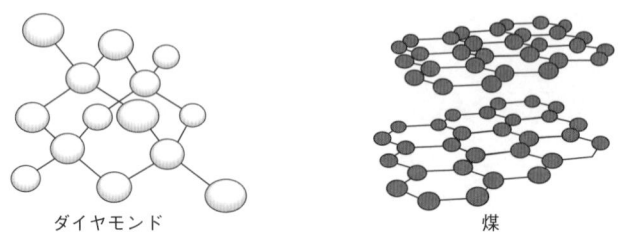

ダイヤモンド　　　　　　　煤

出所：半谷高久・秋山紀子［1989］『人・社会・地球』化学同人、19頁。

強力に結合しているのに対して、煤の場合、互いに3つの炭素原子は化学結合しているが、それ以外の炭素原子は別の種類の弱い結合関係が作用している。この結合関係の違いが、双方の違いの本質的な原因になっているというのである。

　さて、今日では、ゴルフなど「個人の力」を競う競技も人気だが、野球およびサッカーなど、全体の「総合力」を競う競技も高人気となっている。

　野球やサッカーなど集団競技では、チームを構成するメンバー一人ひとりの力を単純に足し算すると高いチームでも、いざ試合をしてみると絶対勝つとはかぎらないし、実際に格下のチームに優勝をさらわれることもよくあることである。むろん、チームの勝敗にはいろいろな要因があり、一概にはいいがたいが、やはり、チームを構成するメンバー相互の関係のあり様がどうであるか、ということも1つの重要な要因ではないか、と考えられる。

　このことを企業システムに適用すれば、「個人」＝従業員の相互の関係のありようによって、企業全体の総合力が高まり、いわゆるダイヤモンドのごとく強い企業となるか、逆に、従業員の能力が高いにもかかわらず、相互の関係のありようがまずければ、企業全体の総合力が弱まり、いわゆる煤のようにもなりかねない。

　ここでは、相互関係のありようを決めていくことを「デザインする」という表現を用いると、現代はまさに、どのようなデザインにするかが、企業のゆくえを左右するといってよいのである。

(4) 企業における人間の育成

　企業経営において、基本的な人の募集・採用（雇用）・育成がきわめて重要であることは、いつの時代においても、企業がどんな状況に置かれても変化しないだろう。

　先に、「人」は企業経営の根幹であると述べた。「自分の企業では、つねづね、じんざいの"ざい"は材料の"材"ではなく、貴重な財産の"財"と考えている」という企業経営者の言葉を聞いたことがあるが、企業のかなめは「人」という発想、「企業は人なり」という基本的な考え方がこの言葉に強くあらわれているといえよう。

　すぐれた人材を募集・採用し、適切な人材育成と能力開発に努めた企業は発展する可能性はきわめて高い。しかし、逆に、すぐれた人材の獲得に失敗したり、従業員の人材育成や能力開発を怠れば、たとえ一時的に成長したとしても、中期的・長期的には衰退傾向に向かってしまいかねないのである。

　さて、人材育成、あるいは能力開発に関する正式な制度や手法は企業によって異なり、簡単に紹介しえないが、現代の企業において、日常的な「人と人との交流」を密にすることは、ある意味で人を育て、その能力を開発するために、ぜひとも重視すべきことである。

　なぜなら、まず第1に、企業経営が順調で安定している場合、従業員は担当業務もほとんど変化せず、与えられた業務に忠実であればよかった。しかし、経済状況などが激変している今日では、担当業務も多様となり、当然、未知・未経験の業務を担当する場合も出てくるだろう。そのときに、適切な情報を相互に交換し、知恵や知識を出しあうためには、日頃から他の従業員たちとの交流が緊密でなければ成り立たない。

　第2に、現代では、雇用多様化の時代ともいわれるが、多様化する雇用形態から生ずる弊害をなくすためにも、緊密な交流は必要である。今日では、従来と異なり雇用形態が多様化している。正規雇用者（正社員）のほかに、嘱託職員、契約社員、出向社員、派遣社員、パートおよびアルバイトなどさまざまな形態の非正規雇用者が働いているが、最近、それぞれの従業員間で会話がなかったり、正規雇用者と非正規雇用者との間で感情的なズレが生じている事例

も多く聞かれる。これでは、従業員のモチベーションやモラルもいちじるしく低下しかねず、経営上好ましい状態とはいえないのである。

　そして第3に、厳しい経済状況などのなかにあって、みずからの企業が他社よりも優位に立つためには、なによりも、全従業員が一体感を強め、解決困難な経営課題に対して積極的にチャレンジしていかなければならない。

　異なった「場」と異種の人間との交わりは、個々人に刺激を与え、経営手腕を磨き、経営感覚を養う機会を高める可能性が高い。そのためにも、日常的で緊密な交流は必要不可避であると考えている。

　しかしながら、技術と異なって、生身である人間の成長には、ある程度の時間を必要とする。たとえば、「米」をつくることを考えてみればよい。農家がどんなに機械化しようが、気持ちが焦ったところで、一定の時間が来なければ立派な米は育たない。また、植物にとって必要不可欠な水や肥料でも、短時間に与えすぎれば草花の生育に悪影響を及ぼし、ついには枯らしてしまうことを、わたしたちは日常的に経験している。

　企業経営がスピード化している現代、速く第一線で活躍してほしいとする経営者側の立場は理解できるが、短時間に仕上げて3等級の米を100キロつくるより、じっくり時間をかけて育成し、1等級の米を30キロつくるほうが、最終的には有益ではないかと考える。そのためには、企業が人を育て有能な社員とするために、はじめから長期的な展望にたって、有効な訓練プログラムを組んだり、良質な経験の「場」を提供する必要がある。

　むろん、人間は順調に一歩一歩成長するとはかぎらない。いや、むしろ停滞や後退は全員ではないにしても、必ずありうることである。たとえば、企業内で設けた資格試験をパスしなかったり、一定のノルマに手が届かない、またあるときは、大きな失敗を犯して自社に大きな損害をもたらすこともあるだろう。

　停滞や後退、あるいは大きな失敗は、企業にとってはマイナスとも判断されがちだが、有能な人材の育成には長期的な展望が必要である。企業内の従業員教育を投資と考える姿勢を打ち出し、貴重な「人財」の育成・支援に力を注ぐことが重要であるといえよう。

第5章 企業システムと情報

　わたしたち人間の日常生活において、「情報」のない生活はありえないのであり、人間の日常行動は情報行動とも説明することが可能である。

　現代では、ほとんどの学問領域において情報が取り扱われているが、それは、経営学の研究領域においても同様である。経営学の領域では、情報というのは、人（人間）、物（物質）および金（資金）とともに重要な経営資源として位置づけられているが、とりわけ、現代では、情報が人体の血液と同義と考えられるほどに、その必要性や重要性は広く認識されている。企業において、情報はダイナミックに流れ、企業の維持・存続、そして発展に大きく貢献しているのである。

　また、多種多様な情報を利活用するためには、有効、かつ効果的な「仕組み」が必要である。その仕組みこそが「情報システム」である。社会全般においては社会情報システムが導入・構築され、地域社会の場合は地域情報システムという情報システムが導入・構築されている。そして、企業の場合は、企業経営に用いる情報を利活用する情報システムであることから、経営情報システムと称され急速な発展を遂げている。

　近年は、このような情報システムを戦略的に利用しようとする検討が企業を中心に積極的におこなわれ、具体的に構築されているのである。

1. 「情報」とは —— 企業の重要な経営資源としての情報

(1) わたしたちの身近な情報

　わたしたち自身の長い一生は、母親のお腹から生まれ落ちた誕生の瞬間から開始する。むろん、動物などと違って、生まれてすぐに一個の人間として自立した生活を送るわけではないが、いずれは、わたしたちが自分自身の生活の中心人物となることになる。

　そして、本来、わたしたちは人間としてこの世に誕生した瞬間から、わたしたちの身のまわりを流れているいろいろな情報に接し —— 厳密には、胎児のうちから情報と接しているわけだが ——、日常生活を営むなかで、しだいに深く広く情報とかかわりながら生きていくこととなる。

　すなわち、現代社会のなかで、およそわたしたち人間が人間的な生活を営もうとするならば、きわめて単純に表現すれば、さまざまな情報の収集・入手、情報の加工・蓄積、そして、情報の発信・伝達や交換という事柄は避けられないといってよい。わたしたちの日常生活は、なんらかの情報がなければ一瞬たりとも成り立たないことは、だれもが経験していることである。

　このような意味合いから、情報学という視点からみれば、すべての人間の日常行動の大半は「情報行動」と表現しても、あながち大きな間違いではないといえよう。

　毎朝、目覚まし時計の音で目がさめれば、一番に新聞を広げ、新聞の折り込みチラシなどに目を通し、それから、歯磨きや洗顔を済ませ、朝食をとりながらテレビから流れるニュースや天気予報を確認し、それから勤務している職場に出社するのを日課としている人たちも多いことだろう。あるいはまた、自宅のパソコンを開いて電子メールを確認したり、携帯電話にメールを打ち込むことを日課としている人たちもいる。高校生や学生など若い世代の人たちなら、歯磨きや洗顔の前に、まず目覚めたら、携帯電話のメール内容の確認や返信メールを打ち込むことが先ではないだろうか。

　おそらく、統計をとれば、自分の勤務する職場に到着して、一番にする行動

の最上位に、"自分のデスクのパソコンに電源を入れて、電子メールを確認すること"があげられるであろう。お茶に手が伸びるのは、その次なのかもしれない。

　このような意味でも、先に述べたように、現代における人間の日常行動の大半は情報行動といってよく、企業における経営行動も人間の行動の一部分であることから考えれば、経営行動の多くの領域は情報行動であると説明することも可能である。

　また、わたしたちの日常生活のなかで用いる「コミュニケーション」という表現は、友人同士、親と子、先生と生徒・学生、ないしは、企業内の従業員同士や上司と部下の間の対話や会話という意味合いで使用されるごく普通の用語の1つであるが、この「コミュニケーション」を、情報学の視点から情報の発信・伝達・交換としてとらえることができる。

　動物は、生まれつき備わった生得的な能力（本能）によって、さまざまな生命の維持・存続、種の保存を繰り広げている。動物は、群れをつくり、原初的な家族形成をおこなうが、動物の社会では経済のグローバル化や企業の国際化も経験しない。しかし、わたしたち人間のほうは、人間と人間とを関係づけるだけでなく、巨大な国家や都市を形成し、そこで活発な社会、経済および文化活動などをおこない、社会全体を維持し存続し、そして大企業などのシステムを発展させている。

　たとえば、現代的感覚では驚異としか思えないエジプト文明における巨大なピラミッド建設において、そこで使用された道具や装置は、現代からすればかなり幼稚なものであったろう。結局、ピラミッドの完成には、想像できないほどの数多くの人間をきちんと組織化し、長時間にわたって継続させなければ不可能である。その背後には、文字、技術、言語および数字などを用いたコミュニケーションが必要であったことは疑問の余地がないのである。

　いずれにしても、現代では、すべての人間が情報のなかに生き、情報とともに生きなければならないという印象をますます強く与えているのである。

(2) 情報の定義

　さて、今日では、一人ひとりの人間を取り巻いている情報の種類は多種多彩

であり、情報の量も計り知れないほどであることは、あえて強調するまでもないであろう。それは、あたかも、シャワーのように、日々容赦なく降り注ぎ、"情報の森"をつくっていると表現してもよい。

ところが、「情報」という言葉は、あまりにも頻繁に用いられる用語の1つであり、語りつくされた言葉といってもよいかもしれないが、あらためて、その定義づけを試みると、明確に規定するのは難しい用語でもある。

企業においては、情報とは、人（人間）、物（物質）および金（資金）と同じく重要な経営資源の1つである。また、情報というのは、これまで、「富（ウエルス）」、「財産（プロパティー）」、ないしは、社会的な「力（パワー）」などと同義語として解釈されることが多いが、このような説明は情報の意味や価値を大げさに表現したものでもなければ、拡大した解釈でもない。このことは、人間にとって、そしてまた、社会全体や企業における情報のもつ意味、その役割や影響をかなり的確に表現しているといえるだろう。

学問的には、やはり、「情報」に関する明確な一定の定義づけや解釈は存在していないように考えられる。つまり、10人の専門家がいれば、10種類の「情報」の定義が存在するのである。しかし、そのことはけっして不思議なことではなく、たとえば、「経済システム」や「社会システム」といった用語も、厳密には、研究者によって、その定義づけが異なっている。

したがって、「情報」という言葉の説明も、それほど簡単なことではないが、本章のテーマが「企業システムと情報」である以上、情報に関していえるところをいくつかあげていくことにしたい。

まず、日本語の「情報」という言葉についてであるが、もともと、「情」という漢字には物事の様子や情況という意味があり、このような意味の使い方は、江戸時代からのものと指摘する研究者もいる。そして、「報」のほうは、その「情」の様子を報知すること、すなわち、告げ知らせることを意味する。

通常、日本における「情報」という言葉の起こりとしては、明治時代の文学者として著名な森鷗外が、ドイツ語の"ナーハリヒト（Nachricht）"の訳に、「情報」という言葉を用いた（1903年）ことから、日本で最初に「情報」という言葉を公に用いたのは鷗外である、とも伝えられている。森鷗外は、その後、小説のなかで、日常用語として「情報」を用いている。このように、日本語の

第5章　企業システムと情報

「情報」という言葉は、日本での造語なのである。
　余談であるが、「情報」という言葉が、日本において軍事活動で使われ始めたときには、スパイ活動や諜報(ちょうほう)活動との結びつきを強め、現代のように、よい印象をもつ言葉ではなくなった時期があり、まことに残念であった。
　現在、英語とドイツ語のスペルは、同じく「information」である。英語でいう「インフォメーション」の〈イン (in)〉は、"〜のなかに（の、で）、〜のうちに、〜の状態で（の）"という接頭語であり、〈フォーメーション (formation)〉のほうは、"構成（物）、形成（物）、組成（物）、構造"という名詞である。
　厳密には、英語でいう「インフォメーション」には明確な成立過程があると考えられるが、英語でいう「インフォメーション」の原義が、ラテン語の"形を与える"、"形にする"という〈インフォルマーレ (Informare)〉という言葉に由来することから、〈イン〉＋〈フォーメーション〉の意味内容を関連づけて考えると興味深い。
　かくして、わたしたち人間の日々の情報にかかわる行動は、バラバラの事柄、形のあいまいなもの、目に見えないものを、人間に理解できるような、なんらかの形にしていく作業であり、そこに新しい発見の喜びと感動を見出していくものといえるのである。
　中国語で情報は、〈信息〉、〈消息〉と書く。いずれも、日本語の〈息〉の漢字が使われているが、〈息〉は人間が生きるうえで絶対必要な呼吸のことであることから、中国語の表記のほうが、人間にとっての必要性や大切さをより表現しているようにも感じられる。
　ちなみに、コンピュータのほうは、中国語で〈計算机〉、〈電脳〉と書く。日本では、以前、コンピュータを「電子計算機」と訳していたが、それに比べると、中国でコンピュータを"電子の脳"、あるいは、"電気の脳"ととれる表現をしていることから、情報にしろ、コンピュータにしろ、日本語よりも中国語のほうがより深い表現方法、ものの深部をみごとにとらえているように思えてならない。
　ここでは、いろいろな視点からの検討をふまえたうえで、「情報」を「ある事柄（内容）についての知らせ」を指す用語としておきたい。

(3) 情報の諸特性

 そもそも「情報」は、唯一、情報だけで浮遊している存在ではなく、日常生活の営みのあらゆる場面に深く結びつき、人間が営む社会のすみずみまで行き渡っている。情報とは、社会を形成する基本的要素である一人ひとりの個人、あるいは、企業などみずからが創り出し、加工・蓄積し、伝達・発信する形で利活用するものである。

 そして、このような情報にはさまざまな特性がある。その特性を以下の6つにまとめて紹介してみよう。

①情報の使用価値の相対性・個別性

 明日の天気についての情報は、週末、旅行や釣りに行こうと考えている従業員にとっては重要な価値をもつが、外出予定のない受験生にとってはそれほど価値がない。すなわち、ある情報に関心をもつ情報の受け手には高い価値をもつが、無関心な受け手には無価値であるのみか、場合によっては、不快なノイズ（騒音）となる場合もある。

②情報の非消滅性（不滅性）

 一般的に、物質（モノ）やエネルギーは、使用すれば使用するほどなくなり、その価値も消滅してしまう。しかし、情報のほうは、他人に譲り渡したり、複製や複写（コピー）をすることによって、情報をどんなに使用しても、オリジナルな情報を失うことはない。しかも、場合によっては、オリジナルな情報と複製や複写（コピー）した情報とが、ほぼ同じ価値を有する場合すらありうるのである。

③情報の複製および複写の容易性

 現代では、技術の発達によって、情報のほとんどを、簡単に、しかも安価な料金（場合によっては無料）で複製したり、複写（コピー）することが可能となっている。職場や学校などにおいても、会議資料や教材づくりのために、文章や図表の複写（コピー）などが頻繁におこなわれている。

第5章　企業システムと情報

図表5－1　情報の諸特性

情報 ＝ information	情報の諸特性
	① 情報の使用価値の相対性・個別性
	② 情報の非消滅性（不滅性）
	③ 情報の複製および複写の容易性
	④ 情報の拡散性
	⑤ 情報の陳腐性（寿命性）
	⑥ 情報の不可逆性

出所：執筆者作成。

とはいっても、なにを複製したり、複写（コピー）してもよいというわけではない。日本の場合は、紙幣、通貨、政府発行の有価証券、国債証券および地方債証券、また、外国において流通している紙幣、通貨および証券類などは、それを使用しなくても、コピーしただけで処罰の対象となっている。

④情報の拡散性

情報は、携帯電話やインターネットなどの利活用によって、国籍を問わず、瞬時に、しかもその情報が人間の興味や関心を引く事柄であればあるほど広まっていく、いわゆる、「拡散」という特性をもっている。ちょうど、それは粉薬の入ったビンめがけて咳をしたようなものである。それゆえに、情報は、ときには情報の発信者の意図や考えにかかわりなく、多くの人たちや社会全体に、容赦なく拡散する可能性をもっているともいえる。

⑤情報の陳腐性（寿命性）

通常の生活においては、いくら価値の高い情報でも、いくつかの例外を除いて、時間の経過とともにその価値が減少していくことがほとんどである。すなわち、"泡のような"、あるいは、"シャボン玉のような"と形容されるごとく、きわめての命の短い情報がたくさんある。時間の経過とともに、情報が従業員の間に広く行き渡り、周知の事実となってしまうことから、情報はどんどん陳腐化していくことになる。

人間は、この地上での生涯にいつか終わりを告げるが、情報にもまた寿命と

いうものが存在し、それは人間と比較すれば、はるかに短命であるといってよいのである。

⑥情報の不可逆性

　状態Aの事柄を状態Bへ移し、またBの状態をなんらかの過程で再びAの状態に戻したとき、同じく以前の状態（A）に帰るならば、AからBへの変化は"可逆的"であるといい、そうでなければ"不可逆的"という。たとえば、液体の水（A）を気体の水蒸気（B）に、そして、再び水蒸気（B）を水（A）に完全に戻すことができる。この場合の変化は、明らかに"可逆的"である。

　情報は、一度、明らかになってしまう（公開される）と、再びそれを戻す（再び隠す）ことができないことがほとんどである。それは、ホームページ（ウェブサイト）上に公開した情報を、その後、なんらかの事情で削除しても、公開された情報自体は、蓄積されたり、広く社会に流れている可能性が高いことを考えれば容易に理解できよう。

(4) 機械の情報処理と人間の情報処理

　「情報処理」という言葉のイメージは、データを処理する1つの部分的作業と同様にとらえられがちであるが、じつは、一連の人間行動は、別の表現を用いれば、「情報処理過程（プロセス）」として説明することもできる。

　現在、「情報処理論」や「情報処理概論」という名称の講座を設置している大学も多いが、そこでは、情報とはなにか、から始まり、コンピュータの基本的な原理、情報セキュリティ、ないしは、情報倫理などを含めて講義している大学もある。このほか、「コンピュータ概論」や「情報処理システム論」といった講義名を用いている大学もあるが、講義内容はおおむね同じであり、情報や情報通信機器に関するかなりの領域を内容として含んでいる。

　そこで、ここでは、機械の情報処理と人間の情報処理とについて考えてみることにしたい。

　機械の情報処理という場合、そのほとんどは、コンピュータによる情報処理を指す。コンピュータは、現代の企業において欠かすのできない重要なツールであることは、あえて強調するまでもないが、すべてのコンピュータは、

第5章 企業システムと情報

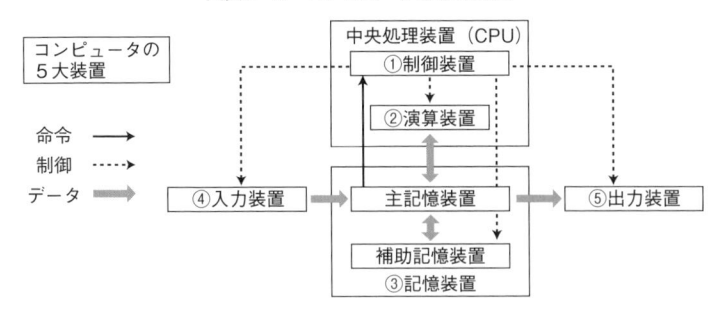

図表5-2 コンピュータの5大装置

```
コンピュータの          中央処理装置（CPU）
5大装置              ┌─────────────┐
                    │  ①制御装置    │
                    │      ↕       │
   命令 →            │  ②演算装置    │
   制御 ┈┈>           └─────────────┘
   データ ⇒                  ↕
         ┌──────┐    ┌─────────────┐    ┌──────┐
         │④入力 │ ⇒ │  主記憶装置   │ ⇒ │⑤出力 │
         │ 装置 │    │             │    │ 装置 │
         └──────┘    │  補助記憶装置 │    └──────┘
                    │  ③記憶装置   │
                    └─────────────┘
```

コンピュータを構成する各装置の役割

装置名		役割	代表的な機器
①制御装置		記憶装置から命令を読み込んで解読し、その命令の処理に必要な指示を他の装置に与える。	CPU、MPU (Micro Processing Unit)
②演算装置		制御装置の指示に従って、算術演算や論理演算をおこなう。	
③記憶装置	主記憶装置	CPUが直接アクセスしてプログラムやデータを読み書きする装置で、メインメモリともよばれる。	SIMM、DIMM、RIMM、DDR-SDRAM
	補助記憶装置	主記憶装置に収まらない大量データの保存や持ち運びの目的で利用され、外部記憶装置ともよばれる。	フロッピーディスク、ハードディスク、MO、CD、DVD
④入力装置		人間がコンピュータに指示を出したり、データを入力するための装置。	キーボード、マウス、タブレット
⑤出力装置		コンピュータの処理結果や、記憶装置内にあるデータを人間に対して提示するための装置。	ディスプレイ、プリンタ、スピーカ

出所：草薙信照[2003]『情報処理』サイエンス社、5頁。

ハードウェアとソフトウェアによって情報処理をおこなう。

　コンピュータを構成するハードウェアは5大装置とよばれる5つの要素から構成される。その5つの要素とは、①制御装置、②演算装置、③記憶装置、④入力装置、そして⑤出力装置のことである。一般的に、演算装置と記憶装置を含めて中央処理装置（CPU）と称するため、ハードウェアは4大装置により

図表 5−3　人間の情報処理系のモデル

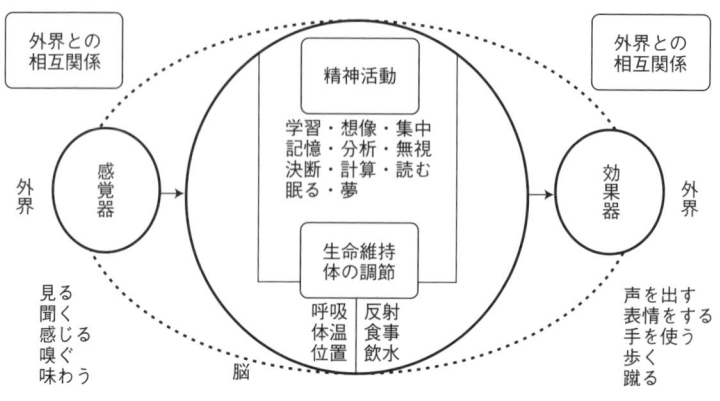

```
          外界との                              外界との
          相互関係                              相互関係

              ┌─────────────────────┐
              │     精神活動         │
   外          │ 学習・想像・集中    │              外
   界   感覚器→│ 記憶・分析・無視    │→効果器      界
              │ 決断・計算・読む    │
              │ 眠る・夢            │
              ├─────────────────────┤
              │   生命維持          │
              │   体の調節          │
              │ 呼吸  反射          │
              │ 体温  食事          │
              │ 位置  飲水          │
              └─────────────────────┘
   見る                脳                    声を出す
   聞く                                      表情をする
   感じる                                    手を使う
   嗅ぐ                                      歩く
   味わう                                    蹴る
```

出所：福田忠彦［1995］『生体情報システム論』産業図書、5頁。

構成されると説明している書籍もあるが、いずれも正解である。

ソフトウェアのほうは、コンピュータを動かすための基本的な機能をもつ基本ソフト（OS）、ならびに、特定の用途のために利用されるアプリケーションソフトウェア（Word、ExcelおよびPowerPointなどが一般的なアプリケーションソフトウェア）がある。そして、コンピュータでは、文字、音声および画像・映像などあらゆる形態の情報を処理するが、人間の情報処理とは異なって、すべて〈0〉と〈1〉との離散値で表現する情報の形で処理されている。

次に、人間の情報処理について考えてみたい。

わたしたち人間には、わたしたちを取り巻いている外界が存在しているが、目、耳、鼻および皮膚などの感覚器によって外界の情報を受容し、脳（中枢）において、外界から受容した情報をさまざまに判断している。さらに、その結果に基づいて、行動のプログラムが決定され、口、顔、手および足などの効果器を通じて、具体的に外界へはたらきかけるという一連の行動をとっているのである。この一連の行動を人間の身体による情報処理と呼んでいる。

わたしたちを取り巻く外界からのさまざまな刺激、たとえば、光刺激、音刺激、物理刺激および化学刺激などを情報として受容して、末梢部にあたる感覚器で神経信号に変換し、感覚神経を通じて大脳中枢入力部へと伝送する。これ

を、専門的には"求心性神経系"という。

　大脳中枢では、送られてきた情報を分析・統合して、記憶などによって判断し、外界の対象を把握する。さらに、大脳中枢入力部は、その結果に基づいて、筋肉系を制御する出力信号を送り出し、これが、具体的に外界にはたらきかける人間の行動となるのである。なお、筋肉を制御する神経系というのは、専門的には"遠心性神経系"といわれている。

　むろん、わたしたち人間は日常生活において、たえず、身体が情報処理をおこなっているという感覚を意識しているわけではないし、その重要性を感じながら毎日を過ごすこともない。しかし、アメリカの著名な心理学者ウィリアム・ジェームズによれば、子どもは感覚器官になんらかの印象が生ずるまでは、脳は深い眠りにおちいっており、意識は事実上存在しない。この熟睡を破るには感覚器官からの強い音信が必要である。この音信は、新たに生まれた脳のなかにまったく純粋な感覚を引き起こすという。

　このジェームズの指摘どおりだとすれば、わたしたちが人間として歩むその第一歩において、私たち自身がもつ感覚器官が、きわめて重要な役割を果たしていることになるのである。

　いずれにしても、人間がおこなう情報処理に関して、部分的には、現代のコンピュータのほうがはるかにすぐれているが、総合的には、人間の脳にかなうコンピュータは存在しない。コンピュータにとってはきわめて困難な情報処理を人間の脳はたやすくおこなうだけの能力を有しているのである。

2. 企業における情報の重要性 ── 企業におけるダイナミックな情報の流れ

(1) 企業における情報現象

　〈生きている〉システムにおける情報現象は、スタティックな（静態的な）ものではなく、きわめて多種多彩でダイナミックな（動態的な）様相を呈している。情報は、祖国もなければ国境というボーダーもなく、時間と空間を超えて流れる性質をもっている。

情報学やシステム学の研究者の一般的な考え方として、システムという存在が認められるところには、必ず情報の存在とその流れがあり、システムと情報は密接な相互関係にあるとされる。

すなわち、社会であれ、人間であれ、かつまた、企業であれ、〈生きている〉システムをシステムとして成り立たせている基盤としての役目を負っているのは情報の存在であり、ダイナミックな（動態的な）情報の流れといってよいのである。

ある有名なアメリカの研究者が、「情報なしにはなにもできない」と指摘したが、企業経営において、いかに「情報」が重要で有意な役割を果たすものなのかという点については、すでに、欧米や日本における多くの研究者が繰り返し強調し、数多くの知識や見識が述べられている。

企業経営における情報というのは、人体の〈血液〉と同じ必要性や重要性をもっている。すなわち、人体における血液の流れが人間の生命と健康に重要であるのと同様に、ダイナミックな情報の流れは、企業というシステム全体の生命と健康 ── 企業の場合は正常な維持・存続および発展を意味する ── にとって必要であり重要な存在である。

前章において、人（人間）、物（物質）、金（資金）、そして情報は経営資源であることを指摘したが、企業をめぐる状況が激しい現代においては、ますます情報の必要性と重要性は高まる一方であるといえるのである。

ふた昔ほど前であれば、"情報なくして勝利なし"とか、"情報を制するものが勝負を制する"とばかり、いかにして、競争企業よりも正確な情報を多く、しかも早く手に入れるかに、企業の従業員は多くの労力と知恵を出しあったものである。むろん、このような状況が大きく変化したわけではないが、今日では、技術の発達により従来と比較して情報の収集・入手が容易になったことから、「どのように情報を利活用するか」、どの情報を利活用してどの情報を捨てるかという情報の「取捨選択」の能力に力点が置かれているといってもよいであろう。

次章でもふれるが、現在、急速に普及し利活用されているインターネットや電子メールは、だれもが、時間と空間を超えて自由自在に、世界の莫大な《知》の宝庫へアクセスし、また、地球上のいたるところに住んでいる国籍や人種の

異なった複数の人たちと平等な立場（対等の立場）で、自由で、かつ瞬時の情報のやりとりを可能としている。

インターネットは、企業にとって有益な情報や企業内において創造された情報を、いわゆる、"卵の硬い殻に閉じ込めておく"ことなく、適時、必要な従業員や部門に情報を発信し、広く共有化せしめるという役割を有している。従業員個人や部門なりが収集・入手した情報、あるいは、創造された情報がなんらかの形で封鎖されたり —— あるときは、そのほうが望ましい場合もあるが ——、瞬時に発散して消滅したとしたら、高いコストを費やし多大な努力をおこなったとしても、その情報のもつ価値は無に帰してしまう。

このような点で、インターネットや電子メールは、情報を無価値なものとせず、必要に応じて情報の価値を高める可能性を有しているのである。これらは、従業員一人ひとりの業務のみならず、企業経営のあらゆる局面において大きな変化をもたらし、その果たす役割は際立っているといってもよいであろう。

(2) 企業経営における「内部情報」

多種多彩な情報のなかで、企業経営にもっとも関係する情報は、なんといっても「経営情報」である。経営情報という情報の中身に関しては、研究者の間で議論が分かれるが、ここでは、ひとまず、経営情報を"経営にとって必要な情報"であり、"経営に役立つ情報"として理解することにしたい。

そのうえで、ここでは、企業経営にとって必要な情報を理解するために、「内部情報」と「外部情報」との2つに分けて考えてみることにしよう。

「内部情報」とは、企業の内部において必要としたり、企業の内部で創られる情報、すなわち、創造された情報のことをいう。

企業内部においては、企業の目的を達成するために、さまざまな形態の組織づくりをおこなっている。代表的な組織形態としては、職能別（機能別）組織、事業部制組織ないしはマトリックス型組織があげられるが、一定の目標を達成するために臨時的に構成される組織形態として、社内ベンチャー型組織やプロジェクト型組織があり、通常、これらの組織は、一定の目標を達成すれば組織そのものが解消される場合が多い。

しかし、いずれの組織形態においてもいくつかの部門に分けて業務分担をお

図表 5－4　代表的な組織形態の基本図式

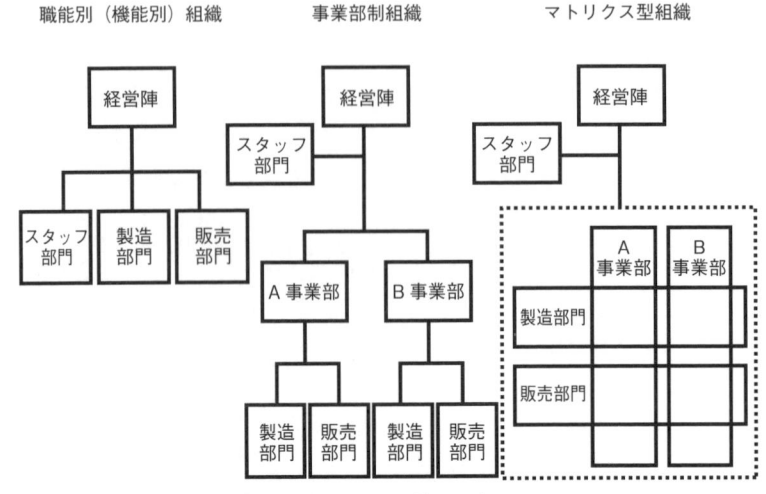

職能別（機能別）組織　　　　事業部制組織　　　　　　マトリクス型組織

出所：草薙信照［2003］『情報処理』サイエンス社、94頁。

こなっている。業務分担は経営の機能分担とよんでもよく、果たすべき役割が異なっている。実際における企業内の部門構成や形態は、業種や業態によってそれぞれ異なるが、基本的で一般的な区分としては、①経営陣（経営者層）、②スタッフ部門および③ライン部門に分ける方法がある。

　まず、経営陣（経営者層）は、企業トップを中心として構成され、おもに経営計画・戦略の策定および戦略的意思決定などをおこない、企業経営の責任を負う部門であり、スタッフ部門とライン部門を統括する。この部門で必要とするおもな情報は、経営計画・戦略の策定に必要な情報および戦略的意思決定に必要な情報などであり、経営陣にとっては企業内部にかかわる情報だけではなく、後述する企業外部を流れている情報もきわめて重要である。

　次に、スタッフ部門であるが、スタッフ部門は間接部門ともよばれ、ライン部門が有効、かつ円滑に機能するように支援（サポート）する役割を果たす部門である。つまり、ライン部門に対して専門的、技術的な見地から助言やサービスなどを提供する。企業によって名称は異なるが、具体的には総務部門をはじめとして、企画部門、経理（財務）部門、人事（労務）部門ないし研究開発

部門などに加え、独立委員会などもスタッフ部門に位置づけられる。

　そして、これらの部門には、企画情報、経理（財務）情報、人事（労務）情報ないし研究開発情報が対応する。これらは、あくまで便宜的な区分であり、実際にはどの部門も多種多様な種類の情報を必要とする。

　さらに、ライン部門は直接部門ともよばれている部門であり、企業の目的を果たすべくさまざまな機能を直接的に遂行する部門である。たとえば、製造業であれば仕入部門、製造（生産）部門、営業部門ないし納入部門などが該当し、流通業などでは、仕入部門、販売部門ないし営業部門などが該当する。ライン部門は、スタッフ部門からのさまざまな支援のもとで機能しているが、これらの部門に対応する情報の種類は、仕入情報、製造（生産）情報、販売情報ないし営業情報といえる。これらもまた、スタッフ部門と同じく、あくまで便宜的な区分であり、実際にはどの部門も多様な種類の情報を必要とする。

　企業が強い力を身につけ、健全な経営をおこない発展させるためには、企業の従業員同士の非常に密度の高い情報の伝達や交換、必要な情報をともに分かち合い理解すること、つまり、情報の共有や価値の共有が非常に大切である。

　第4章において、ダイヤモンドと煤の例をあげたが、企業の従業員同士の相互の連携や相互の支援のあり方は、企業経営にとって非常に重要な事柄であるといえよう。

(3) 企業経営における「外部情報」

　他方、「外部情報」のほうは、「内部情報」に対応する表現といってよく、経営学では環境情報、あるいは、企業環境情報とも称されるものである。

　企業を維持し存続させ発展させる最重要な要件は、まず、現在、みずからの企業をめぐる状況が〈どう変化しているのか〉、そしてさらに、今後、状況が〈どのように変化していくのか〉という点を可能なかぎり、迅速、かつ正確に把握することにあるといってよい。経営トップによる経営計画・戦略の策定および戦略的意思決定などをおこなううえでも、企業を取り巻く状況の変化は大きく影響するのである。

　このような状況を把握する手段としては、まず最初にみずからの企業の外部をダイナミックに流れている情報の収集・入手という行動から開始される。正

図表5-5　日本の中小企業の倒産件数の推移

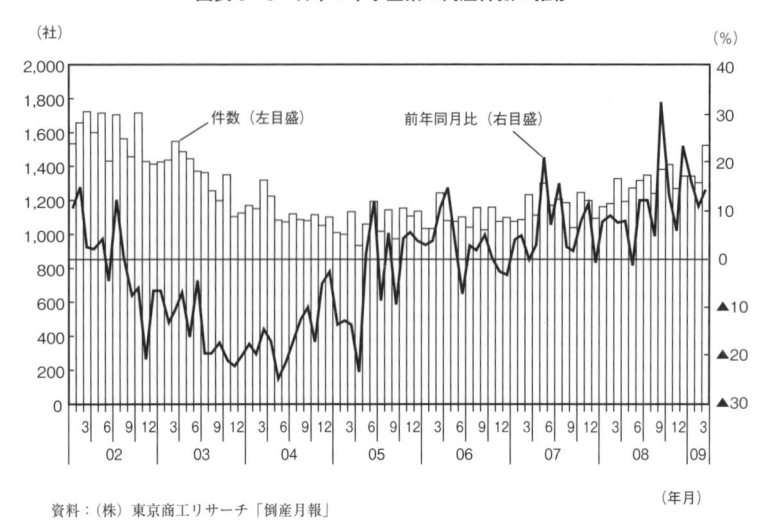

資料：(株)東京商工リサーチ「倒産月報」
出所：中小企業庁編［2009］『中小企業白書2009年版』経済産業調査会、17頁。

確な情報がなければ、正しい企業経営はありえない。それは、わたしたちが、日々、普通の日常生活を過ごすうえで、現在、自分を取り巻いている状況に関する情報なしに、正常に日常生活を送ることができないのとほぼ同じことである。

　従来のごとく、企業をめぐる状況がさほど大きく変化しない比較的に安定的な場合は、情報の収集・入手にも時間的余裕があり、量的にも大量の情報を必要としなかったといえる。

　しかしながら、企業の発展による企業の巨大化に加え、その連結にいちじるしい強弱があるとはいえ、明らかに経済はグローバル化・ボーダレス化し、国同士が相互に連携し、相互に依存関係を深め国際情勢が複雑に動くような状況にある現代では、「不確実性の時代」とも、「乱気流の時代」とも称しうるほどに、企業をめぐる状況は短時間のうちに急激に変化する。つまり、企業経営に必要な外部情報量もまた飛躍的な増加傾向にあるとともに、その情報形態も多種多彩化し情報項目も多岐にわたっているのである。

　経済がグローバル化・ボーダレス化した結果、たとえば、アメリカで金融危

機が起きれば、その影響は世界的な規模に拡大し株価の下落、金融機関の経営不安、そして、輸出や生産の急速な減少へとつながり、景気の急速な悪化をもたらして、最終的には、わたしたち一人ひとりの生活の質の低下を招くことになる。

事実、2007年夏に起きたアメリカのサブプライム住宅ローン問題などが世界の金融市場全体の混乱を招き、さらには2008年9月にアメリカの大手投資銀行リーマン・ブラザーズが破たんしたことを契機として、世界的な金融危機へと拡大し、世界的に株価が下落し世界経済が減速した。

その結果、日本においても、海外輸出型の製造業を中心にかつてないほどの速度で生産は激減し、企業の業績悪化を招いている。この時期には、日本の大企業や中小企業の売上が減少し、資金繰りが悪化するなかで、中小企業の倒産件数は大きく増加傾向をみせ、とりわけ2008年度後半に入ってその傾向は強まっているのである。

以上の事例からもわかるように、今日のような状況にあっては、みずからの企業経営に必要な情報を正確、かつタイミングよくスピィーディに情報を収集・入手し、しかも、その情報をいかに経営計画・戦略の策定や意思決定などに利活用できるかが、企業の行く末に大きく影響することになるのである。

また、企業の国際的な展開、すなわち、世界的な規模での企業の積極的な展開に際しては、飛躍的に増加しつつある量の情報を正確に把握し、世界的な視野から経営資源を有効、かつ効果的に利活用することが要求される。しかもそれは、企業をめぐる状況がいつも不確実で、予測しがたい環境のなかでおこなわなければならず、つねに、難しい意思決定能力と決断力が伴う。

このように、大企業であれ、中小企業であれ、みずからの企業を健全に発展させようとすれば、継続的に、正確な情報を、しかも、短時間のうちに収集・入手して企業内部に蓄積（貯蔵）し、必要に応じて、従業員相互の情報の交換や情報の共有などをおこなうとともに、経営計画・戦略の策定や意思決定などに利活用することが重要であり必要なのである。

3. 企業と情報システム ── 情報を利用する「仕組み」

(1)「仕組み」としての情報システム化の必要性

　わたしたちの日常生活の場面では、「情報システム」という言葉をよく耳にすることがある。

　もともと、情報システムは、銀行の預貯金システムから始まっているといわれている。この情報システムによって、利用者（顧客）は銀行本店に出向くことなく、遠隔地の支店からでも銀行が管理している自分の口座から預貯金をおろすことができる。現在では、だれもが現金自動預金・支払機（ATM）を使って預金の支払いや預け入れ、あるいはまた、振り込みをおこなうことができる。

　では、情報システムとはなんであろうか。通常、情報システムとは、「情報」と「システム」という2つの用語の合成語として理解されている。

　残念ながら「情報システム」に対する明確な定義はないが、一般的に、広義には個人の行動を支援したり、あるいは、さまざまな組織活動を運営・維持および存続・発展させるために必要な情報を情報源から収集・入手し、利活用目的に適合するように加工・蓄積し、必要に応じて加工・蓄積した情報を検索したり、必要な場所（部門）へ適時送信したりする一連の「仕組み」のことを指す。

　広辞苑によれば、「仕組み」とは、"ものごとのくみたてられ方。構造。機構"と説明されているが、まさしく、情報を取り扱う機構こそが情報システムであると説明することができよう。

　そこで、今度は、なぜ、このような「仕組み」が必要なのかという問題についてである。

　すでに述べたように、企業経営にとって情報は必要かつ重要な経営資源である。そして、企業内を流れる情報や企業外部の情報量は、いわゆる"情報過多"、"情報過剰"、あるいはまた、"情報爆発"といわれるほどに飛躍的な増加傾向にある。そして、その情報形態も多種多様化し、情報項目も多岐にわたっている。

図表 5−6　情報システム

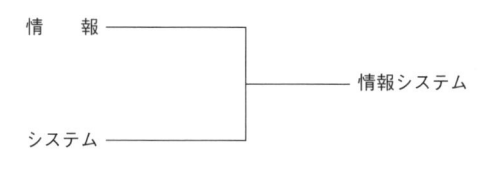

```
情　報 ─────────┐
              ├───── 情報システム
システム ─────────┘
```

出所：執筆者作成。

　このような状態のなかでは、人間の手で必要な情報を集約的ないし網羅的に収集・入手することはとうてい不可能であり、収集・入手する情報も相対的に不完全で不正確なものになりやすい。そしてまた、情報は、どれほどその情報内容に価値があるとしても、そのまま保管・保存しておくだけでは、時間とともにその価値はいちじるしく低下し、結局、無価値なものとなってしまいかねない。

　現代では、情報を重視した経営行動が、企業の競争力を高めるうえでますます重要であるとする認識が高まっている。企業は、みずからの企業経営にとって適切で利用可能性の高い意味のある情報を、正確かつタイミングよくスピィーディに収集・入手し、さらに、その収集・入手した情報を可能なかぎり正確に短時間に処理・蓄積して、必要なところ（部門）に発信、伝達することが必要となる。

　それを可能とする具体的な「仕組み」こそが、情報システムなのである。これまでも何度も述べているように、情報というのは、企業において重要な経営資源だが、情報システム化によって、その価値は高められ、そしてより有効で効果的な経営資源となりうるといえよう。

　むろん、経営情報を取り扱う仕組みは「経営情報システム」という名称の情報システムであるが、この点に関しては簡潔に後述したい。

(2) コンピュータ・ベースの情報システム

　さて、ここでは視点を変えて、情報システムを「フォーマルな情報システム」と「インフォーマルな情報システム」とに分けて考えてみることにしたい。

図表 5-7　2 つの情報システム

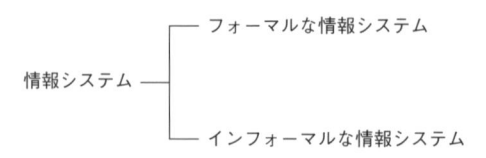

```
情報システム ─┬─ フォーマルな情報システム
              │
              └─ インフォーマルな情報システム
```

出所：執筆者作成。

このような 2 つの区分は、わたしたちの社会をはじめ、企業においても、あてはまる。

「フォーマルな情報システム」は、コンピュータを中核とした情報システムである。たとえば、企業であれば、企業内部で公式に認知され構築されたり、企業と企業との間で結ばれたシステムであり、さまざまな情報通信機器がネットワークで適切に結ばれた形での利活用がおこなわれるものである。一般的に、経営情報システム論として「情報システム」を論ずる場合は、そのほとんどが「フォーマルな情報システム」のことである。

世界最初のコンピュータは、1946 年にアメリカで開発された「エニヤック（ENIAC：電子式数値積分計算機）」である。エニヤックは、弾道計算をおこなうために開発されたコンピュータであるが、それから間もなく、コンピュータは企業経営に用いられるようになっていった。

したがって、コンピュータを中核とした情報システムとはいえ、当初はさほど大がかりなものではなかったが、社会的な要請やその後の技術の発展によって、情報システムを構築するうえで必要な中核部分をなす役割を果たすものとして加速度的に大衆化、普及化していく。とりわけ、通信技術面での発展はめざましく、広範囲にバラバラに点在し分散している"情報発生源"との通信回線による接続が可能となり、当初のコンピュータの「点」の利活用から「線」への発展、さらに、ネットワーク機能を利活用しての「面」、あるいは、「立体的」な利活用へと段階的に発展してきたといってよいであろう。

他方、公式には認知されていないが、必要に応じて、企業内部の従業員同士や他企業の従業員との間で自由に形成された、ある種の情報システムが存在す

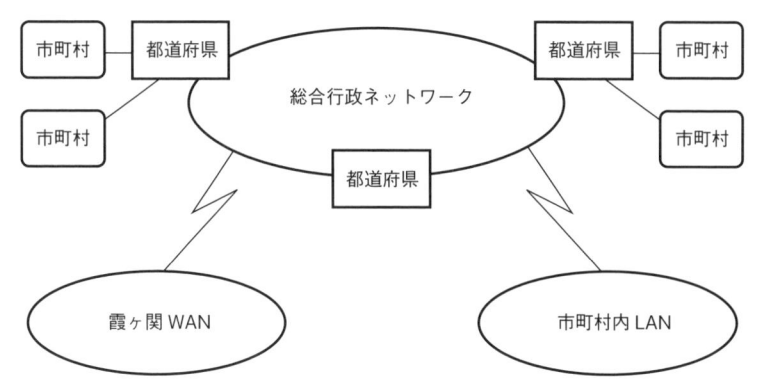

図表 5-8　総合行政ネットワークシステム（概略図）

```
市町村 ─ 都道府県 ┐         ┌ 都道府県 ─ 市町村
                  （総合行政ネットワーク）
市町村 ─────────┘         └────────── 市町村
                     │
                  都道府県
                 ↙       ↘
           霞ヶ関 WAN    市町村内 LAN
```

出所：北原宗律［2005］『第2版　情報社会の情報学』西日本法規出版、115頁。

る。この場合の情報システムを「インフォーマルな情報システム」とよんでいる。

　「インフォーマルな情報システム」は、必ずしも、情報通信機器の介在や利活用を必要とせず、人間と人間との柔軟なつながりによって、必要な情報を共有したり交換する「仕組み」ができあがっている場合もある。

　しかしながら、実際には、「フォーマルな情報システム」と「インフォーマルな情報システム」とは併存し、場合によっては、フォーマルな情報システムに対して、インフォーマルな情報システムがなんらかの影響を与えていることすらありうるのである。

　現在、わたしたちの身のまわりには、わりと小さな情報システムから巨大な情報システムまでが重層的に構築され、ほとんど24時間稼働している。また、大小という区分だけではなく、利活用の方法によっても情報システムを分けることができる。さまざまな情報システムについては、大小という区分でいえばきわめて巨大であり、わたしたちにとっても重要な情報システムの具体的な例としてあげることのできるのが、国が運用し全国の地方公共団体を結んでいる「総合行政ネットワークシステム」である。図表5－8にある「WAN」は「ワン」と読み、「広域情報通信網」の略字であり、「VAN」のほうは「バン」と読

み、「付加価値情報通信網」の略字である。

そしてさらに、各都道府県では「電子県庁」、「電子市役所」ないし「電子役場」の構築を進めており、県への申請、届け出などの手続きや庁からの情報などに関して、自宅のパソコンからインターネットを通じて、24時間入手できるなどの行政サービスを実現するシステム開発が進められている。

(3) 情報システムの戦略的利用

通常、企業におけるコンピュータの利活用は、「経営情報システム」として発展し、今日にいたっていると考えてよい。

学問的にみた場合、日本での経営情報システムに関する議論は、おおむね、1965年以降とされている。経営学においては、経営情報システムの概念化や理論化、さらにその体系化が積極的に展開され、「経営情報システム論」として議論されている。

一般的に、企業における経営情報システムの導入当初は、給与計算、請求書発行、受注処理ないし在庫管理といった業務処理、すなわち、業務レベルでの情報処理業務用として情報システムが利活用され、情報システムという名称よりも、「情報処理システム」という名称がおもに用いられていた。当時は、情報システムの導入、その利活用によって、それ以前とは比較にならないほど事務合理化や省力化がおこなわれ、いわゆる、"事務自動化"という考え方が企業に浸透していったのである。

その後、経営情報システムは、しだいに理論的にも技術的にも発展し、現在にいたっては、みずからの企業の競争優位（性）を確立するために、どのように情報システムを構築し利活用するかが企業の重要な経営課題の1つとなっている。この競争優位（性）という言葉は、経営学の専門用語だが、通常の意味としては、"みずからの戦略を確立し、そのことによって企業の経営行動領域を明確化し、競争相手の企業に対する主導権を確立する"ことである。簡潔にいえば、"主導権の確立"といってよいであろう。

かくして、今日のような企業をめぐる状況が厳しく、企業間同士の競争も激しいなかにあっては、どのような業種や業態の企業であっても、みずからの企業が「生き残る」ためには、競争優位（性）の確立が避けられない。

第5章　企業システムと情報

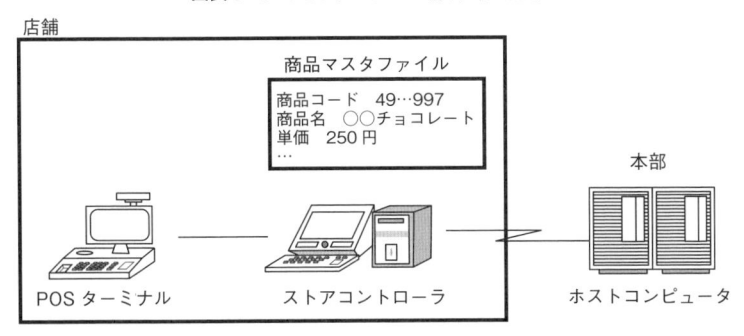

図表5-9　POSシステムの構成（概略図）

店舗

商品マスタファイル
商品コード　49…997
商品名　○○チョコレート
単価　250円
…

POSターミナル　　ストアコントローラ　　本部　ホストコンピュータ

出所：武藤明則［2010］『経営情報システム教科書』同文舘出版、180頁。

　今日では、従来のように、情報システムというものを、単純に、部分的な業務処理的発想や管理的発想によるのではなく、戦略的発想をもって構築する必要性が高まっている時代なのである。このような背景をふまえて、おもに経営学では、「情報システムの戦略的利用」、ないしは、「競争の武器としての情報システム」として理解されている「戦略的情報システム（Strategic Information System：SIS）」の構築が頻繁に論議され、実際の企業の経営行動の場面において、いろいろな戦略的情報システムが構築されている。

　情報システムの戦略的利用の典型的な例として、わたしたちの生活にもなじみ深いのが、コンビニやスーパーなどでよく見かける「POSシステム」であり、経営情報システムというよりも、流通情報システムに分類されるシステムでもある。

　POSシステムは、正式には「ポイント・オブ・セールス（Point of Sales）システム」のことであるが、日本語では、「販売時点情報管理システム」と訳されている。さまざまな商品に表示されたバーコードをレジで読み取ることにより、消費者（顧客）の生の購買動向に関するデータを、迅速かつ正確にキャッチし、販売分析や在庫管理などに利活用する情報システムがPOSシステムである。

　消費者（顧客）ニーズの多様化、取扱商品の種類も膨大な量にのぼり、しかも商品のライフサイクルの短縮化がいちじるしい今日の流通業界にとって、こ

のPOSシステムという情報システムは、もはや典型的な流通情報システムとして利活用されている。

第6章 高度情報化と企業システム

　1946年に、世界で初めてのコンピュータといえるエニヤック（ENIAC：電子式数値積分計算機）がアメリカで誕生して以来、コンピュータの利活用は、大きくは軍事用、産業・企業用、そして家庭・個人用としてしだいに拡大し進展してきた。かつては、コンピュータと人間・社会との関係を論ずる際、"B.C."と"A.C."という表現を用いた時期があった。B.C. は、コンピュータ以前（before computer）であり、A.C. はコンピュータ以後（after computer）である。

　コンピュータの誕生以来、わずか数十年で、コンピュータ（情報処理）とネットワーク（情報通信）の結合による高度でオープンな情報通信ネットワークであるインターネットが、世界的な規模で短期間のうちに構築され、広く知られた言葉を用いれば、"いつでも、どこでも、だれとでも"つながるコミュニケーションが実現している。

　現代における情報通信技術（ICT）の発展はめざましい。そして、この情報通信技術（ICT）は、企業経営にも多大な影響を及ぼし、最近では新たな潮流としてのクラウドコンピューティングが展開されている。

1. 急速に進展する日本の高度情報化 ――「情報化」の進展から「高度情報化」の進展へ

(1) 高度情報化の〈化〉とは

　近年では、〈化〉という言葉を耳にすることも多い。
　日常的な文章においても、また学術的な文献のなかでも、〈化〉をつけた言葉が数多くある。
　〈グローバル化〉、〈国際化〉および〈ボーダレス化〉はむろんのこと、〈効率化〉、〈システム化〉、〈産業化〉、〈標準化〉、〈複雑化〉、あるいは、〈個性化〉や〈多彩化〉など、これらを数えあげたら数かぎりない。最近では、企業経営関連でも、「営業のみえる化」や「社員のみえる化」などといった題名が書籍につけられている。社会をあらわす場合も、〈サービス化社会〉や〈工業化社会〉という表現が用いられている。
　じつに、〈化〉という表現は、はっきりと説明しがたい、抽象的な言葉である。とはいえ、現実に発生している現象を説明するうえでも、きわめて便利な日本語であるといえよう。そこで、あえて、〈化〉を解説すれば、〈～が進んでいる〉、〈～進行中である〉、〈～傾向がある〉および〈～といった一般的傾向がある〉という表現として考えても、あながち間違いではないようである。
　では、「高度情報化」とはなにか。ここでは、簡潔に、高度情報化とは「情報の必要性およびその価値の重要性に対する認識が社会的に広く行き渡り、多種多彩な情報通信機器の利活用の割合が高まって、これまで以上に情報の特性と価値が発揮されること」と考えてみたい。
　もちろん、「情報化」という社会現象は、ある意味で、現代の社会に特有な現象とはいえず、程度の差こそあれ、いつの時代にもみられた現象といえる。しかしながら、現在、わたしたちが実際に経験している情報通信技術（ICT）の発展を基礎基盤とした高度情報化は、過去の情報化とは比較しえないほどに画期的で高度であり、かつまた、その一人ひとりの人間や社会、そして企業経営行動に与える影響も広範囲で強力なものになっているのである。

いずれにしても、どのような形態であれ、〈化〉という言葉は、進行形の状態であり、そこに、"拡大する傾向"や"ダイナミック性"を表現していることには間違いない。

将来的に、情報通信技術（ICT）を基礎基盤とした高度情報化という社会現象がどこまで進展するのか予測しがたいが、高度情報化の進展が、わたしたちの知識、視野（視点）、人間関係、コミュニケーションおよび価値観などを大きくゆさぶり、企業経営にも大きな変化をもたらすことは議論の余地を残していないのである。

(2)「IT革命」と高度情報化

日本では、2000年の春ごろから、テレビ、新聞紙面、あるいは雑誌などのマスメディアから、「IT（情報技術）革命」という文字を目にする機会が増えたことは記憶にあることと思う。

一般的に、ひと言で表現すれば、「革命（revolution）」とは急激な変革であり、物事のある状態から他のそれへの急激な変化や変動を意味する言葉である。「IT革命」という言葉が登場したころは、産業革命に匹敵するか、あるいはそれをはるかに超えるものとして「IT革命」が世界的にも大きな関心の的となったのである。

むろん、情報技術（IT：Information Technology）という英語の単語は、1980年代に広く使われた用語である。しかしながら、今日、頻繁に用いられている「IT」という用語は、当初、用いられた意味をはるかに超えた内容や意味をもって使用されており、最近では、「IT」よりも「ICT（Information Communication Technology：情報通信技術）」という用語が新聞・雑誌や専門的な文献などで用いられるようになってきている。そこで、ここでは両者を同義ととらえて、本章では「ICT」という用語を一貫して用いることとする。

一般的に、企業間での競争が激化するなかですぐれた業績をあげる企業は、他の企業よりもすぐれた経営資源を有しているといわれているが、現代における厳しい状況のなかで、企業は情報通信技術（ICT）を競争優位の源泉として戦略的に利活用し、みずからの持続的な維持・存続、そして発展を目的に情報通信技術（ICT）の導入を実際に図っているか、なんらかの形で図りたいとす

る認識が高まりつつある。

　このような意味でも、いまや情報通信技術（ICT）と企業経営との関係は、その深さや広さにおいて個人の日常生活とはおもむきを異にするといってよい。

　そもそも、日本における企業の情報通信技術（ICT）の利活用は、1960年代から1970年代にかけて進み、コンピュータの導入やネットワークの構築が開始されている。現代では、急速な情報通信技術（ICT）の発展や新興市場の台頭により、多くの日本の企業は、これまで以上に国内のみならず国際的な競争力を強化せざるをえない状況に置かれている。情報通信技術（ICT）の利活用の仕方しだいで、企業が大きく発展するために必要な事柄、たとえば、競争優位（性）の実現、意思決定のスピード化、大幅なコストダウン、正確な顧客管理、高付加価値化の実現および新規事業の開拓など、その可能性は飛躍的に強まることにつながるのである。

　逆に、もし、企業が「IT革命」の波に乗り遅れた場合、当然ながら、企業の再編や淘汰に巻き込まれる可能性も高まる。すなわち、「IT革命」は、企業に対して新たな勝者と敗者とを生み出す厳しく、巨大な"波"ならぬ"渦"といってよいのである。

　なお、企業の情報化投資は、年々、増加傾向をみせている。情報化投資の目的としては、通常、業務の効率化・迅速化、営業・販売力強化、他社との取引上の必要性、人件費などの一般管理費の削減、組織の簡素化・効率化などであるが、総務省の「ICTの経済分析に関する調査」（2009年）によれば、2007年の企業における情報化投資は、対前年比6.0％増加の19.8兆円で、民間企業設備投資に占める情報化投資の比率は22.0％であった。内訳をみると、ソフトウェアの占める割合が48.3％ともっとも高く、コンピュータ本体・同付属装置が42.2％、そして、電気通信機器が9.5％となっている。

(3) 現代における情報通信技術（ICT）の発展

　あえて述べるまでもなく、今日では、情報通信技術（ICT）の発展に伴う多くの情報通信機器が市場にあふれている。

　すなわち、わたしたちの職場や家庭だけでも、衛星放送も受信可能なテレビ、ラジカセ、コンピュータ（とくにパソコン）、固定電話・携帯電話、デジタル

カメラ、ファクシミリ、CATV（有線テレビ）、コピー機、ステレオ、CDプレーヤー、DVDプレーヤーおよびブルーレイドライブなど、その種類は多種多彩である。

　これらの情報通信機器は、必要に応じて、あるいは、24時間、休息を知らない便利な働きものとして大いに活躍し、今日ではなくてはならない必需品の位置をしっかりと占めているのである。

　最近では、同じ情報通信機器でも、その機能やデザインは豊富で種類も増え、いつの間にか、自分の身のまわりには機能やデザインの違う情報通信機器がたくさん置かれているという状況になりつつある。わたしたちは、日常的に、これらの情報通信機器を使うことが当たり前となり、いわゆる、日常的な習慣となっている。

　職場でも家庭でも、その利活用が習慣化した情報通信機器のなかでも、テレビ、パソコンおよび携帯電話などについては、もはや企業の備品や家庭の家具と同じく必需品と同じような感覚をおぼえるのではないだろうか。現代の日本では、統計上、あらわれている数字はそうでもないが、わたしたちの身のまわりをみて判断するかぎり、テレビとパソコンはそれぞれ1家に1台、携帯電話のほうは1人1台以上所有している。いままでは、走行している電車やバスなどに設置していたテレビでは映像が乱れ視聴できなかったが、地上デジタルテレビ放送が開始したことにより鮮明な映像を視聴することが可能となっている。

　上記にあげたいずれの情報通信機器も、必要に応じて情報を瞬時に収集・入手したり、検索、発信するために用いられるが、そのなかでも、近年にいたって、特筆に値するのが、パソコン、そして持ち運びが容易で、いつでもどこでも連絡可能な携帯電話の存在である。

　ある信頼できるアメリカの調査会社の調査によれば、2008年現在、全世界で10億台のパソコンが利活用されているという。同様に、年間1億8000万台のパソコンが買いかえられ、2014年の初めには、全世界での利活用台数が20億台に達すると予想されている。

　また、国際電気通信連合の発表によれば、2007年末時点での携帯電話の世界普及台数は33億台であり、パソコンの3倍を超えている。その普及のカーブはパソコンのそれよりも急であり、今後、どれだけの台数が普及するかは予

想しがたい状況にあるといわれている。

　2008年には、アメリカのアップル社の「アイフォーン（iPhone）」が日本に上陸し、同年7月にはこの携帯電話を求めて大行列ができ、あたかもお祭り騒ぎのような様相を呈したことは、まだ多くの人たちの記憶に新しいことであろう。「アイフォーン」にはボタンがほとんどなく、シンプルなデザインだが、液晶画面に組み込まれた"タッチセンサー"を使い、指先で触れて操作するという、これまでにない斬新な操作方法をおこない、豊かな機能が搭載されている。まさに、情報通信技術（ICT）の最先端をかいまみる思いである。

　世界、そして日本の高度情報化の進展速度は、日進月歩ならぬ秒進分歩であり、「ドッグイヤー」、さらには「ラットイヤー」などと表現される時代でもある。この「ドッグイヤー」や「ラットイヤー」という表現は、最近では高度情報化の進展速度を説明するばかりではなく、加速度化している社会・経済システムの変化の速度を表現するときにも用いられるようになっている。

　世界的な規模での「IT革命」は今日もなお続いており、世界各国において、情報通信技術（ICT）の戦略的な利活用による、急激かつ大幅な社会・経済システムの変化が進んでいるのである。

(4) 情報通信技術（ICT）の発展による企業経営への影響

　高度情報化の進展は、さまざまな分野・領域に影響を及ぼすが、企業への影響はより急速で、他の分野・領域よりもはるかに大きく、今日の企業経営に必要な手段を提供し、企業の発展に大きな役割を演じている。

　さて、急速に進展している高度情報化は、たとえば、企業の組織や就業形態などに大きな変化をもたらしている。企業の組織としては、パーソナル化、フラット化および分権化といった変化が起こっている。つまり、高度情報化が進み、柔軟性やスピィーディさが求められる時代にあって、いくら企業が情報通信技術（ICT）を導入しても、従来の垂直型、ピラミッド型（階層型）の組織構造を維持したままでは、厚い階層と縦割り組織の壁にはばまれて、十分な効果は望めず、かえって足を引っ張りかねない。そこで、従来の組織構造に代わって、柔軟で、かつ弾力的な組織構造、すなわち、水平的な情報の交換や情報の共有を可能とする横断型、水平型の組織構造への移行が起こっているので

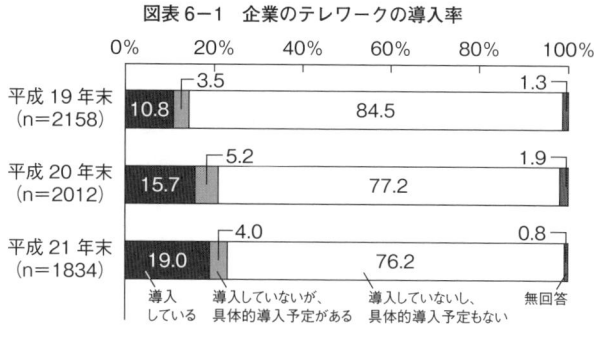

第6章　高度情報化と企業システム

図表6-1　企業のテレワークの導入率

	導入している	導入していないが、具体的導入予定がある	導入していないし、具体的導入予定もない	無回答
平成19年末 (n=2158)	10.8	3.5	84.5	1.3
平成20年末 (n=2012)	15.7	5.2	77.2	1.9
平成21年末 (n=1834)	19.0	4.0	76.2	0.8

出所：総務省「平成21年『通信利用動向調査』の結果」。
(http://www.soumu.go.jp/johotsusintokei/statistics/data/100427_1.pdf)

ある。

また、「テレワーク」といわれる新しい就業形態（ワークスタイル）も進んでいる。テレワークとは、簡潔には、情報通信技術（ICT）を利用して、場所や時間などにとらわれずに通常の職場以外で勤務する就業形態を意味する言葉で、SOHO（Small Office Home Office）やサテライトオフィスなどがこれに該当する。

テレワークを導入している企業については、総務省の「通信利用動向調査」（2009年）によれば、2007年調査の10.8％から2009年調査では19.0％と、2年間でほぼ2倍となり、企業におけるテレワークの導入が進展しているとする結果が示されている。おもなテレワークの導入目的では、「勤務者の移動時間の短縮」や「定型的業務の効率性（生産性）の向上」などをあげており、テレワークの効果としては、9割強の企業で効果があったと回答しているのである。

さらにまた、企業全体としてみた場合、今日の高度情報化の進展によって、企業における大幅なコストダウン、とくに情報通信コストの削減、あるいは、企業内・企業間の業務処理全体の省力化・正確化・迅速化および意思決定のスピード化が実現し、顧客（消費者）の利便性向上、サービス内容の向上・充実、たとえば、商品情報や入荷情報などの顧客への迅速な提供が実現している。

以上のように、現在の情報通信技術（ICT）は、その適用範囲を拡大し続け、その発展は他の技術への連鎖的累積的なインパクトも強く、企業経営へも広い

範囲でその影響が及んでいる。その波及効果は、1つの産業や個々の企業を超えて横断的に拡大していき、相互に連なるような形をとっているのである。

2. 高度情報化に伴うネットワークの進展 ── 企業経営を変えるインターネット

(1) インターネットの発展

　一般的に、インターネットというのは、巨大な〈ネットワークのネットワーク (network of networks)〉とも称されているように、世界各国のネットワークが相互に接続された地球的規模の情報通信ネットワークの集合体である。実際の「地球」というシステムを完全に包み込んでいる、あるいは「地球」を取り巻いていると表現することもできる。インターネットは、ボーダレスな〈ワン・ワールド、ワン・ネットワーク〉とも表現できるものである。

　そもそも、この「インターネット」というのは、アメリカとロシア（旧ソ連）との間に冷戦状態が続いていた1960年代末に、アメリカ国防総省が大学や研究機関のコンピュータを接続してつくり出した軍事研究用ネットワーク「アーパネット」(ARPANET) に端を発している。インターネットの震源地はアメリカであるといってよいであろう。

　インターネット以前に設計された電信や電話などの回線交換技術を用いたネットワークでは、交換機が爆撃などで破壊されると同時に、通信路が切断されて通話が不可能になる。情報通信ネットワークが大規模化すればするほど、拠点となる交換機に機能が集中しそれだけ危険度も増大することから、アメリカ国防総省は、たとえ核戦争が起きても動作し続けるようなネットワークを手にしたかったといわれている。

　このような意味から考えれば、残念ながら、わたしたちが、頻繁に、かつ平和的に利活用しているインターネットの誕生は、国家的かつ軍事的色彩を色濃く帯びたネットワークであったともいえるのである。

　いずれにしろ、その後、このアーパネットに世界各地の大学や研究機関などの個別に構築されていたネットワークがつぎつぎに接続されていく。

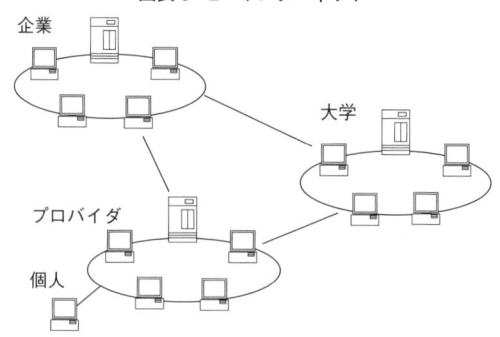

図表6-2　インターネット

出所：武藤明則［2010］『経営情報システム教科書』同文舘出版、110頁。

　1980年代後半には、世界規模の学術研究用ネットワークとなったが、その後、とくに1990年に入ってからは、商用ネットワークとして企業や一般市民にも広く門戸が開放され、これを契機として急速にネットワークの利活用者が増えていく。1995年が「インターネット元年」といわれるほどに、インターネットは世界的な広さで爆発的に発展していったのである。

　現在、日本では、ブラウザとしては、「ネットスケープ・ナビゲータ」や「インターネット・エクスプローラ」がよく知られているが、第3世代携帯が登場し、パケット料金が定額になった今日、携帯用のブラウザなども登場していることがよく知られている。

　数年前からは、パソコンに加えて、NTTドコモの携帯電話によるインターネットサービス「iモード」の提供が開始され、それ以来、携帯電話によるインターネットの利活用者数が急激に増加する傾向をみせている。高速データ通信機能と世界中で使える国際ローミング（相互接続）を主要な特徴とする第3世代携帯電話サービスの開始により、インターネットの利活用者数はその加速度を増しているのである。

　総務省は、毎年、インターネット利活用者数を公表しているが、2009年は、前年より317万人増加して9408万人となり、人口普及率では78.0％（対前年比2.7ポイント増）となっている。

　ちなみに、アメリカの例をあげると、利活用者数が5000万人を突破するの

にラジオは38年間、テレビは13年間かかったが、インターネットはわずか4年間だったといわれているのである。

(2) インターネットと企業経営

　ここ最近、インターネットを利活用する情報通信環境も整えられ、インターネットを利活用する際にブロードバンド（広帯域通信網）回線を利用する人たちも増加している。一般的に、インターネットのブロードバンド化といわれる傾向が急速に進みつつあるのである。高速大容量の双方向の情報交換が可能となり、しかも定額・低料金で利用できるブロードバンド回線の契約数は、全体的には増加傾向をみせているが、とくに最近では、若年層の利活用者が拡大している。

　ブロードバンド回線の契約のなかで、数年前までは、既存の電線（銅線）を利用して情報の高速通信を実現する「DSL（ディーエスエル）」の契約数が多かったが、つい数年前からは、家庭向けに光ファイバーを敷設して高速デジタル通信網を整備し、これにより高速通信を実現する「FTTH（エフティーティーエイチ）」の契約数のほうが増加している。

　今日では、ブロードバンド回線の料金は、国際比較をすると、日本がもっとも安価な水準となっており、日本が世界に誇れる情報通信環境の1つであるといってよいであろう。

　そして、今日における企業や消費者のインターネットの利活用についての手段や方法は、かなり広範囲で多岐にわたっている。

　たとえば、インターネットを通じたオンライン・ショッピングやチケット予約、また、「e - ラーニング（e-Learning）」がすでに商用サービスとして始まっている。インターネット株取引も活発化し始め、インターネットを使った書籍検索・注文サービスは大手書店のほか、取次会社や大手出版社がおこなっている。2000年9月には、業務をインターネット・バンキングに特化した「インターネット銀行（ネット専業銀行）」も新しく設立され、現在では、インターネット銀行のみならず、都市銀行や地方銀行などもインターネットでの取引が可能となっている。

　インターネットを使って通信販売を始める企業も増え、インターネットを用

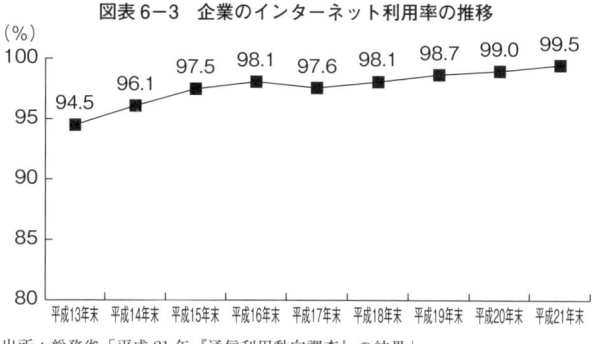

図表6-3　企業のインターネット利用率の推移

平成13年末	平成14年末	平成15年末	平成16年末	平成17年末	平成18年末	平成19年末	平成20年末	平成21年末
94.5	96.1	97.5	98.1	97.6	98.1	98.7	99.0	99.5

出所：総務省「平成21年『通信利用動向調査』の結果」。
(http://www.soumu.go.jp/johotsusintokei/statistics/data/100427_1.pdf)

いたさまざまな仮想上の店舗がつくられているが、日本では既存の百貨店をはるかに超えた品揃えを誇る超大型のショッピング・モール「楽天市場」がよく知られている。

　世界的には、アメリカの「アマゾン・ドット・コム」が世界でもっとも有名なインターネット通販業者として知られ、2000年11月に日本でも本格的にサービスを開始した当時は、大きな話題をよんだ。

　だれもが容易にアクセス可能なインターネット上の店舗は、「売れ筋」の商品で売上の多くを確保する実在の店舗とは異なって、品数が膨大に確保されているため、売れ筋でない商品でも大きな収益を確保できる。販売数量を縦軸に、販売ランキングを横軸にしてグラフ化すると、右に長い"しっぽ"のようなラインが伸びることから、このような現象を「ロングテール」と呼んでいる。ロングテール現象の典型的な例としては、アマゾン・ドット・コムの書籍販売があげられ、同社のネット上の書籍販売では、全体の売上の約3分の1が、普通の書店では取り扱うことが困難な売上数の少ない書籍によって成り立っているといわれている。

　総務省の「通信利用動向調査」(2009年)によると、2009年末時点における企業のインターネット利用率は、全体の99.5％という結果となっており、ほとんどの企業は、なんらかの形でインターネットを利活用していることがわかる。なお、従業員規模別にみると、従業員500人以上の企業では100％である一方、

111

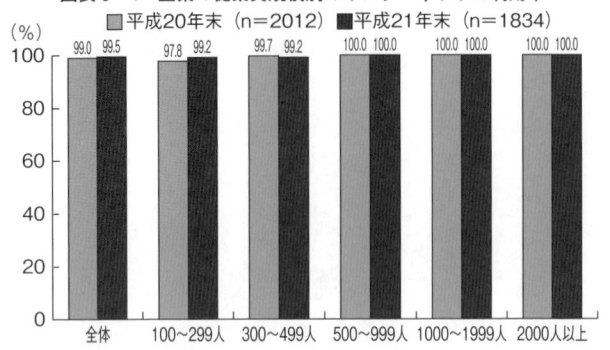

図表6-4　企業の従業員規模別のインターネットの利用率

　平成20年末（n=2012）　平成21年末（n=1834）

区分	全体	100～299人	300～499人	500～999人	1000～1999人	2000人以上
平成20年末	99.0	97.8	99.7	100.0	100.0	100.0
平成21年末	99.5	99.2	99.2	100.0	100.0	100.0

出所：総務省「平成21年『通信利用動向調査の結果』」。
(http://www.soumu.go.jp/johotsusintokei/statistics/data/100427_1.pdf)

従業員500人未満の企業では99.2％となっており、従業員規模によって、インターネットの利用率に格差が発生している。

　現在の高校生は、24時間、どこの地域からでも、パソコンや携帯電話からインターネットを通じて大学案内を請求できる。また、就職希望者は、就職活動のためにインターネットを利活用して情報を収集・入手すること、そしてインターネットからのエントリーはいまや当たり前となっており、最近ではウェブサイトでの試験を1次試験としている企業も出てきている。

　普通の個人がインターネット上で作家としてデビューする、いわゆる「ネット作家」も相次いで誕生しており、このような高度情報化の時代のなかに、いま生きているわたしたちは身をおいているのである。

(3) ネットワーク化に伴う企業の経営行動の諸変化

　急速に進展する高度情報化が企業経営全般に及ぼしているさまざまな影響とその果たすいろいろな役割の相乗効果は、もはや計り知れないほどになっているが、企業経営との関連で重視すべき事柄を要約すると、以下のとおりである。

　まず第1番目に、高度情報化の進展によって、伝統的におこなわれていた企業と企業との結合、つまり、企業間結合とは性質の異なった異業種企業間の連携関係や業務提携・交流が促進され、非常に密接な情報の交換・情報の共有に

よる業務範囲の広がりや異なった業種間の相互乗り入れといったことも活発化することが予想される。

そしてさらに、情報通信技術（ICT）の導入によって企業における情報通信インフラストラクチャーがより一層充実すれば、従来の業種・業態の枠を越えた新しい産業分野が創出され、伝統的な産業分類、あるいは、明確な産業間の色分け（"すみ分け"ともいう）というものが、ますます不明確なものとなってくるだろう。

第2番目に、大企業であれ、中小企業であれ、企業の国際的な展開に際しては、世界的な視点に立って、人（人間）、物（物質）、金（資金）および情報という4つの経営資源を積極的、かつ的確に入手するとともに、それらの経営資源を、必要に応じて的確で柔軟に展開する必要がある。しかも、それを国内での企業経営以上に不確実で錯綜（さくそう）した状況のなかで実現しなければならない。

パソコンや携帯電話などによるインターネットの利活用は、このような企業の国際的な展開をおこなううえで大きな威力を発揮し、世界的な規模での企業経営、あるいは、地球的な規模での企業経営をより一層活発なものにしていくものと考えられる。

第3番目に、発展する高度情報化は、企業の競争上の変化をもたらし、従来とは異なった新しい競争関係や新しい競争形態を生み出している。

とりわけ、現代のような厳しい状況のなかで、企業が生き残り、企業を持続的に発展させるためには、情報システムを重要な戦略ツールとして利活用して、みずからの企業競争力を強化し、競争関係にある相手方企業より優位に立たなければならない。

かくして、今日においては、自社の競争優位（性）を確立するために、どのように経営上の情報システムを構築し、有利に利活用するかが企業における重要な経営課題となっており、このような認識が欠如した企業は、企業競争上、決定的に不利な立場に置かれることを覚悟しなければならない状況にあるといってよいだろう。

以上、簡単ではあるが、進展する高度情報化と企業経営との関係について述べてきた。高度情報化がもたらす影響は、いまや企業の存立そのもの（生死）にかかわる重要な役割を演じていることを認識する必要があり、企業が古い体

質にこだわったり、ダイナミックな情報の流れや経営上の情報システムを軽視や無視するわけにはいかないのである。

(4) 企業における「電子商取引」の進展

　企業がインターネットを利活用する代表的な方法ないし手段が、近年、日本でも増加傾向にある「電子商取引」という商取引である。すなわち、企業における情報通信技術（ICT）の導入の方法として、急速に関心を高め重要視されているのが「電子商取引」であり、これもまた、「IT革命」によってもたらされた取引の新しい姿といえるだろう。

　インターネットの商業利用が本格化してから、電子商取引（EC：Electronic Commerce、あるいは、e‐コマース）が活発化し始めている。一般的に、これまでおこなわれていた取引の形態とは異なる電子商取引は、大きくは、企業対企業、企業対消費者、そして消費者対消費者との3つに大別される。

　企業対企業（B to B or B2B）とは、企業と企業との間の電子的な商品取引である。企業対消費者（B to C or B2C）は、企業から消費者へのインターネットなど情報通信ネットワークを介した商品販売である。そして、消費者対消費者（C to C or C2C）は、消費者と消費者との間の情報通信ネットワークを介した物品売買であり、オークション形式をとる場合が多い。また、最近では政府調達（B to G）などの電子商取引の動向も注目され始めている。

　総務省の「通信利用動向調査」（2009年）によれば、2009年末時点において電子商取引を実施している企業の割合は55.3％（対前年比4.7ポイント増）となり、日本において電子商取引は着実に進展している。また、企業によるインターネット販売のおもな理由を複数回答で聞いたところ、「広範囲に新規顧客を獲得できる」（53.5％）、「取引に関わる間接業務を効率化できる」（35.3％）、「店舗が必要なく効率的」（28.9％）といった順位となっている。

　日本では、インターネットを用いての電子商取引などにおいて、相手方が本当に本人であるかどうかについての確認する手段、つまり、本人確認の手段である「電子署名」の法的位置づけや、その電子署名がたしかに本人であることを証明する「認証業務」に対する国の認定制度を設けるための「電子署名及び認証業務に関する法律」が2000年5月に国会において成立している。そして、

図表6-5 電子商取引の実施企業

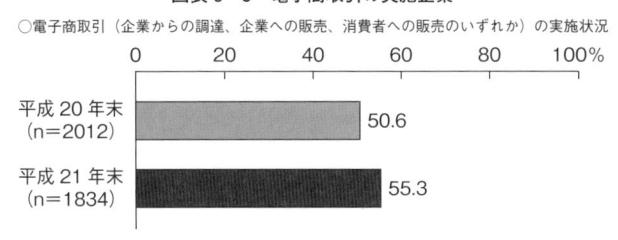

○電子商取引(企業からの調達、企業への販売、消費者への販売のいずれか)の実施状況

- 平成20年末 (n=2012): 50.6
- 平成21年末 (n=1834): 55.3

出所:総務省「平成21年『通信利用調査』の結果」。
(http://www.soumu.go.jp/johotsusintokei/statistics/data/100427_1.pdf)

図表6-6 インターネット販売を行う理由(複数回答)

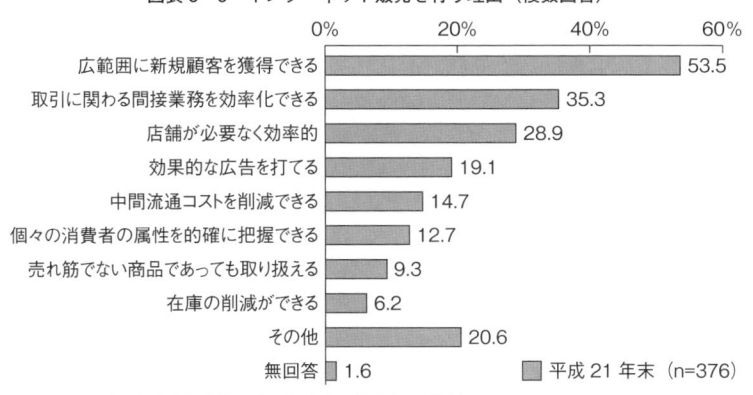

平成21年末 (n=376)

- 広範囲に新規顧客を獲得できる: 53.5
- 取引に関わる間接業務を効率化できる: 35.3
- 店舗が必要なく効率的: 28.9
- 効果的な広告を打てる: 19.1
- 中間流通コストを削減できる: 14.7
- 個々の消費者の属性を的確に把握できる: 12.7
- 売れ筋でない商品であっても取り扱える: 9.3
- 在庫の削減ができる: 6.2
- その他: 20.6
- 無回答: 1.6

出所:総務省「平成21年『通信利用調査』の結果」。
(http://www.soumu.go.jp/johotsusintokei/statistics/data/100427_1.pdf)

その翌年の2001年4月1日から具体的に施行され、国において認証業務に関する認定の受付が開始されている。

近年、日本、台湾、韓国およびシンガポールなどアジア各国政府や情報通信技術(ICT)関連業界が、アジア共通の電子商取引市場を積極的に構築しようとしている。このことからも理解できるように、従来の経済秩序を創造的に破壊する「IT革命」によって、日本国内外の高度情報化の進展はむろんのこと、経済のグローバル化が想像以上に進展することは否定できないのである。

そして、このようなインターネットを基盤とした商取引やインターネットを有効に用いたグローバルな経済的連携は、近未来における日本の経済発展の重

要な要因であることは間違いないのである。

3. 企業とクラウドコンピューティング——新潮流としてのクラウドコンピューティング

(1) 情報通信技術 (ICT) の進展と日本の国家戦略

　さて、「2005年までに世界最先端のIT国家になる」という目標に向けて日本の政府が一体となって取り組んできた「e‐Japan戦略」のスタートは2001年1月であった。

　スタート当初は目標実現の可能性が疑われたが、現在ではブロードバンドの利用料は世界一低料金となるなど、世界最高水準のブロードバンド環境を実現したり、高性能・高機能の携帯電話が急速に普及し、企業における電子商取引も着実に進展するなど、国家戦略の成果があがりつつあるといってよい。

　その後、総務省では、2004年3月に「ユビキタスネット社会の実現に向けた政策懇談会」を設置し、同年12月には2010年を目標として「いつでも、どこでも、なんでも、だれでも」ネットワークにつながり、情報の自在なやりとりの可能なユビキタスネット社会の実現を目指す「u‐Japan政策」を取りまとめている。

　さらに、2006年1月には、「IT戦略本部」において、"いつでも、どこでも、だれでもICTの恩恵を実感できる社会の実現"をサブタイトルとした「IT新改革戦略」を決定し、同年7月には、「IT新改革戦略」に掲げられた目標の実現に向けて、実際の施策展開を進めるにあたっての基本とすべき考え方や取り組むべき具体的施策などを整理した「重点計画‐2006」を策定している。

　しかしながら、この「IT新改革戦略」は、2010年度までを目標年次として設定しているため、政府は、2015年ごろを展望した総合的な情報通信技術 (ICT) 政策の方向性 (ビジョン) を描くことを目的として、2008月10月より総務大臣主催の「ICTビジョン懇談会」を開催している。

　そして、同懇談会では、2009年2月に総務大臣に対して緊急提言 (「ICTニューディール」) をおこなっている。総務省は、この緊急提言をふまえて、

第 6 章　高度情報化と企業システム

当面 3 ヶ年（2009 〜 2011 年）に集中的に実施すべき施策として「デジタル日本創生プロジェクト（ICT 鳩山プラン）—骨子—」を取りまとめ、公表しているが、この文書のなかでは、"産業"の底力の発揮 – デジタル新産業の創出、クリエイティブ産業の育成強化、ないしは、情報通信技術（ICT）産業の国際競争力の強化 – グローバル展開の加速、といった企業関連の施策も検討されている。また、「霞が関クラウド（仮称）」を 2015 年までに段階的に整備するとする文言も盛り込まれており、今後のゆくえが注目されるところである。

(2)「クラウドコンピューティング」とは

最近では、新聞などマスメディアにおける情報通信技術（ICT）関連記事などで、「クラウド」、あるいは「クラウドコンピューティング」という用語が頻繁に登場し話題を集めており、「情報消費社会の未来」をテーマに開かれた「世界情報通信技術（ICT）サミット 2009」でも、クラウドコンピューティングが大きな話題として取りあげられている。

当初、この「クラウドコンピューティング（Cloud Computing）」という用語が一部のマスメディアにだけ登場し、クラウドコンピューティングを取り扱った内容の書籍も数冊にとどまっていたが、ここ数年の間で、国際規模のカンファレンスで取りあげられたり、大手新聞や雑誌にも、「クラウド」という言葉が頻繁に登場するまでになっている。

とりわけ、今日では、「クラウドコンピューティング」という用語を最初に提唱したのが米国の大手企業の CEO（最高経営責任者）だけに、企業経営において必要不可欠な経営戦略ツールとして急速に認識され始め、現段階では、企業に大きな変革をもたらす「新情報革命」という認識で議論されることが多いのである。

現在のところ、クラウドコンピューティングの定義は明確ではないが、どのような定義づけにせよ、従来のように自前のコンピュータ、記憶装置およびソフトウェアなどを保有することなく、クラウドの技術（外部の超高性能コンピュータをネット経由で利活用）を用いてあらゆる業務をおこない、機動性の向上や運用コストの大幅な低減などを実現しようとする方法を指していることは共通の認識となっている。

117

図表6-7　クラウドコンピューティング

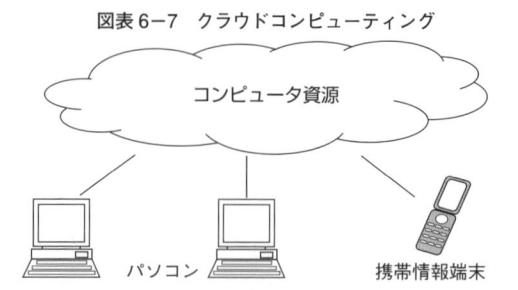

出所：武藤明則［2010］『経営情報システム教科書』同文舘出版、125頁。

　すなわち、クラウドコンピューティングでは、社会や企業に必要な情報資源はすべてネットワーク上の巨大な「雲（クラウド）」のなかにあり、端末としてのパソコンをこの「雲」に接続するだけで、コンピュータ機能を必要なときに必要なだけ利活用できるのである。
　したがって、従来のように、高性能コンピュータや大容量の記憶装置を自前で所有する必要もなく、コンピュータ端末自体が情報処理をおこなうこともなければデータの蓄積もしないのである。情報処理もデータの蓄積も、すべて「雲」がおこなうことになる。システム開発に膨大な費用を投入する必要もなくなり、システム開発期間を短縮し開発要員も大幅に削減できる革新的な情報サービスこそが、クラウドコンピューティングなのである。

(3) 企業経営におけるクラウドコンピューティングのメリット

　従来、コンピュータ、記憶装置およびソフトウェアなどを自前で所有する形での企業の利活用が通常であったことから考えれば、クラウドコンピューティングとは、まさしく、コンピュータの「所有」から「利活用」への革新的な転換と考えることができる。
　現在、一般的に考えられているクラウドコンピューティングがもたらす企業側へのメリットは以下のとおりである。

　(1) 従来、高額だったシステムの導入費用や運用費用をかなり削減することができる。

（2）クラウドを利活用する企業は、必要なときに必要な分だけ、最新の高機能なサービスを利用することができる。
（3）大企業であれ、中小企業であれ、企業規模にかかわらず、クラウド基盤を利活用したさまざまなサービスを提供することが可能となる。
（4）クラウドを柔軟に利活用することで、企業の固定費の削減や生産性の向上につなげることができる。
（5）これまでのようなシステムの開発要員やシステムの運用保守などのシステム保守要員の必要性がなくなり、その分の経費を削減して、より重要な戦略展開に必要な部分へ資金を集約できる。

以上の事柄が、メリットして考えられているいくつかの項目の一部である。
　むろん、企業の外部に「雲」のごとく浮かぶ巨大なコンピュータ群を必要に応じて利活用するクラウドコンピューティングは、企業側からみた場合、いくつかの不安材料もあげられている。たとえば、システム防御（情報セキュリティ）問題や信頼性の確保の問題などがその一例である。
　「クラウドコンピューティング」は、その用語が登場してまたたく間に、社会システムや企業経営のあり方を大きく変える主役としてクローズアップされ、今日では企業のみならず、政府や地方自治体などの関心も集めるまでになっている。
　コンピュータの利活用の方法において、これまでと同じ利活用を実現し、さらにそれ以上のコスト削減、利用サービスの向上ないし機動性の向上というメリットが得られるとすれば、現状のコンピューティングにとどまることなく、新たな転換を図るのはむしろ当然のことといえるだろう。

第7章 財務分析概論

1. イントロ——財務分析とは？

(1) 財務分析とはなにか？

　企業（会社）の活動（経営）は財務資料に集約される。したがって、財務資料を分析すること（財務分析）は企業（会社）の活動（経営）を分析することになる。財務分析はステークホルダーによっておこなわれることが多い。ステークホルダー（Stakeholder：会社の利害関係者）とは、会社の外部関係者である投資家（株主など）・債権者（銀行など）・取引先（仕入先・得意先など）・消費者および会社の内部関係者である社長・重役（あわせて取締役会のメンバー）・工場長・支店長・部長・課長・課員などをいう。たとえば、投資家は、会社の将来性を含めて企業（経営）活動を分析してから株式投資する。会社の管理者たちは、製造や経営の問題点を発見し、解決策を講じる。そのためには、財務分析は必要不可欠な作業となる。

　本章では、まず財務分析の代表的な資料である財務諸表（損益計算書（P/L）・貸借対照表（B/S）など）の基礎知識を学ぶ。次に、分析指標と指標相互関係・分析手順を学ぶ。

財務分析とはなにか？

　企業が作成した財務データに基づいて、その企業の収益性や（財務）安全性などと分析し、企業の経営活動（良し悪し）を評価したり、その問題点（悪い評価の原因）を発見して改善策を練るために、必要な財務（金額）情報を提供するための技術（方策・テクニック・ツール）のことである。

企業活動と財務情報との関係は？

　企業の活動は、金額に換算して記録され、それらの記録を一定の区分で集計したものが財務情報である。財務情報を分析するとは、企業活動を分析することである。金額に換算できない企業の活動（社長の個性や会社の性格＝社風、設計部門や工場部門の技術力、ブランド価値など）は、財務情報にはならない（財務分析の限界）。

(2) 財務情報の種類は？

財務情報の種類は？

　企業が作成した財務情報のうち、外部の人間が入手できるものは、公開された財務情報に限定される。証券取引所の要請による「決算短信*」、会社法（旧商法）に規定された「計算書類等」、金融商品取引法（旧証券取引法）に規定された「有価証券報告書」などである。
＊「決算短信」は「短観」（日本銀行が公表する企業短期経済観測調査）とは違う。

　①**決算短信**　普通の会社は、決算日から2ヶ月（遅れる理由を申請すれば3ヶ月）以内に、法人税の申告書（別表とよぶ）を税務署に提出する際に、決算書類（貸借対照表・損益計算書・勘定科目内訳書など）を添付する。とくに大企業などは、あわせて上記の財務情報を作成し公開するが、投資家（その企業の株式を売買する個人や法人）の要望に沿うように決算書の概要を、それ以前に作成し、証券取引所や新聞・HPに公表する財務情報のことである（公表は決算日から1.5ヶ月くらいだが、最近は1ヶ月以内）。「決算短信」には、次期の業績予想値が記載される。一般に株価は、その企業の将来の収益力に影響を強く受ける（会社は、決算して儲かれば、会社へ出資した株主に対して配当金を支払うこ

とになるので、投資家は、その会社の株式を買う行動を起こし、その結果、証券取引所でその会社の株価表示が上がることになる）。とくに、期中（決算日を待たず）に会社が、この予想値を修正すると、株価が大きく変動する。また、ユニクロなど、経営者が代わったら業績が悪化し、前の経営者が復帰した例がある。

　②**会社法（旧商法）計算書類**　　経営者が、株主に対する受託責任を明らかにするために作成するもので、株主総会で承認を得る必要がある（具体的には、「貸借対照表」「損益計算書」「株主資本等変動計算書」「個別注記表」の4種類の財務情報。2006年5月期以降）。株主総会では、総会屋といわれる人たちが暗躍することがある。

　この書類は、株主だけでなく会社債権者も閲覧できる。会社法（旧商法）は債権者保護のための法律である。

　③**金融商品取引法（旧証券取引法）の有価証券報告書など**　　金融商品取引法（旧証券取引法：一般に金商法とよぶ）は、投資家保護のための法律である。株式＝有価証券の発行（増資）市場や流通（売買）市場で、財務情報を公開するものである。

　発行市場での情報公開とは、総額5億円以上の株式や社債などを不特定多数の人びとに販売して資金調達しようとする企業に財務情報の公開を要求するものである。「有価証券届出書」と「目論見書」の2種類の財務情報をいう。

　また、流通市場での情報公開とは、証券取引所に上場されている企業や、株式が証券会社の店頭銘柄となっている企業に定期的・臨時的に財務情報の公開を要求するものである。「有価証券報告書＝財務諸表」「半期報告書＝中間財務諸表」「四半期報告書（上場会社）」「臨時報告書」の4種類の財務情報をいう。はじめの3種類は決算日から3ヶ月以内に作成し、上級官庁である金融庁長官と証券取引所に提出する。以前は政府刊行物サービス・センターや官報販売所で購入できたが、現在はインターネットでもみることができる。

2. 財務諸表とは？

(1) 財務諸表の種類は？

財務諸表の種類は？

　個別企業単独のもの（個別財務諸表）と、企業集団（グループ企業）のもの（連結財務諸表）とがある。それぞれ「損益計算書」「貸借対照表」「株主資本等変動計算書」「キャッシュ・フロー計算書」の4種類の財務情報がある。

(2) 財務諸表の中身とは？

財務諸表には、なにが書いてあるのか？

1. 損益計算書（P/L：Profit & Loss Statement、国際的には I/S：Income Statement という）には、なにが書いてあるか？

　損益計算書は、一定期間（会計期間＝1年間）の会社の経営成績（いくら儲かったか？いくら損したか？）を示したものである。

損益計算書から、なにがわかるか？
●取引規模や利益獲得の過程がわかる。
　損益計算書は、収益（入金・受取）と費用（支払・支出）の金額（取引規模）を対応（利益を獲得した過程）表示する。差額がプラスであれば利益（またはマイナスであれば損失）となる。
　・収益は儲けの要因となるもの（売上高・受取利息・受取配当金・受取家賃など）。
　・費用は収益を獲得するために犠牲となったもの（売上原価・給料・広告宣伝費など）。
　・利益・儲けは、収益から費用を差し引いて求める（計算＝算出する）。
　・収益のほうが費用より大きい場合が、利益発生。
　・費用のほうが収益より大きい場合が、損失発生。
●企業活動ごとの収益性がわかる。

損益計算書は、本業活動・本業以外の経常的活動・臨時的活動の3つの会社の経営活動に区分して、収益および費用を対応表示する。会社の経営活動ごとの収益性がわかる。

　第1段階は本業活動での収益（販売）と費用（仕入・製造・諸経費）を対応表示して「営業利益」を表示する。

　なおくわしくは、売上高と売上原価の差額は「売上総利益＝あら（粗）利」と表示し、それから販売費（営業部門の販売活動費）および一般管理費（本社部門の人件費など）を差し引いて「営業利益」と表示する。

　第2段階は「営業利益」に、本業以外の経常的（日常的・財務的）活動の営業外収益（余剰資金の運用）と営業外費用（不足資金の調達）を対応表示して「経常利益」を表示する。

　第3段階は「経常利益」に、臨時的活動の特別利益（固定資産の売却益など）と特別損失（固定資産の売却損など）を対応表示して「税引前当期純利益」（今期の会社の経営活動結果）を出し、そこから法人税などの税金等を差し引いた残りが「当期純利益」（本来は株主に帰属する部分＝支払株主配当金を『株主資本等変動計算書』へ表示）を表示する。

損益計算書は、どのような様式（形式）なのか？

　標準的（新聞発表など）な様式は、「報告式」（上から下へ）である。
　実務的（税務申告など）な様式は、「勘定式」（左と右へ）である。

当期の収益と費用は、どうやって決めるのか？

　会社経営の活動結果である収益と費用は、いつの期間に発生したのか（期間帰属）、とそれらの金額はどのようにして決めるのか（価値評価）で決定される。

収益と費用の発生は、どのように決めるのか？

　①**発生主義**　会社の経営活動に伴って発生した事実の時期によって期間帰属を決めるもの。一般的には「費用」に適用される。ただし、その費用に見合う収益の期間帰属に対応させなければならない（法人税の課税所得を計算するた

めなど)。つまり、今期の収益を獲得するために今期犠牲になった費用は、そのまま今期の費用で処理してよいが、来期以降の収益となるために今期犠牲になった費用は、来期以降の収益が実現した時期に対応させて処理するために、今期はとりあえず「資産」と処理して来期へ繰り越すことになる。これを「費用収益対応の原則」という。

②**実現主義**　法人税は課税所得(収益-費用±その他)にかかるので、元となる収益が確実のものでないと税金を払い過ぎたりする。したがって、客観的に事実が確定(商品・製品を引き渡したとき・代金・手形を受け取ったとき・掛売りで請求書を出したとき、など)した時期によって期間帰属を決めるものである。一般的には「収益」に適用される。

収益と費用の金額は、どのように決めるのか?
　収益や費用の金額は、過去・現在・将来の受取額や支払額で決まる。
・収益は過去に受け取ったもの=前受金(事実発生ずみ)
・将来に受け取れるもの=未収金(予定)
・費用は過去に支払ったもの=前払金(事実発生ずみ)
・将来に支払うべきもの=未払金(予定)
・ただし、退職金の支払等、将来支払うまでに長期間残っているものは、市中金利などで積立金を銀行で運用したと仮定して、将来の支払金額を現在価値に直して(割り引いて)、未払い金額を計算で少なめにする。

2. 貸借対照表(B／S：Balance Sheet)には、なにが書いてあるのか?
　一定時点(会計期末=1年後)の会社の財政状態を示したもの(いくら財産があるか、いくら借金があるかなど)を貸借対照表という。

貸借対照表から、なにがわかるか?
●一定時点の会社の財政状態がわかる。
・財政状態とは、資産・負債・資本(純資産)の残高のことである。
・資産は将来にわたって収益の獲得に役立つもの(現金預金・商品製品・売掛金・受取手形・有価証券・未収金・貸付金・土地・建物・備品・機械設

備など)。
- 負債は返済の義務があるもの、提供の義務があるもの(買掛金・支払手形・未払金・借入金・社債など)。
- 資本(純資産)は株主持分の部分(資本金・資本剰余金・利益剰余金など)。

●不足資金の調達源泉と調達資金の運用形態がわかる。
- 負債(返済義務のある他人資本:社外借入金)と資本(返済義務のない自己資本:資本家の出資金=株主拠出金)は、不足資金をどこから借りたか(調達源泉)を示すものである。
- 資産は、調達した資金をどう使ったか(運用形態)を示すものである。

貸借対照表は、どのような様式(形式)なのか?

標準的にも実務的にも、「勘定式」が一般的(左と右へ)である。
ただし、配列基準は、業種や会社によって異なる。

資産と負債は、どのように並べるか?

●流動性配列法→決済期間の短い(流動性が高い)ものから並べる方法。
- 流動性の高いものは、流動資産や流動負債。

●固定性配列法→決済期間の長い(固定性が高い)ものから並べる方法。
- 固定性の高いものは、固定資産や固定負債。

資本(純資産)は、どのように並べるか?

資本の維持拘束性(資本を取り崩しがたい程度)の強いものから並べる。
会社法(旧商法)(債権者保護目的)や金融商品取引法(旧証券取引法)(投資家=株主保護目的)は、貸借対照表の「純資産の部」(旧「資本の部」)を、資本金・資本剰余金・利益剰余金・自己株式の4つに区分した。そして、おのおのに組み入れる金額の最低限を法律で定め、さらにそれらを減らす(取り崩す)場合の条件(資本の維持拘束性)を、その順序で、強いものから弱いものへ、区別して設定した。

貸借対照表の注目点は、どこ（勘定科目）か？

●受取手形と貸倒引当金。

　受取手形とは、売上代金の対価として取引先から受け取った手形で、後日（普通は3ヶ月後）に預金から支払うことを約束した書面なので、その期日には取引先の預金残が少なくなっていて、回収不能になる可能性も含んでいる。そこで会社は、取引先によっては、受取手形の回収不能可能性を貸倒実績率などであらかじめ見積もって貸方「マイナス資産（貸倒引当金勘定）」と、借方「費用（貸倒引当金繰入額勘定）」として計上（仕訳）することがある。この処理は、回収不能となる可能性がある売掛金や貸付金にも当てはまることなので、同様の会計処理（引当金の計上）をすることがある。この引当金の金額が多いと、その会社は危ない取引先が多いことをあらわしている。

●有形固定資産と減価償却費。

　有形固定資産とは工場の建物や機械などのことで、長期間利用して、製品をつくり出して、会社に利益をもたらすものである。したがって、建物や機械を買ったときに全額を費用処理すると、株主にとっては、収益と対応しないため、利益が出ないので配当金が受け取れない。また、税務署にとっては、費用の前倒しは何年間か課税所得がなくなるため、法人税を徴収できない。そこで、高額の有形固定資産は、購入時にいったん「資産」として計上し、耐用年数（平均的使用予定期間）に応じて毎期少しずつ（価値減少分）減価償却費として「資産」から「費用」へ振り替えて、固定資産を生み出した収益に対応させて会計処理することになっている。その会計処理に仕方には2つあって、いきなり今期の減価償却分を固定資産から直接差し引く形で表示する方法と、固定資産金額は購入金額をそのまま残しておいて、減価償却費の累計額を固定資産から間接的にマイナス表示する方法がある。前者の方法は、過去の設備投資額が表示されないので、投資の実績や効果（対売上金額）がわかりにくい。後者の方法は、過去の固定資産購入額（設備投資額）と減価償却費累計額が対照されるので、その割合（差）が大きい場合は、近年に設備投資がなされたこと（最新式の機械を使用している）を示し、その割合（差）が小さい場合は、近年に設備投資がなされてないこと（旧式の機械を使用している）を示している。

3. 資産・負債・純資産の金額は、どのようにして決める（評価する）のか？

●**資産**　　いろいろな観点から資産の価値を評価する。

●**負債**　　将来の返済額や支払額で評価する（超長期負債は現在価値へ再評価＝割引する）。

●**純資産（旧資本）**　　資産から負債を差し引いて評価する。

●資産の評価には、以下の考え方がある。

　①原価基準は過去の実際に買った金額とする。

　　・長所は金額の裏づけが領収書等で証明できるので、客観性がある。

　　・短所は市場価格が変動していても、売却しないかぎり、現在価値が判明しない。

　②時価基準は現在、仮に売ったり、買ったりした場合の市場金額とする。

　　・長所は会社財産の現在価値を評価するので、経済的実態をあらわせる。

　　・短所は仮定を前提に評価するので、未実現損益を計上してしまう。

　③低価基準は原価と時価の低い方の金額とする。

　　・長所は時価がいちじるしく下がったとき（バブル崩壊）には、経済的実態をあらわせる。

　　・短所は時価が下落したときの未実現の損失のみが計上され、時価が上昇したときの未実現の利益は計上されない。

　＊現在の制度会計（会社法・金融商品取引法や企業会計原則など）は、財産価値の評価は、客観性を重視し、財産に含まれる未実現利益の計上はできるだけ避けるという考え方である。したがって、資産は原則的に原価基準で評価する。ただし、上場株式のうち、売買目的の有価証券等については、株式の市場価格（株価）が存在するので、時価評価に客観性があるため、時価基準で処理される。また、商品や製品のような棚卸資産は、会社の本業で売れ残ったものなので定価では売れないため、低価基準での処理も認められる。なお、仮に棚卸資産を原価基準で処理していても、時価がいちじるしく下落してかつ回復の見込みがないか不明の場合は、時価で評価しなければならない。

(3) キャッシュ・フロー計算書とは？（Cash Flow 現金の流れ）

　キャッシュ・フロー計算書とは一定期間（1ヶ月など）のキャッシュ（現金など）の増減（動き）を明らかにしたものである。企業は、本業でのキャッシュ・フローが黒字でないと存続できない（財務諸表＝貸借対照表や損益計算書ではわからない）。

キャッシュ・フロー計算書の作成
　キャッシュ・フロー計算書の作成義務対象会社は、証券取引法適用会社である。すなわち、①発行価額1億円以上の有価証券の募集・売出会社、②証券取引所に株式を上場している会社、③店頭登録銘柄株式を発行している会社、④株主数が50人以上の会社である。
●本業でのキャッシュ・フローが黒字でなければ、企業は存続できないため。
　損益計算書では利益（勘定）が出ているが、支払資金（銭）が不足すると突然に倒産してしまう。これは"勘定合って、銭足らず"や"自転車操業（＝自転車が倒れないようにこぎ続ける状態の比喩を用いて形容すること）"とよばれる状況に陥った会社が該当する。
●投資家に必要な情報を提供するため。
　株主などの投資家は、株の上下動で稼ぐので、株の上下動の原因をいち早く知る必要がある。すなわち、「勘定合って銭足らず」が他人より早くわかれば、手持ちの株を売ることで、株の下落による被害を免れることができる。
●公表される損益計算書や貸借対照表の信頼性に問題があるため。
　たとえば、損益計算書の数値は、発生主義をベースに計算されているので、利益と現金の入金（キャッシュ・フロー）には時間的ずれが生じる。不渡手形2回発行で銀行取引の停止＝倒産にいたる。
　さらに制度会計（会社法・金融商品取引法・企業会計原則など）そのものが1つの経済取引に発生主義で2つ以上の会計処理を認めているので、恣意的な利益操作も可能である。したがって信頼性が低い。
　またキャッシュ・フローは、現金の流れをあらわしている（現金主義）ので、恣意的な会計処理（利益操作）が不可能である。したがって信頼性が高い。

第 7 章　財務分析概論

キャッシュ・フローのキャッシュとは？
●キャッシュ＝現金＋現金同等物
　現金とは手許現金（外貨を含む）・要求払い（預金者から銀行へ）（普通・通知・当座）預金などをいう。
　現金同等物とは、①簡単に現金化でき、②あまり価値の変動がない、③短期間の投資にあたるものをいう。
＊例：3ヶ月以内の定期預金・譲渡性預金・コマーシャルペーパー公社債投資信託など。ただし、株式は含めない。

キャッシュ・フロー計算書の様式とは？
①営業活動によるキャッシュ・フロー（売上収入・仕入支出など）
　主たる営業活動（本業）で、どれだけ資金を獲得したか（直接法か間接法）をあらわす。
②投資活動によるキャッシュ・フロー（設備投資・貸付金など）
　将来の利益や資金の獲得を目的に、投資活動（副業）をどれだけおこなったかをあらわす。
③財務活動によるキャッシュ・フロー（借入金・増資・社債など）
　資金が、どのように調達され返済されたかをあらわす。

3.　財務分析とは？

(1) 財務分析の全体像とは？

　財務分析の全体像は、以下の図表 7－1 のようにあらわすことができる。

(2) 財務分析の方法とは？――どのような観点から、どのような仕方で、
　　　　　　　　　　　　　おこなうのか？

財務分析は、いわば、その会社の健康診断（人間ドック Dock）と同じである。
　財務分析とは、会社の作成した財務諸表情報（損益計算書・貸借対照表など）に基づいて、その会社の収益性・安全性・成長性などを分析して、その会

図表7−1　財務分析の全体像

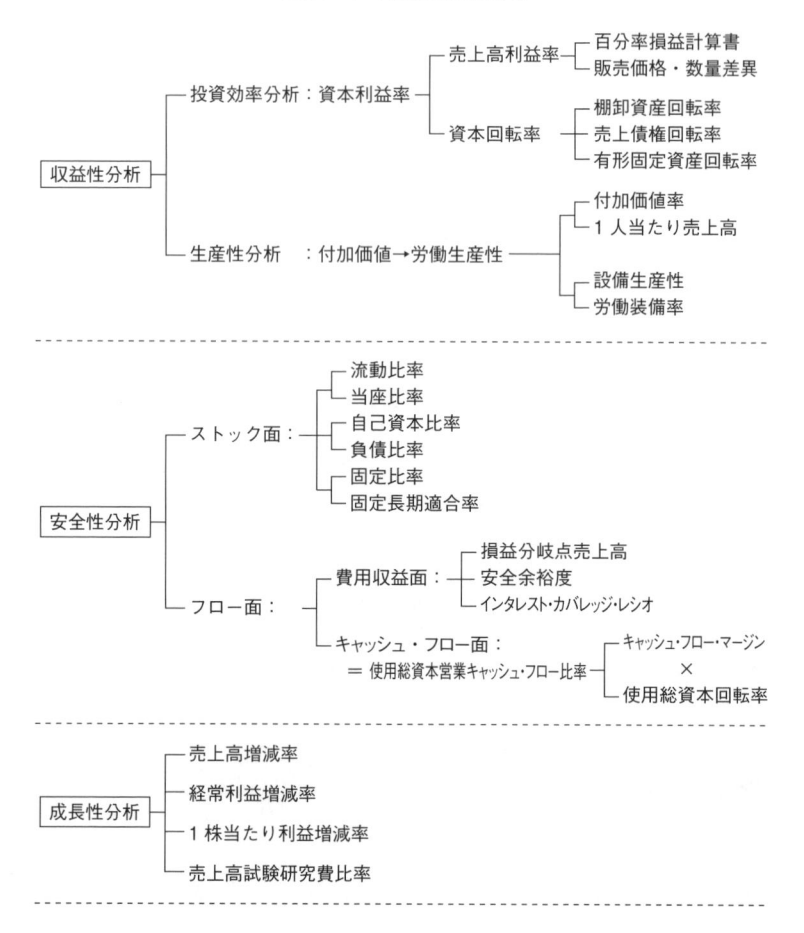

```
              ┌ 投資効率分析：資本利益率 ┬ 売上高利益率 ┬ 百分率損益計算書
              │                          │              └ 販売価格・数量差異
              │                          │
              │                          └ 資本回転率 ┬ 棚卸資産回転率
収益性分析 ┤                                          ├ 売上債権回転率
              │                                          └ 有形固定資産回転率
              │
              └ 生産性分析 ：付加価値→労働生産性 ┬ 付加価値率
                                                   ├ 1人当たり売上高
                                                   │
                                                   ├ 設備生産性
                                                   └ 労働装備率
```

- -

```
              ┌ ストック面 ┬ 流動比率
              │            ├ 当座比率
              │            ├ 自己資本比率
              │            ├ 負債比率
              │            ├ 固定比率
              │            └ 固定長期適合率
安全性分析 ┤
              │            ┌ 費用収益面 ┬ 損益分岐点売上高
              └ フロー面： │            ├ 安全余裕度
                           │            └ インタレスト・カバレッジ・レシオ
                           │
                           └ キャッシュ・フロー面： ┬ キャッシュ・フロー・マージン
                              ＝ 使用総資本営業キャッシュ・フロー比率 ×
                                                    └ 使用総資本回転率
```

- -

```
              ┌ 売上高増減率
              ├ 経常利益増減率
成長性分析 ┤
              ├ 1株当たり利益増減率
              └ 売上高試験研究費比率
```

- -

社の経営状態を評価したり、経営上の問題点や課題を発見して、改善策に必要な財務分析情報を提供する技術のことである。
●収益性とは儲けられる能力のこと。
●安全性とは支払える能力のこと。
●成長性とは拡大できる能力のこと。
　財務分析は、財務情報を上の3つの観点から分析して、総合的に経営状況を

評価することである。ただし、上の３つの観点のうち、収益性こそが利益集団としての企業本来の目的である（収益性が高ければ、経営者が一発屋でなく普通ならば、安全性も成長性も高くなるはず）。

なお、財務分析の順序は、収益性→安全性→成長性が標準パターンである。

このような財務分析は、投資家や経営者にとって、必要不可欠な分析技術である。ちょうど、地図の読み方や磁石（コンパス）の使い方を知らずに、あるいは持たずに人里離れた山を登るようなもので、知らないと危険に陥ることになる。

財務分析は、どのような数値を使い、どのように比較するのか？

どのような数値を使うのかは、比率分析と実数（＝金額）分析の２種類である。

どのように比較するのかは、理論値目標値比較と期間比較と企業間（＝同業他社）比較の３種類である。

したがって、財務分析とは、これら５種類の方法を組み合わせて分析することである。

●比率分析とは、割合（％）などを使って分析すること。

相互に関係のある財務項目から比率（％・倍）を計算して分析する方法である。この分析の長所は、企業規模や業種の違いに関係なく、他の会社と比較できることである。他方、短所は企業規模の違いがわからないことである。

●実数分析とは、金額などを使って分析すること。

財務項目の実数＝金額を使って分析する方法である。この分析の長所は、企業規模の違いがわかることである。他方、短所は企業規模や業種が違う場合は、比較する意味がないことである。

●理論値・目標値比較分析とは、業界の平均値などと比較して分析すること。

理論値は偶然を排除した科学的な数値であるが、業界平均値は客観的な数値である。したがって、これらの数値を比較して分析した結果は、説得力がある。

●期間（時系列）比較分析とは、過去の数値と比較して分析すること。

この分析の長所は、過去３～５年間ぐらいを比較するとその会社の傾向がわかることである。他方、短所は偶然的・突発的な要素が混入するので、説得力

に欠けることである。

●企業間（クロス・セクション）比較分析とは、ライバル企業と比較して分析すること。

この分析の長所は、同時期の外部環境要因が同じ場合に分析効果が出ることである。他方、短所は同業他社やライバル企業以外の企業と比較しても意味がないことである。

実際に分析するときは、分析方法の特徴を知って、それぞれの分析方法を複数で組み合わせて分析をおこなうことになる。

(3) 収益性分析の仕方とは？

収益性は、投資効率分析と生産性分析の2つの観点から分析する。

1. 投資効率分析とは、投下資本（設備投資）に対して、どれだけの利益を獲得したかの観点から分析すること。

2. 生産性分析とは、会社がどれだけ新しい価値（付加価値）を生み出したかの観点から分析すること。

投資効率分析の仕方
①まず、資本利益率を計算する。

すなわち、使用した資本と、それによって生じた利益の関係を明らかにするものである。

$$資本利益率 = \frac{利益}{資本}$$

資本利益率は、大きいほどよい（同じ資本ならば利益が大きいほどよい／利益が同じならば資本が小さいほどよい）。資本利益率を、目標値・前年度・同業他社と比較する。

②次に、資本利益率を、売上高利益率と資本回転率に分解する。

資本利益率の結果、そうなった原因を探るためである。

$$資本利益率 = 売上高利益率 \times 資本回転率$$

$$資本利益率 = \frac{利益}{資本} = \underbrace{\frac{利益}{(売上高)}}_{売上高利益率} \times \underbrace{\frac{(売上高)}{資本}}_{資本回転率}$$

　売上高利益率は、売上高1円に対して利益はいくらか（販売で、資本の回収）を示す。

　資本回転率は、資本1円に対して、売上高はいくらか（仕入で、資本の投下）という資本有効性を示す。

＊資本の投下→資本の回収→資本の投下→資本の回収（資本の回転＝循環）。

＊売上高利益率も資本回転率も、大きいほど資本利益率も大きくなり、よい。

③さらに、**売上高利益率を、百分率損益計算書と販売価格・数量差異に分解する**。

　百分率損益計算書は、「利益＝収益－費用」なので、売上高に対して、費用などの各項目が、どの程度かを調べれば、（売上高）利益率の増減原因がわかるためである。

　販売価格・数量差異は、売上高＝販売価格（単価）×販売数量なので、価格面と数量面に分解すれば、売上高の増減原因がどちらであるかがわかるためである。

④**最後に、資本回転率を分解する**。

　重要な資産（棚卸資産・売上債権・有形固定資産など）を分母として、売上高を分子として、資産の回転率を調べて、その原因となった資産がどれかを知る。なぜなら、資本は、いくつかの資産という形に分かれて、運用されているからである。

$$資本回転率 = \frac{売上高}{資本} = \underbrace{\frac{売上高}{棚卸資産}}_{棚卸資産回転率} + \underbrace{\frac{売上高}{売上債権}}_{売上債権回転率} + \underbrace{\frac{売上高}{有形固定資産}}_{有形固定資産回転率}$$

＊資本は、期首と期末の平均を採る。

生産性分析の仕方
①まず、付加価値を計算する（加算法・控除法）。

付加価値とは、その会社が、新たに生み出した価値のこと。

（加算法）付加価値＝経常利益＋人件費＋賃借料＋他人資本利子＋租税公課
　　　　　　　　　＋減価償却費

＊付加価値は、大きいほどよい。

②次に、**労働生産性**を計算する。

労働生産性とは、従業員1人当たりの付加価値のこと。

＊付加価値は、総額では規模の大きい企業のほうが大きいので、従業員1人当たりに換算して生産性を比較する。大きいほどよい。

③さらに、労働生産性を、**売上高付加価値率**と**従業員1人当たり売上高**に分解する。

売上高付加価値率とは、売上高1円に対して、付加価値はどれだけあるか、のこと。1人当たり売上高とは、従業員1人当たり、どれだけの売上高があるか、のこと。

$$労働生産性 = \frac{付加価値}{従業員数} = \underbrace{\frac{付加価値}{(売上高)}}_{売上高付加価値率} \times \underbrace{\frac{(売上高)}{従業員数}}_{1人当たり売上高}$$

＊どちらも、数値が大きいほどよい。

④続けて、労働生産性を、**設備生産性**と**労働装備率**に分解する。

設備生産性とは、生産設備1円当たり、どれだけの付加価値を生み出しているか、のこと。労働装備率とは、従業員1人当たり、どれだけの設備があるか、のこと。

$$労働生産性 = \frac{付加価値}{従業員数} = \underbrace{\frac{付加価値}{(有形固定資産)}}_{設備生産性} \times \underbrace{\frac{(有形固定資産)}{従業員数}}_{労働装備率}$$

＊どちらも、数値が大きいほどよい。
　どんな観点から、どんな手順でおこなうのか、を知ることが大切である。

(4) 安全性分析の仕方とは？（会社のキャッシュ支払い能力）

〇安全性分析
●ストック（残高）面からの分析は、貸借対照表の数値を使うもの。
●フロー（増減）面からの分析は、損益計算書やキャッシュ・フロー計算書の数値を使うもの。

ストック面の安全性分析（支払資金等）の仕方は？
　短期的支払能力・資本構成・固定資産と資金調達源泉との関係の３つの観点から分析する。
①短期的な支払い能力をみる。
　流動比率と当座比率、の２つの指標とは？
　流動比率とは、流動負債に対して、流動資産がどれだけあるか、のこと。

$$流動比率 = \frac{流動資産}{流動負債}$$

　流動負債は、正常営業循環内か、１年以内に支払わなければならない負債をいう。流動資産は、正常営業循環内か、１年以内に現金に変わる資産をいう。
　当座比率とは、流動負債に対して、当座資産がどれだけあるか、のこと。

$$当座比率 = \frac{当座資産}{流動負債}$$

　当座資産とは、流動資産のうち、現金預金・売上債権（売掛金・受取手形）・有価証券の３つで、流動資産のなかでも確実に支払い用の資金となるもの（流動資産よりも安全性が高いもの）をいう。当座比率は、大きいほど安全である。
②資本構成をみる。
〇自己資本比率と負債比率、の２つの指標とは？
●自己資本比率とは、使用総資本のうち、自己資本がどれだけあるか、のこと。

$$自己資本比率 = \frac{自己資本}{使用総資本}$$

・使用総資本とは、負債（他人資本）と資本（自己資本）、の合計をいう。
・負債は返済の義務があるが、資本は返済の義務がないので、自己資本比率は、大きいほど安全である。
・負債比率とは、資本（自己資本）に対して、負債（他人資本）がどれだけか、のこと。

$$負債比率 = \frac{負債 \cdots\cdots 他人資本}{資本 \cdots\cdots 自己資本 \leftarrow「純資産」}$$

　自己資本が大きいと安全なので、負債比率は、小さいほど安全である。
③固定資産と資金調達源泉との関係をみる。
○固定比率と固定長期適合率、の２つの指標とは？
●固定比率とは、自己資本に対して、固定資産がどれだけあるか、のこと。
　すなわち、工場や機械（固定資産）への投資額は、その工場や機械で生産した製品を販売することで設備資金を回収するので、長期間の効果で実現するものである。したがって、設備資金を回収できないこともありうる。このような固定資産（生産設備）への投資は、投資資金の回収に時間がかかり、回収できないリスクも大きい。それゆえ、設備投資資金は、返済の義務がない自己資本（資本）の範囲内でまかなえば、会社の経営は安全である。

$$固定比率 = \frac{固定資産（生産設備）}{自己資本（資本）}$$

　固定比率は、小さいほど安全である。しかし、自己資本内で生産設備を整えていては（保守的経営）、販売競争に勝てない。そこで、他人資本を導入して生産設備を整えなければならない（積極的経営）。設備投入資金の回収が長期間かかるのであれば、借入金＝負債（他人資本）の返済も長期間にすれば（長期借入金）よいことになる。
　固定長期適合率とは、分母を固定負債（「長期借入金」＝長期負債＝他人資

本）と自己資本、分子を固定資産で、その比率をみるもの。すなわち、返済期間が長期（固定）の負債と自己資本の範囲内で固定資産を取得しているか、をみることが大切である。

$$固定長期適合率 = \frac{固定資産}{固定負債* + 自己資本}$$

＊固定≒長期
＊長期借入金、社債など。
　固定長期適合率は、小さいほど安全である。

フロー面の安全性分析（支払資金等）の仕方は？
●会社は、経営（本業）活動によって借金の支払資金を獲得するのが本筋である。
　ストック面からの安全性分析は、自己資産（固定資産＝会社の財産）を処分して借金を支払うことを前提としているので、企業本来の順調な経営活動による安全性分析ではなく、経営活動の最悪状態を前提とした安全性分析である。流動資産などで借入金の返済能力を判断することは、会社の生産活動の本業で利益（資金）を稼がなくても、借入資金を返済できるか、をみるものである。
　フロー面からの安全性分析は、会社本来の事業活動による収益・費用や事業活動で発生するキャッシュ・フローで、借入資金を返済できるか、をみるもの。○収益・費用の観点からの分析とキャッシュ・フローの観点からの分析、の2つの指標がある。

収益・費用の観点からの分析
　損益分岐点売上高、安全余裕度、インタレスト・カバレッジ・レシオの、3つの指標がある。
①損益分岐点売上高を計算する。
　会社の経営目的は利益の獲得である。つまり、利益＝収益－費用、費用＝固定費＋変動費である。
　固定費とは、会社は、仕入・生産・販売のために、建物・機械などの生産設

備を整え、従業員を雇うが、これらの費用は売上（操業）がゼロでも発生するもの（限界利益）である。

変動費とは、仕入・生産（操業）・販売に応じて材料費や加工費などの費用が発生するものである。

もしも売上が小さいと大きな損失が発生し、売上が増加するにしたがって損失が小さくなり、さらに売上が増加すると、やがて損失がゼロとなる。さらに売上が増加すると今度は利益が発生するようになる。そこで、損益がゼロとなる売上高を、損益分岐点売上高（単に損益分岐点）という。

$$損益分岐点売上高：売上高 - （固定費 + 変動費） = ゼロ$$

この時点の固定費の割合を、限界利益率（固定費率）という。

$$限界利益率（\%） = \frac{固定費}{売上高} \times 100$$

$$限界利益率 \times （売上高） = \frac{固定費 \times （売上高）}{売上高}$$

$$固定費 = 限界利益率 \times 売上高$$

$$\frac{固定費}{（限界利益率）} = \frac{限界利益率 \times 売上高}{（限界利益率）}$$

$$売上高 = \frac{固定費}{限界利益率} \cdots\cdots 利益が発生しない売上高 = 損益分岐点売上高$$

会社は、株主への配当金支払資金（原資）などが必要なので、利益を発生させないと会社を存続できない。したがって、損益分岐点は以下の見方ができる。
・損益分岐点売上高が大きい（右方向へすすむほど）と、たくさん売らなければならない。
・損益分岐点売上高が小さい（左方向へすすむほど）と、少し売ればよい。
・損益分岐点売上高が小さい（左方向へすすむほど）ほど、会社は安全である。

②安全余裕度を計算する。

　安全余裕度とは、損益分岐点売上高より売上高が多い場合の売上高差額（余裕額）の売上高割合のことである。

$$安全余裕度 = \frac{売上高 - 損益分岐点売上高}{売上高}$$

　安全余裕度は、大きいほど安全である。

③インタレスト・カバレッジ・レシオ ICR（Interest Coverage Ratio 金利負担率≒利息支払能力利益率）を計算する。

　インタレスト・カバレッジ・レシオとは、事業活動（営業利益＊＋営業外収益＊）だけで、新たに借金をしなくても、すでに借金した分の支払利息を支払えるか、をみるものである。

＊営業利益＝売上高－売上原価－販売費および一般管理費
＊営業外収益＝受取利息＋受取配当金＋雑収入など（本業以外の金融収益などのこと）

$$インタレスト・カバレッジ・レシオ = \frac{事業利益^*}{支払利息等金融費用}$$

＊事業利益＝営業利益＋受取利息等金融収益

　これは、事業活動で獲得した利益総額のこと。

　インタレスト・カバレッジ・レシオは、大きいほど安全である（1以下の場合は危険）。

キャッシュ・フローからの分析

①使用総資本営業キャッシュ・フロー比率を計算する。

　使用総資本営業キャッシュ・フローとは、営業（本業）活動から生じるキャッシュ・フローの、使用総資本＊に対する割合のこと（投資効率のキャッシュ・フロー版）である。

＊使用総資本＝負債（他人資本）＋資本（自己資本）

$$使用総資本営業キャッシュ・フロー比率 = \frac{営業活動キャッシュ・フロー}{使用総資本}$$

使用総資本営業キャッシュ・フロー比率は、大きいほど安全である。
②使用総資本営業キャッシュ・フロー比率を分解する。

　もしも、前年度や同業他社と比較して差がある場合は、キャッシュ・フロー・マージンと使用総資本回転率に分解して、その原因を調べる。

$$使用総資本営業キャッシュ・フロー比率 = \underbrace{\frac{営業活動キャッシュ・フロー}{（売上高）}}_{キャッシュ・フロー・マージン} \times \underbrace{\frac{（売上高）}{使用総資本}}_{使用総資本回転率}$$

＊マージン：余裕（利幅）……売上と原価の差額
　どちらも数値が大きいほど、使用総資本営業キャッシュ・フロー比率が大きくなるので、安全である。

(5) 成長性分析の仕方とは？（会社が大きくなる力）

　成長性分析は、売上高増減率・経常利益増減率・1株当たり利益増減率・売上高試験研究費比率などを分析するものである。
①売上高増減率（名目成長率）を計算する。
　売上高だけで会社を評価すること（大会社賞賛）は問題がある（売上高に比べて利益が小さいとき）が、会社の成長性を評価するには、まず売上高増減率を知らなければならない。

$$売上高増減率 = \frac{当期売上高 - 前期売上高}{前期売上高}$$

　数値が大きいほど、会社の成長性があるはずである。
②経常利益増減率（実質成長率：伸び代）を計算する。
　会社は、利益の獲得を目的として活動する組織体である。とくに経常利益は日常的な経営活動の成果があらわされているものである。

$$経常利益増減率 = \frac{当期経常利益 - 前期経常利益}{前期経常利益}$$

数値が大きいほど、成長性がある。
③1株当たり利益の増減率を計算する。
　1株当たりの利益は、株式価値（株価）をあらわす重要な要素である。
　株主持分（Equity）（1株単位価値）の成長性を測る尺度として「1株当たり利益の増減率」がある。

$$1株当たりの利益 = \frac{税引き前当期純利益}{発行ずみ株式数}$$

数値が大きいほど、成長性がある（増資可能）。
④売上高試験研究費比率を計算する。
　技術系会社（= Maker メーカー）の成長発展のもととなる技術開発活動は、試験研究費に比例しているはずである。

$$売上高試験研究費比率 = \frac{試験研究費}{売上高}$$

数値が大きいほど、技術開発活動が盛んなので、その会社は成長性がある。たとえば製薬会社などの「ヒット商品」である。

4. 収益性指標とは？

(1) 収益性指標の意味とは？①

　会社は利益獲得の目的で日々経営活動をおこなっている。高収益性は、高安全性・高成長性につながるはずである。

投資効率分析の仕方1 ＝資本利益率……ROAとROE
　投資の効率をみる場合は、投下した「資本」と、そこから生まれた「利益」

の関係（資本利益率）を調べる必要がある。

　ただし、投下資本の調達コスト（資本コスト：支払利息など）と、資本利益率は別々に計算（資本利益率の計算には調達コストを含めない）して、両者を比較し、投資の効率を判断するべきである。

＊（例）銀行から利率年10％で100万円借りて、これを事業活動に投資した結果、15万円の利益（支払利息控除前）が生じたケース：投資効果は、（15万円÷100万円）×100＝15％（資本利益率）となる。

　100万円の調達コスト（銀行借入年利率10％）と比較すると、資本利益率15％が資本（調達）コスト10％を上回っているので、この投資は成功と評価できる。

$$\left.\begin{array}{l}\text{負債(他人資本)}\\+\\\text{資本(自己資本)}^*\end{array}\right\}\text{使用総資本}\left.\begin{array}{l}\text{経営資本(本業経営活動)}\\+\\\text{財務資本(副業運用活動)}\end{array}\right\}\left.\begin{array}{l}\rightarrow\text{営業利益}\\\text{事業活動}+\\\rightarrow\text{営業外収益}\\\quad\text{(金融収益)}\end{array}\right\}\text{事業利益}$$

＊自己資本は、株主の持分なので、この資本に関係する利益は、当期純利益となる。

	資本名	利益名	指標名
(1)	使用総資本	事業利益	使用総資本事業利益率
(2)	経営資本	営業利益	経営資本営業利益率
(3)	自己資本	当期純利益	自己資本当期純利益率

● ROA（使用総資本事業利益率）は、会社全体の通常（正常）の収益力をみるものである（ROA：Rate of Return on Asset）。

＊ Return：利益、Asset：資産⇔Capital：資本

　すなわち、会社の事業全体活動にどれだけの資本を投入し、その結果どれだけの利益が得られたか（債権者の観点）をみる。

$$\text{ROA（使用総資本事業利益率）(\%)} = \frac{\text{事業利益}}{\text{期首・期末の平均使用総資本}} \times 100$$

＊事業（≒経常）利益＝営業利益＋受取利息等金融収益（営業外収益）
＊使用総資本＝負債の部＋資本の部（「純資産の部」に名称変更）
＊期首・期末の平均使用総資本＝（期首使用総資本＋期末使用総資本）÷2

ROAは、大きいほどよい。

$$\text{ROA（総資産利益率）} = \frac{\text{経常利益}}{\text{総資産}} = \underbrace{\frac{\text{経常利益}}{\text{売上高}}}_{\text{売上高経常利益率}} \times \underbrace{\frac{\text{売上高}}{\text{総資産}}}_{\text{総資産回転率}}$$

● ROE（自己資本当期純利益率）は、株主の投資効率をみるものである（株主の観点から）（ROE：Rate of Return on Equity）。
＊Equity 株主持分権：株主が会社に対してもつ権利。

すなわち、自己（株主）資本をどれだけ投入して、その結果どれだけの株主帰属利益（配当金）が得られたか、をみる。

$$\text{ROE（自己資本当期純利益率）(\%)} = \frac{\text{当期純利益}}{\text{期首・期末の平均自己資本}} \times 100$$

＊自己資本＝資本の部（純資産の部）
＊ROEを重視した経営＝株主志向の経営……（例）村上ファンドなど。

しかし、ROEは、大きいほどよいであろうか？ じつは、財務レバレッジ効果で、収益力以上にROEを大きくすることができる。

レバレッジ（Leverage）とは借入金を「てこ」として利用して、資本増殖をもたらすことである。

$$\text{ROE（株主資本利益率）} = \frac{\text{税引後利益}}{\text{株主資本}} \times 100$$

●財務レバレッジ効果とは、借金が多いほど、よくみえてしまう現象をいう。

$$\text{ROE} = [\text{ROA} + \underbrace{\frac{(\text{負債})}{\text{自己資本}}}_{\text{負債比率}} \times (\text{ROA} - \underbrace{\frac{\text{支払利息等金融費用}}{(\text{負債})}}_{\text{負債利子率}})] \times \underbrace{(1 - \text{法人税率})}_{\substack{\text{税引き後当期純利益} \\ = \text{株主帰属利益}}}$$

＊ROA＝事業利益（営業利益＋金融収益）－金融費用＝税引き前当期純利益

この式でROEが、どのような要因で動くかがわかる。

①ROAが上がれば、ROEも上がる。

②法人税率が下がれば、ROEは上がる。

③ROAが負債利子率より大きいと、ROEは上がる。

④ROAが負債利子率より大きいと、負債比率が大きいほどROEは上がることが問題となる。

ROAが負債利子率より大きい場合は、負債比率がその差を増幅してROEを上げることになる。

＊財務レバレッジ効果（Leverage Effect：てこ効果）＝小さな作用で大きな効果を生むこと。

すなわち、ROAが負債利子率より大きい場合は、負債比率を上げれば（借金を増やせば）、ROEは上がることになる。つまり、借金を増やせば、財務の安全性が下がるのに、株主の観点からは（＝株主帰属利益）、会社はよくみえることになってしまうのである。

したがって、ROEで会社の財務評価をする場合は、その増減がROAの増減によるものか、あるいは財務レバレッジ効果によるものか、を見極めることが大切である。

(2) 収益性指標の意味とは？②

投資効率分析の仕方2＝資本利益率の分解（売上高利益率と資本回転率）

資本利益率（利益÷資本）で会社の収益性を評価し、他社と比較して差が出た場合に、差の原因を売上高利益率と資本回転率に分解して調べてみる。

●売上高利益率とは、売上の利益は確保されているか、をみるものである。

図表 7 − 2　資本利益率の分解

（縦軸）資本回転率	当期の資本利益率 ↓
当期に資本回転率が影響した部分	両者が混合している部分
前期の資本利益率	当期に売上高利益率が影響した部分

（横軸）売上高利益率

出所：執筆者作成。

$$売上高利益率(\%) = \frac{利益}{売上高} \times 100$$

　これは、売上高1円当たり、どれだけの利益を得ているか、を示すものである。しかし、資本利益率は、ROA か ROE で、分子の利益が異なる。
　・ROA：事業利益 ≒ 経常利益
　・ROE：当期純利益（税引き後）
　売上高利益率は、大きいほどよい。
●資本回転率とは、会社が無駄なカネを使ってないか（資本を有効に使っているか）をみるものである。

$$資本回転率(回) = \frac{売上高}{期首・期末の平均資本}$$

　これは、資本1円当たり、どれだけの売上高があるか（資本が何回転したか）を示すものである。
　資本回転率は、大きいほど（資本利益率も大きくなるので）よい。
　しかし、資本回転率は、ROA か ROE で、分母の資本が異なる。
　・ROA は使用総資本（自己資本＋他人資本＊）。
　・ROE は自己資本のみ。
＊他人資本とは負債のこと。

図表7-3　売上高の分解

```
販売価格 ↑                          当期の売上高
        ┌──────────────┬──────────────┐
        │ ①販売価格が要因の部分 │ ③両者が混合の部分  │
        │              ├──────────────┤
        │              │              │
        │   前期の売上高    │ ②販売数量が    │
        │              │   要因の部分   │
        │              │              │
        └──────────────┴──────────────┘ → 販売数量
出所：執筆者作成。
```

　資本利益率は、売上高利益率×資本回転率である。それぞれが資本利益率に与える影響を把握するには、図にして縦軸に資本回転率を、横軸に売上高利益率をとって、面積計算すると、それが資本利益率で表されるので、わかりやすい（資本利益率＝利益÷資本）。

　したがって、資本利益率の前期と当期の差を、売上高利益率が影響した部分と、資本回転率が影響した部分と、それらが混合して影響した部分とに分解できる。

　なお、分母の資本は、ROAは使用総資本、ROEは自己資本とする。

　資本回転率は、大きいほどよい。

(3) 収益性指標の意味とは？③

投資効率分析の仕方3＝売上高利益率の分解
　　　　　　　　　……百分率損益計算書と価格数量差異

● ROA（使用総資本事業利益率）の数値の差には、売上高利益率の差が影響する。なぜ、売上高利益率に差が出るのか、を調べる。

$$売上高利益率(ROA)＝\frac{利益(＝売上高－費用)\cdots 事業利益(営業利益＋金融収益)}{売上高(＝販売価格・単価×販売数量)\cdots 使用総資本}\;\downarrow(負債＋資本)$$

①比較法は百分率損益計算書を作成し売上高に対する各費用項目などの構成

割合を比較する。

②分解法は売上高を販売価格と販売数量に分解する。

百分率損益計算書の作成：利益率を下げているのはなにか？

●売上高に対して、費用項目等＊が、どのくらいの割合か？

百分率損益計算書（2期比較の例）

	前期	当期（百万円）
売上高	2600 （100.0％）	2600 （100.0％）
売上原価	1900 （ 73.1％）	1800 （ 69.2％）
その他営業収益	200 （ 7.7％）	300 （ 11.5％）
販売費および一般管理費	900 （ 34.6％）	1000 （ 38.5％）
受取利息等	7 （ 0.3％）	5 （ 0.2％）
事業利益	40 （ 1.5％）	50 （ 1.9％）

＊費用項目の割合が大きければ、利益率は悪くなる（収益項目は、その逆）。

●売上高の分解により、単価を下げても、売上量が上がればよいか（ブランド品が逆に下がるのは、単価を下げると売上が減るため）を調べる。

　　　売上高＝販売価格（単価）×販売数量
　　　売上高の変動＝当期売上高－前期売上高
　　　　　　　　　＝（当期販売価格×当期販売数量）－（前期販売価格×前期販売数量）

（4）収益性指標の意味とは？④

投資効率分析の仕方4＝資本回転率の分解（棚卸資産と売上債権と有形固定資産）

●ROA（使用総資本事業利益率）の数値の差は、資本回転率の差が影響する。
　なぜ、資本回転率に差が出るのか、を調べる。資本の具体的運用形態である重要資産の回転率は、経営者が資本を資産に投資した判断は正しかったか（経営者の実力・能力判断）を検証する。

●棚卸資産回転率：売れ残り（在庫）は適正な水準か、をみるもの。
　棚卸資産とは、本業の活動で販売するための物（商品・製品・仕掛品・半製

品・材料・消耗品など）である。

$$棚卸資産回転率(回) = \frac{売上高}{期首・期末平均棚卸資産}$$

回転率は、大きいほどよい。

　無駄な在庫を減らす在庫管理が大切である。すなわち、製造計画・販売計画にあわせて、適正な在庫量を把握することがポイントである。
●売上債権回転率とは、代金回収は、迅速か（督促は滞留してないか）をみるもの。

　売上債権とは、売上代金の回収形態が現金・小切手・預金振込み以外のもの（売掛金・受取手形・割引手形*・裏書手形*・△前受金）をいう。

*割引手形・裏書手形は、貸借対照表に注記されている（会社法に基づく計算書類の注記）。

　割引手形は受取手形のうち、支払期日前に銀行等で現金化したものであるが、手形を振り出した取引相手との間では、売上の債権（権利）としては支払期日まで継続しているものである。

　裏書手形は受取手形のうち、支払期日前に他の取引先に裏書して支払ったものであるが、手形を振り出した取引相手との間では、売上の債権＝資産としては支払期日まで継続しているものである（他の取引先に対しては不渡りの場合も考えられるので、仕入の債務＝負債としては支払期日まで継続しているものでもある）。

$$売上債権回転率(回) = \frac{売上高}{期首・期末平均売上債権}$$

回転率は、大きいほどよい。

　会社は、売上債権を督促して早期に現金化し、債権残高（分母）を最小限に抑えることが大切である。
●有形固定資産回転率とは、無駄な設備投資はないか、をみるもの。
●有形固定資産とは、製造や販売の活動に必要で、長期間使用するために所有している形のある（目に見える）資産（土地・工場・事務所・機械・設備・自動車など）のこと。

$$\text{有形固定資産回転率(回)} = \frac{\text{売上高}}{\text{期首・期末平均有形固定資産}}$$

回転率は、大きいほどよいわけではない。長期的な観点から収益と対応させるべきである。

(5) 収益性指標の意味とは？⑤

生産性分析の仕方1＝付加価値を算出する。

付加価値とは、会社が新たに生み出した価値（利益）のことで、協力者（ステークホルダー）へ分配するもの。

計算方法は2つある。

①控除法：総生産高－前給付額（外部からの購入額）
しかし、外部者には情報（会計データ）入手不可能である。

②加算法：経常利益＋人件費（労務費・賃金給料）＋賃借料＋他人資本利子（支払利息割引料・有価証券利息）＋租税公課＋減価償却費＊

加算項目が、損益計算書（売上原価・販売費および一般管理費の内訳や営業外費用の内訳）と製造原価報告書（製造原価の内訳）の両方に表示されている場合は、合計する。

外部者にも情報（会計データ）入手可能である。

＊減価償却費は、資産の取得原価を毎年少しずつ費用化するものなので、新たに生み出した価値ではない。また、取得原価も大きく、償却方法によっては利益を調整できるので、付加価値の計算に大きな影響を与えるものである。利益に加算して控除前に戻す作業が必要である。

(6) 収益性指標の意味とは？⑥

生産性分析の仕方2＝従業員1人当たりの付加価値を算出する（労働生産性）。

労働生産性とは、従業員1人当たり、どれだけの付加価値を生み出しているか、をみるもの。会社の規模に関係なく比較できる（労働生産性は、大きいほどよい）。

$$労働生産性 = \frac{付加価値}{期首・期末平均従業員数} = \frac{付加価値}{売上高} \times \frac{売上高}{従業員数}$$

　　　　　　　　　　　　　　　　　　　　　　付加価値率　　従業員1人当り売上高

(7) 収益性指標の意味とは？⑦

生産性分析の仕方3＝労働生産性を付加価値率と従業員1人当たりの売上高に分解する。

●付加価値率とは、売上高と付加価値の関係をみるもの。

　付加価値率は、売上高1円当たりどれだけの付加価値があるか、を示す（大きいほどよい）。

$$付加価値率(\%) = \frac{付加価値}{売上高} \times 100$$

●従業員1人当たり売上高とは、売上高を従業員数でみるもの（会社の規模に関係ない。大きいほどよい）。

$$従業員1人当たり売上高(円) = \frac{売上高}{期首・期末平均従業員数}$$

(8) 収益性指標の意味とは？⑧

生産性分析の仕方4＝労働生産性を、従業員数と設備投資の関係で、設備生産性と労働装備率に分解する。

$$労働生産性 = \frac{付加価値}{期首・期末平均従業員数} = \frac{付加価値}{有形固定資産} \times \frac{有形固定資産}{従業員数}$$

　　　　　　　　　　　　　　　　　　　　　　設備生産性　　　労働装備率

●設備生産性とは、設備投資が、どれだけの付加価値（利益）を生み出しているか、をみるもの（大きいほどよい）。

　設備投資を抑えるか（少なくする）、付加価値を大きくするかによって、無

駄（付加価値を生まない）な設備投資を減らすことがポイントである。

$$設備生産性(\%) = \frac{付加価値}{期首・期末の平均有形固定資産} \times 100$$

●労働装備率とは、従業員１人当たり、どれだけの生産設備があるか（設備投資が利益を生む）をみるもの（大きいほどよい）。

$$労働装備率(円) = \frac{期首・期末の平均有形固定資産}{期首・期末の平均従業員数}$$

5. 安全性指標とは？

(1) 安全性指標の意味とは？①

ストック面分析の仕方１＝短期的支払能力を判断する。
●流動比率とは、流動負債に対して流動資産がどのくらいあるか、今年１年は会社が潰れないかをみるものである。

　流動負債とは、正常営業循環内（本業の経営活動）か、１年以内に支払わなければならないものである。すなわち、比較的短期に支払義務があるものをいう。

　流動資産とは、正常営業循環内（本業の経営活動）か、１年以内に現金化されるものである。すなわち、流動負債の返済資金となるものをいう。具体的には、売上債権・棚卸資産を含むが、とくに棚卸資産（売れ残り在庫製品）は新たに買い手を探して現金化できるか否かが不確実のものである。

　流動比率は、大きいほど安全である。なぜなら、流動資産が流動負債より大きければ返済資金があることを示すからである。できれば、200％以上が望ましいといわれる。これは、経営を保守的に考え、流動資産の半分が現金化されなくても安全（会社が潰れない）な状態を保つためである。

$$流動比率(\%) = \frac{期末流動資産}{期末流動負債} \times 100$$

●当座比率とは、流動負債に対して、現金化できる確率がより高い当座資産がどのくらいあるか、本当に会社は潰れないかをみるものである。
●当座資産は、具体的には現金・預金・売上債権（売掛権・受取手形）・有価証券（国債・地方債や他社の株券・社債）などをいう。これは、貸借対照表から、該当する科目の金額を集計するが、比率が大きいほど安全である。一般的に、100％以上あれば、安全性は高いといわれている。

$$当座比率(\%) = \frac{期末当座資産}{期末流動負債} \times 100$$

(2) 安全性指標の意味とは？②

ストック面分析の仕方2＝会社の資本構成を判断する。
●自己（株主）資本比率とは、調達した資本全体（使用総資本）に対して自己資本がどのくらいの割合かをみるものである。
　返済する必要がない会社の手持ち資金である自己資本が、大きければ会社は潰れないので、この比率が大きいほど、会社は安全である。

$$自己資本比率(\%) = \frac{期末自己資本}{期末使用総資本^*} \times 100$$

＊期末使用総資本＝期末（負債の部＋純資産の部：旧資本の部）

●負債比率とは、自己資本に対して負債（他人資本）がどの位の割合かをみるものである。この比率が小さいほど、会社は安全である。

$$負債比率(\%) = \frac{期末負債(他人資本)}{期末自己資本} \times 100$$

●自己資本比率も負債比率も考え方は同じなので、どちらかの資本構成指標を

(3) 安全性指標の意味とは？③

ストック面分析の仕方3＝固定資産と資金調達源泉との関係を判断する。
●固定比率とは、自己資本に対して固定資産がどのくらいの割合か、自己資本の何割が固定資産に投入（設備投資）されているか、固定資産への投入（投資）は期間的に対応する長期安全資金（借入金）でおこなっているかをみるものである。

なぜなら、固定資産への設備投資額を、当該設備で製造した製品を販売することで回収するには、時間もかかり計画どおり販売できるかのリスクも大きいからである。固定資産の投下資本は、長期間で返済すればよい固定負債（銀行からの長期借入金や社債の発行など）か、理想的には返済する必要のない自己資金（増資など）を充てるほうが、絶対に安全であるので、この比率が小さいほど、会社は安全である。

$$固定比率(\%) = \frac{期末固定資産}{期末自己資本} \times 100$$

●固定長期適合率とは、固定負債（長期他人資本）と自己資本の合計に対して固定資産がどのくらいの割合であるかをみるものである。

この比率が小さいほど、会社は安全である。もしも、この比率が100％以上ならば、その会社は危険な状態にあるといえる。

なぜなら、それは固定資産の設備投資に流動負債（短期借入金など）を充てていることになるので、設備投資資金は長期でしか回収できないのに、短期の借入金を使用すると、返済のための資金を別途探してこなければならなくなるからである。

$$固定長期適合率(\%) = \frac{期末固定資産}{期末固定負債 + 期末自己資本} \times 100$$

●流動比率と固定長期適合率との関係

貸借対照表

借方	貸方	指標
①流動資産	③流動負債	……流動比率
②固定資産	④固定負債	
	⑤自己資本	……固定長期適合率
合計	合計	

$$流動比率 = \frac{①}{③} = 100\%以上 \Leftrightarrow 固定長期適合率 = \frac{②}{④+⑤} = 100\%以下 \cdots 安全$$

$$流動比率 = \frac{①}{③} = 100\%以下 \Leftrightarrow 固定長期適合率 = \frac{②}{④+⑤} = 100\%以上 \cdots 危険$$

以上の関係から、流動比率をみれば、固定長期適合率もみたことになる。

(4) 安全性指標の意味とは？④

収益・費用の観点からの分析の仕方1＝損益分岐点売上高（数値が小さいほど安全である）。

●損益分岐点分析とは、変動費と固定費という費用構造に着目して、利益のへの影響をみて、安全性を分析する方法である。
●変動費とは、生産量や販売量の増減に比例して増減する費用のことである。具体的には、材料費・外注加工費・仕入高などである。
●固定費とは、生産量や販売量が増減しても、増減しない費用のことである。具体的には、労務費・減価償却費・賃借料などである。

●損益分岐点とは、最低限売らなければ会社が成り立たない売上高のことである。

　つまり、損益ゼロとなる売上高（販売量）のことをいう。通常、図表であらわすことが多いが、その横軸は販売量（数量）を示し、縦軸は売上高・費用額・利益額（金額）を示す。図表上の売上高線は、原点を出発点として右上がりの直線となる。仮に販売量（数量）がゼロだと売上高（金額）もゼロであるが、販売量が増えれば売上高も増える（売上高＝単価×販売量）ことになる。

図表7-4　損益分岐点図表

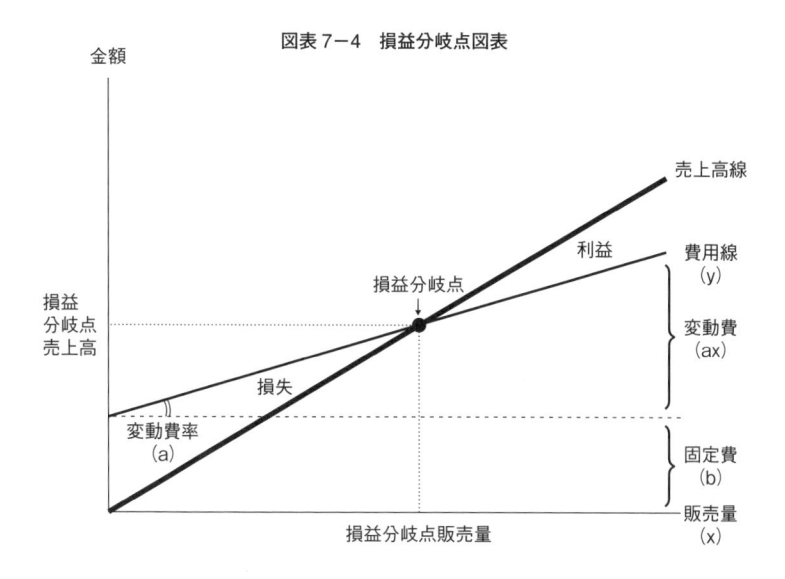

他方、費用は変動費（＋準変動費）＋固定費（＋準固定費）である。費用の総額をあらわす費用線は $y = ax+b$ となり、原点より上を出発点として右上がりの直線となる。仮に販売量xがゼロでも固定費bは発生するが、販売量xが増えれば変動費ax（aは1単位当たりの変動費＝変動費率）も比例的に増える。すなわち、販売量が少ないうちは、費用のほうが売上高より大きいので損失が出てしまう。しかし、販売量が増えていくと、損失は減っていく。そして、売上高線と費用線が交差する点（損益分岐点）で損失はゼロとなる。さらに、販売量が増えていくと、費用より売上高のほうが大きいので、利益が出るようになる。つまり、販売量が増えれば増えるほど、利益も大きくなるのである。したがって、会社の数期間における損益分岐点の動き（移動）から、会社の安全性を評価できることになる。以下、具体的にみてみよう。

①**損益分岐点が左へ移動した場合**　以前より少ない販売量で損益分岐点に達する（損益分岐点が低い）。つまり、少し売っただけで、すぐに利益が出る（安全性が高い）ことになる。

②**損益分岐点が右へ移動した場合**　以前より多くの販売量で損益分岐点に達する（損益分岐点が高い）。つまり、多く売らないと、利益が出ない（安全

性が低い) ことになる。

　そこで、利益の出ない会社は、安全性を高めるために、手っ取り早く固定費 (人件費) を減らす目的で、従業員を路頭に迷わすリストラをおこなうことがある。

●損益分岐点の出し方は、一般的には売上高＝金額で表示するが、販売数量で表示することもある。以下、順を追ってみてみよう。

　①営業利益＝売上高－費用＊ (売上原価＋販売費および一般管理費)

＊費用 y ＝変動費 ax ＋固定費 b

　②営業利益＝売上高＊－変動費＊－固定費

＊売上高＝販売単価×販売数量
＊変動費 ax ＝ 1 単位当たりの変動費 a ×販売数量 x

　③営業利益＝(販売単価×販売数量)－(1 単位当たりの変動費×販売数量)－
　　　　　　　固定費

　④営業利益＝{(販売単価－1 単位当たりの変動費)×販売数量}－固定費
　　　　　　　……販売数量で括る

損益分岐点＝営業利益ゼロ

　⑤ 0 ＝{(販売単価－1 単位当たりの変動費)×販売数量}－固定費

○損益分岐点での販売数量は?

　⑥販売数量＝$\dfrac{固定費}{販売単価－1単位当たりの変動費}$ ……(販売単価－1 単位当たりの変動費) で両項を割る

○損益分岐点での売上高は?

　⑦売上高＝販売単価×販売数量

（例）を使って、この式を確認してみよう。もしも、販売単価100円、1単位当たりの変動費75円、固定費50,000円とすれば、

$$損益分岐点での販売数量 = \frac{固定費 50,000 円}{販売単価 100 円 - 1 単位当たりの変動費 75 円} = 2,000 個$$

損益分岐点での売上高は、販売単価100円×損益分岐点での販売数量2,000個で、200,000円となる。

別法：(売上高 − 変動費) = 限界利益 ≒ 固定費とすると、

$$限界利益率 = \frac{限界利益}{売上高} \text{なので、}$$

限界利益 = (売上高×限界利益率)となるが、……両辺に売上高を乗ずる。
営業利益 = (売上高 − 変動費) − 固定費であるから、
営業利益 = 限界利益 − 固定費であるし、
営業利益 = (売上高×限界利益率) − 固定費でもある

$$\Rightarrow \frac{売上高 \times 限界利益率}{限界利益率} = \frac{固定費}{限界利益率}$$

では、損益分岐点 = 営業利益ゼロでの売上高は？
0 = (売上高×限界利益率) − 固定費であるから、

$$損益分岐点売上高 = \frac{固定費}{限界利益率} \quad \text{……両項を限界利益率で割って、固定費を移項する。}$$

であらわすことができる。

　この式から、分子の固定費が小さいほど、損益分岐点が下がるので、会社は安全である。他方、分母の限界利益率が大きいほど、損益分岐点売上高が下がるので、会社は安全である。

（例）上例の数字で、この式を確認すると次のようになる。

限界利益＝売上高 200,000 円－変動費 150,000 円＝ 50,000

$$限界利益率 = \frac{限界利益\ 50{,}000\ 円}{売上高\ 200{,}000\ 円} = 0.25$$

$$損益分岐点売上高 = \frac{固定費\ 50{,}000\ 円}{限界利益率\ 0.25} = 200{,}000\ 円$$

で、前の式と同じ結果となる。

収益・費用の観点からの分析の仕方２＝安全余裕度（数値が大きいほど安全である）。
●安全余裕度とは、目標売上高と損益分岐点売上高との差額が目標売上高に対してどのくらいかを示す指標である。すなわち、損益がゼロになるまで（損益分岐点売上高）の売上高減少余裕の程度をあらわしている。したがって、経営上の余裕（許容範囲）を示しているので、利益管理に役立つ指数でもある。

$$安全余裕度 = \frac{実際の売上高 - 損益分岐点売上高}{実際の売上高}$$

収益・費用の観点からの分析の仕方３＝インタレスト・カバレッジ・レシオ（数値が大きいほど安全であるが、とくに１倍未満は大変に危険な状態である）。
●インタレスト・カバレッジ・レシオとは、支払利息などの金融費用（資本コスト）に対して事業利益が何倍あるかを示す指標である。
＊事業利益＝営業利益＋受取利息配当金（金融収益）
　この数値が１倍未満の場合は、事業（本業）活動では支払利息も払えない状態となっていることを示すのである。

$$インタレスト・カバレッジ・レシオ(倍) = \frac{事業利益}{支払利息等金融費用}$$

(5) 安全性指標の意味とは？⑤

キャッシュ・フローからの分析の仕方 1 ＝使用総資本営業キャッシュ・フロー比率（数値が大きいほど安全である）。

●使用総資本営業キャッシュ・フロー比率とは、使用総資本事業利益率(ROA)*のキャッシュ・フロー版といえるものである。

$$使用総資本事業利益率(ROA)(\%) = \frac{事業利益^*}{平均使用総資本^*} \times 100$$

＊事業利益＝営業利益＋受取利息等金融収益（≒営業外収益）
＊使用総資本＝負債の部＋資本の部（現在は、純資産の部と表示される）

$$使用総資本営業キャッシュ・フロー比率(\%) = \frac{営業活動キャッシュ・フロー}{平均使用総資本^*} \times 100$$

＊（期首使用総資本＋期末使用総資本）÷ 2……平均を意味する。

(6) 安全性指標の意味とは？⑥

キャッシュ・フローからの分析の仕方 2 ＝使用総資本営業キャッシュ・フロー比率（営業活動キャッシュ・フロー÷平均使用総資本×100）を①キャッシュ・フロー・マージン②使用総資本回転率に分解する（数値がともに大きいほど安全である）。

●キャッシュ・フロー・マージンとは、以下の式であらわされる。

$$（なお、②使用総資本回転率(回) = \frac{売上高}{平均使用総資本} \times 100 は収益性分析を参照）$$

つまり、売上高利益率のキャッシュ・フロー版が、使用総資本営業キャッシュ・フロー比率になる。

$$売上高利益率(\%) = \frac{利益}{売上高} \times 100 = \frac{営業活動キャッシュ・フロー}{平均使用総資本} \times 100$$

$$キャッシュ・フロー・マージン(\%) = \frac{営業活動キャッシュ・フロー}{売上高} \times 100$$

6. 成長性指標とは？

(1) 成長性指標の意味とは？①

　一般的には、収益性が高い＝支払い能力（安全性）が高い＝成長性が高いといえる。

　しかし例外的に「一発屋」とよばれる会社も存在する。それは、たった1つの製品が大ヒットしただけで、ブームが去った後は2度とヒット製品が出ない会社のことである。たとえば、かつて全国的なブームをもたらしたフラフープ、ホッピングなどの会社があった。もちろん、儲けを次の商品につなげて成長した会社もある。たとえば、ダッコちゃんのタカラ、ポケモンの任天堂、インベーダーゲームのタイトーなどの会社などである。

成長性分析の仕方1＝「売上高増減率」（名目成長率）
　　　　　　　　　　……増収・減収⇒売上高

　売上高増減率とは、前期売上高に対して当（今）期はいくら増減したかをあらわす指標であり、この比率が大きいほど、会社はよい状態を示している。

　かつて日本では、会社を売上高だけで評価していた。すなわち「大きな会社＝良い会社」と考えられていた。いわゆる"寄らば大樹の蔭"といわれていた。そこで、会社の売上高を増やすためには、利益は二の次（後回し、無視）で、なんにでもすぐ手を出したのである。たとえば、バブル時代には、本業以外の副業、すなわち多分野へ進出する会社が続出した。やがてバブル崩壊とともに、日本企業も国際化の波を被る過程で外国企業を見習って、売上高至上主義から収益性（投資効率）重視へと、経営者や世間の価値観が変化していった。たとえば、ホリエモンや村上ファンドなどに代表される"六本木ヒルズ族"を生み出した。

　しかし、成長性の判断材料としての売上高増減率は、いまだに有効であると

いえる。

$$売上高増減率(\%) = \frac{当期売上高 - 前期売上高}{前期売上高} \times 100$$

(2) 成長性指標の意味とは？②

成長性分析の仕方2＝「経常利益増減率」（実質成長率）
　　　　　　　　　……増益・減益⇒利益額

　経常利益増減率とは、前期経常利益に対して当（今）期はいくら増減したかをあらわす指標であり、この比率が大きいほど、会社はよい状態にある。

　　経常利益＝売上高－売上原価－販売費および一般管理費＋営業外収益
　　　　　　－営業外費用

$$経常利益増減率(\%) = \frac{当期経常利益 - 前期経常利益}{前期経常利益} \times 100$$

(3) 成長性指標の意味とは？③

成長性分析の仕方3＝「1株当たり利益増減率」

　これは、株主からの視点でみた指標である。なぜなら、1株当たりの当期利益（配当原資）と発行済み株式総数を使用するためである。

　1株当たり利益増減率とは、前期1株当たり利益に対して当（今）期はいくら増減したかをあらわす指標であり、この数値が大きいほど、会社はよい状態にある。

　1株当たりの当期利益は、株式の価値をあらわしている。つまり、株価のことである。

　1株当たりの当期利益が増加＝会社の価値が増加＝株価が上がる、ことを意味する。

$$1株当たり利益増減率(\%) = \frac{当期1株当たり利益 - 前期1株当たり利益}{前期1株当たり利益} \times 100$$

$$1株当たり利益 = \frac{当期純利益}{発行済み株式総数}$$

ただし、株式分割がおこなわれた場合は、前期1株当たりの利益を修正する必要がある。なぜなら、単に発行済み株式数を増やすだけで、資金の払い込みはないためである。すなわち、1株当たりの価値は減少は、減少した1株当たりの価値（株価）×増加した株式所有数＝全体（総額）なので、結果的に資本に変化はないからである。しかし、会社には株式分割する理由がある。それは、1株当たりの株価を下げて、新規の株主にも株を購入・処分しやすくするためである。そうすれば、会社の資本金は増えることになるからである。

(4) 成長性指標の意味とは？④

成長性分析の仕方4＝「売上高試験研究費比率」
　　　　　　　　……会社の成長可能性の視点

売上高試験研究費比率とは、売上高に対して試験研究費をいくら使っているかをあらわす指標である。一般的に、試験研究費の支出割合が多い会社は、新技術や新製品の開発に力を入れているといえる。すなわち、将来、新技術や新製品で儲かって（金の卵）、会社が成長する可能性が高いので、この指数が大きいほど、会社の成長の可能性が高いので、よい会社と評価されることになる。

$$売上高試験研究費比率(\%) = \frac{試験研究費}{売上高} \times 100$$

7. 粉飾決算とは？

(1) 粉飾決算とは？

一般的に、会社が「倒産する直前には必ず粉飾決算がおこなわれる」といわれている。粉飾決算とは、「決算書」を偽装することを意味する。その定義と種類をみてみよう。

●定義：実態よりも利益を過大に表示するための一連の会計操作。
●粉飾の種類
狭義の粉飾：積極的かつ意図的に、実態以上に利益を捏造すること。
広義の粉飾：消極的態度によって、不良資産（焦げ付き債権や含み損ある資産）を正常な資産のなかに混在させること。
●積極的粉飾決算（利益の捏造）……狭義の粉飾。
　①資産の過大表示（水増）：売掛債権、棚卸資産、償却資産（過少償却）、貸付金、その他。
　②負債の簿外表示（隠蔽）：買掛債務、借入金、保証債務（負債を簿外化するため）、その他。
●消極的粉飾決算（顕在化されない含み損）……積極的粉飾とあわせた、広義の粉飾。
　①資産：焦げ付き債権（売掛金、貸付金、未収入金など）、不渡手形、不渡小切手、有価証券（投資有価証券を含む）、出資金（ゴルフ会員権など）、土地・建物（事業用・販売用）、その他資産。
　②負債：不良化偶発債務（割引手形、裏書手形、保証債務など）、退職給与引当金（将来の退職給付のうち当期の負担に属する額を当期の費用として計上する際に生じる貸方勘定科目）、その他負債。

●積極的粉飾の特徴としては、4つの原則がある。
　①資産を過大に表示するもの。
　②負債を過少に表示するもの（簿外処理）。
　③①と②を複合したもの。
　④大きな金額の科目を操作するもの（粉飾をみつけにくくするため）。
●積極的粉飾の対象になりやすい勘定科目には、次のようなものがある。
　①売掛債権（売掛金、受取手形など）
　②棚卸債権
　③償却資産（建物、機械など）
　④買掛債務（買掛金、支払手形など）
　⑤借入金（抜く）、貸付金（架空）

●粉飾の仕方（手口・方法）としては、次のようなものが代表的である。
　①運転短期資金（売掛債権、棚卸資産、買掛債務）を操作する。
　②借入金を過少表示する。
　③減価償却を過少にして償却資産に含み損を内蔵させる。
　④その他の資産を過大に表示する。
　⑤その他の負債を過少に表示する。
　⑥債務保証*等を提供することによって、他社へ不良資産を付け替える。
＊債務保証とは、関係会社などが、その担保財源不足、財務内容の悪化などが原因で、金融機関から融資を拒否されたものの、親会社、主要取引先などが当該融資額の弁済をすることを条件に、金融機関から融資を受ける場合に、これを承諾した親会社などに対して生じる偶発損失のことである。
　⑦その他の粉飾処理
　もっともポピュラーな最初の手口は、①、②、③である。しかし、粉飾は継続されると、④、⑤、⑥も併用されるようになる。

(2) 粉飾発見法とは？

　運転資金の場合
　売掛債権、棚卸資産と買掛債務とのバランス（差額）が運転資金負担なので、運転資金を操作した粉飾は、運転資金負担の大きさになってあらわれる。
　正常（非粉飾）なケース＊の運転資金負担と比較して、粉飾の概数を知ることができる。
＊正常な特定の同業他社の運転資金負担回転期間と比較する。また業界平均の運転資金負担回転期間と比較する。

　借入金の場合
　借入金を過少に表示することで粉飾をするため、貸借対照表上の借入金の総額と、損益計算書上の支払利息・支払割引料との間に、不均衡が生じる。

$$金利率(\%) = \frac{支払利息・支払割引料}{借入金総額} \times 100$$

市中の一般的な金利水準と比較して、その会社の異常性を発見する。

　①借入金を過少表示（粉飾処理）しているのか？

　②市中の金融機関（街金・サラ金）から、高利の資金を借り入れているのか？

　③短期借入金に比べて利率の高い長期借入金の割合が高いのか？

　④信用力が低下したので、通常の金融機関が一般水準より高めの金利で貸し出したのか？

　⑤仕入代（買掛債務）の支払決済（期限）条件を契約より延長したので、金利でその分を調整（穴埋め）している（手形のジャンプなど）のか？

＊粉飾の立証としては、次のようにおこなうことが一般的である。
・支払利息A百万円÷業界平均金利率B％＝業界平均借入金C百万円
・借入金D百万円との差E百万円を過少表示（簿外処理）したと推測される。
・ポイントは、その会社の属する業界が明確に区別できるか、粉飾なのか・高利なのか、を区別することが重要である。

　仮に、短期借入金の粉飾額はF百万円となっていたとすれば、残額のG百万円には、どのようなカラクリがあったのであろうか？

　①高利の借入れ。

　②手形のジャンプ（手形の更新）。

　③長期借入金の割合が高い。

といった原因が考えられる。

●借入金の不自然性は、粉飾か・高利かの判断が決算書だけでは困難（限界）であるといえよう。

8. 収支分析とは？

(1) 収支分析の基本的考え方とは？

利益管理と資金管理

　よく耳にする言葉に、「勘定合って銭足らず」がある。その意味は、損益計算書上は黒字なのに、資金（現金＝キャッシュ）が不足して、資金繰りが苦し

い状態のことである。これが、いわゆる「黒字倒産」へ、つながっていくのである。

その仕組みを、みてみよう。

資金繰りでは現金の収入を把握するが（現金ベース）、損益計算書では売上高の計上は商品を出荷（販売）したときに記帳される（発生ベース）。したがって、現金取引以外の信用取引（掛け取引）があると、現金収入額と売上高が不一致となる。このような「銭足らず」を把握するには、現金収支を解明する経常収支分析が必要となる。

この利益管理（発生ベースの損益計算）と資金管理（現金ベースの現金収支計算）との相違点は、次のとおりである。

①管理の目的が、収益性の維持・向上か、支払い能力の維持・向上か、の違い。

②評価の基準が、一定期間の総収益が総費用を上回れば（黒字）よいか、一定時点（支払時点）で総収入が総支出を上回れば（下回れば不渡手形２回で倒産へ）よいか、の違い。

したがって、資金（Cash）管理の失敗は、経営の破綻（会社の倒産）を意味するのである。

●収支のバランス（割合・差額）とは、次の式であらわされる。

経常収支（尻）＝経常収入－経常支出……現金の収支差額

経常収入とは、売上、営業外の現金受取合計をいう。ただし、資産の売却収入等は特別利益なので除く。

経常支出とは、原材料代・商品仕入代等、賃金・給与等、金利・諸費用の現金支払合計をいう。

$$経常収支比率(\%) = \frac{経常収入}{経常支出} \times 100$$

この比率は、100％以上が望ましいといわれている。

経常収支の算出方法には、次のようなものが使われる。
①経常収入の算出方法

　　　　　経常収入＝売上収入＊＋営業外収入＊

＊売上収入：損益計算書上の売上高ではなく、販売代金の現金回収高のことである。
＊営業外収入：損益計算書上の営業外収益を現金収入高へ置き換えたものである。

　　　　　売上収入＝期首売掛債権＋売上高－期末売掛債権
　　　　　　　　　＝売上高－（期末売掛債権－期首売掛債権）
　　　　　　　　　＝売上高－売掛債権の増加
　　　　期首＝前期末、期末＝当期末
　　　　売掛債権＝売掛金＋受取手形＋裏書手形＋手形割引－前受金
　　　　売上収入＝当期売上高－（受取手形の増加＋売掛金の増加－前受金の
　　　　　　　　　増加）
　　　　受取手形の増加＝当期末（受取手形＋裏書手形＋手形割引）
　　　　　　　　　　　－前期末（受取手形＋裏書手形＋手形割引）
　　　　売掛金の増加　＝当期末売掛金－前期末売掛金
　　　　前受金の増加　＝当期末前受金－前期末前受金

　　　　営業外収益＝受取利息＋受取配当金＋受取賃貸料等
　　　　仕訳処理：未収入分＝未収収益、前受分＝前受収益

　ただし、営業外収益がただちに全額が現金収入（営業外収入）となるわけではない。

　　　　営業外収入＝当期営業外収益
　　　　　　　　　－（当期末未収収益－前期末未収収益）←－（未収収益の増加）
　　　　　　　　　＋（当期末前受収益－前期末前受収益）←＋（前受収益の増加）

②経常支出の算出方法

　　　　経常支出＝費用支払＊

＊費用支払とは、損益計算書上の費用ではなく、材料費などの現金支払高のことである。

　　　　費用支払＝損益計算書上の費用－減価償却費等現金支払の生じない費
　　　　　　　　　用＋棚卸資産の増加－買掛債務の増加＋（前払費用の増加
　　　　　　　　　－未払費用の増加）＋負債性引当金の目的支出
　　（損益計算書上の）費用＝売上原価＋販売費および一般管理費＋営業
　　　　　　　　　　　　　　外費用
　　（支払の生じない）費用＝減価償却費＋諸引当金の繰入額
　　　　棚卸資産の増加＝当期末棚卸資産－前期末棚卸資産
　　　　前期末棚卸資産＋当期仕入高－当期末棚卸資産＝売上原価
　　　　売上原価＋棚卸資産の増加（当期末－前期末）＝当期仕入高
　　　　買掛債務の増加＝当期末（買掛金＋支払手形＋裏書手形－前渡金）
　　　　　　　　　　　－前期末（買掛金＋支払手形＋裏書手形－前渡金）
前期末買掛債務＋仕入高－当期末買掛債務＝仕入高－買掛金増加
未払費用の増加＝当期末未払費用－前期末未払費用
前払費用の増加＝当期末前払費用－前期末前払費用
負債性引当金の目的支出＝前期末引当金＋引当金繰入（計上）－当期末引当金

　負債性引当金を戻し入れ、退職金（費用）勘定を経由して、現金で支払うのが通常だが、目的支出では退職金勘定を経由せず現金で支払うので、損益計算書に費用が計上されない。
●経常収支（尻＝差額）算出のための簡便法には、次のようなものが使われる。
　通常法は、経常収支（尻）＝経常収入－経常支出
　簡便法は、経常収支（尻）＝経常利益－運転資金負担の増加＋支出を伴わな
　　　　　　　　　　　　　　い費用
　「キャッシュ・フロー計算書」の営業活動によるキャッシュ・フローの間接

法と同様だが、損益計算書上の経常利益に対応する資金収支か、当期純利益に対応する資金収支かが違う。

経常収支（尻）と経常利益との乖離（不一致）
　経常収支（尻）は、損益計算書上の経常利益に対応する資金収支のバランス（差額）である。つまり、仮に、掛け取引や在庫をもたない会社であれば、減価償却費等の現金支出を伴わない費用と負債性引当金の目的支出等を調整するだけで、経常収支と経常利益は一致するはずである。
　ところが、経常収支と経常利益との乖離がある場合は、以下の理由が考えられる。
　①前期に比べて当期に売上が急増したケース　　当期の売上の急増に伴って、当期末の売掛債権が前期末に比べて急増すると、その分、経常収入が相対的に減少し、経常収支が影響を受ける（減少＝悪化する）ため。
　②季節商品や流行商品があるケース　　売掛債権の残高に変動があるため。
　③粉飾決算や不良資産があるケース　　粉飾処理や不渡手形があると運転資金負担が増加し、経常収支が影響を受ける（減少＝悪化する）ため。
　④その他の正当な理由があるケース　　現金支出を伴わない費用（減価償却費等）が多額の場合、その分だけ加算された経常収支（尻）が経常利益よりも大きくなる（とくに金額の大きな償却固定資産を保有するリース会社や製造会社）。

(2) キャッシュ・フローを改善するためのポイント（おもに営業区分＝経常収支）

　会社がキャッシュ・フローを改善する方法として、次のようなものが考えられる。
　①**売上を伸ばす**　　売上高は経常収入の大きな項目なので、これが伸びれば経常収入の増加につながる。ただし、正常でない売上（押込み販売や安値販売等）と資金繰りのためだけの売上（架空販売）は、かえって経常収支の悪化を招くことになる。
　②**総利益率を改善する**　　総利益率が改善されるには、売上原価が減少することが必要となる。そのためには、付加価値の高い商品を増やしたり、原材料の歩留まりをよくしたり、より安い部品や原材料を探すなどの対策が有効とな

る。

　③**無駄な経費を削減する**　とくに、生産部門以外の販売費および一般管理費や支払利息などの営業外費用を見直して、経費を削減することが必要となる。

　④**売上代金の回収を早める（＋仕入代金の支払を遅らせる）**　回収を早めると売掛債権の残高が減少し、その前倒しの結果、現金収入が増加することになる。反対に支払を遅らせると買掛債務の残高が減少し、その繰延べの結果、現金支払が減少することになる。

　⑤**棚卸資産（商品・製品・仕掛品など）の在庫の回転を早める**　在庫の増加は、無駄な仕入費用の支払増加につながる。

　⑥**不要資産の処分（売却や除却など）を実施する**　遊休資産や不良性資産（貸倒可能性あり）の処分は、固定化（凍結）された資金の回収が可能となる。これらの資産に投入された設備投資のために負担している借入金と支払利息の減少にもつながる。

9. まとめ——総合的な視点

(1) 会社を総合的にみるための視点とは？

　総合的に企業をみる視点とは、財務分析だけで企業の問題点や将来性を予測することは正しくないことを知ることである。たとえば、次のような点は重要である。
①企業を取り巻く環境を意識する。
　企業市民（コーポレイト・シチズン）など。なぜなら、企業は社会的存在だからである。
②企業の外部環境と内部環境を分析する。
　経済、法律、協業他社、顧客ニーズ、取引先状況／経営資源（ヒト・モノ・カネ）が対象である。
③計数以外も加味して総合評価する。
　経営者の資質・キャリア、経営理念、従業員の意識・モラル、技術力、情報力、ブランド力などを対象にポイント化することで総合評価が可能となる。

(2) 財務分析のまとめ

●財務分析の注意点

①経営分析の流れと体系は、収益性、安全性、生産性、成長性の4つの視点である。

②レーダー・チャートの活用は、全体のイメージで傾向を概観することにある。

③時系列グラフの傾向は、月単位の変化と年単位の累計を概観することである。

最後に、財務分析の役割をまとめる。

- ・決算書を読めば、企業の問題点が判明する。
- ・財務分析の目的は、企業の問題点や粉飾の有無、不良要素の大きさなどの把握が最重要事項である。
- ・財務分析から、企業の収益構造や経営哲学・ポリシーなども知ることができる。

【参考文献】
大津広一［2009］『戦略思考で読み解く経営分析入門』ダイヤモンド社。
末松義章［2004］『財務分析のしかた（第2版）』中央経済社。
田中弘［2002］『経営分析の基本的技法（第4版）』中央経済社。
富樫清仁［2002］『入門財務分析』税務経理協会。
西山茂［2010］『企業分析シナリオ（第2版）』東洋経済新報社。

第8章 資金管理概論

1. イントロ——企業の経営は健全であるか？

(1) 事業資金と売上高

　まず、企業が事業に使っている資金と売上高を比べてみる。
●総資産回転率の低下は赤信号である。たとえば、バブル経済時代は、今後も売上が増加する見通しで事業の拡張を図ったり、本職の事業以外の資金運用で危ない投資を続けた結果、過剰の設備や多額の債務を負ってしまった。
●総資産回転率の出し方
　この比率は、資産の効率を総合的に示す物差しであり、この値が高いほど、資産効率がよいといえる。

$$総資産回転率（回）＝\frac{年間売上高}{総資産}$$

＊平均すると、建設業・製造業は年1回、卸売業・小売業は年2回くらいといわれている。
●次に、同業他社と比率を比べてみる。
　総資産回転率は、比較的安定した数値を示す。この率が、同業者に比べて低

いか低下傾向がある場合は、遊休資産や不良資産、設備過大、売上低迷などに原因がある。また、総資産が増加した原因は、売上代金の回収遅れ（売掛金増加）や融資の焦げ付き（貸付金不変＝返済なし）などが考えられる。

(2) 自己資本比率

自己資本（株主＝株式資本）比率の意味は？

　経営戦略としての設備投資、新商品開発、新分野進出には資金調達力が必要である。したがって、自己資本比率は、企業の資金調達力をみるものさしで、企業の格付け指標でもある。

$$自己資本比率(\%) = \frac{自己資本（株主資本）}{総資本} \times 100$$

　自己資本は、貸借対照表の「純資産の部」の合計であり、たとえば、株式払込金や利益剰余金などが自己資本の代表である。
　総資本は、貸借対照表の「負債の部」と「純資産の部」の合計である。
　自己資本比率は、企業の安全性や収益性をみるものさしとなる指数である。
●自己資本比率をみると、中小企業では20％位、大企業では35％位である。この比率が10％を割ると、借入金が経営の負担（足かせ）となる。
●企業には、それぞれ財務リスク（危険）と財務リターン（儲け）のバランスした資本構成が必要である。

中小企業の自己資本比率

　会社の経営には、経済状況（景気）や金利動向（公定歩合）に左右されない資本体力が必要である。一般的に自己資本比率が低い日本の企業は、自己資本比率の向上が課題である。日本の大企業は、資金力と収益力によって自己資本の比率を40％くらいに高めて借入金の依存割合が低くなってきた。しかし、日本の中小企業は、資本市場から資金を調達する直接金融（株式発行など）が少なく、外部借入金や企業間信用で自己資本の不足を補っているので、自己資本比率は20％くらいである。とくに、小規模企業（同族会社など）ほど自己資本比率は低く、多くは代表者（社長）グループ（一族）からの借入金依存構

造をもつのである。

自己資本比率は 10% を超えているか？

　一般的に、自己資本比率の平均値を 20% とすれば、その 2 分の 1 である 10% くらいが、中小企業の経営リスクになんとか耐えられる目安となる。

(3) 借入金の返済

●借入金に依存しすぎる企業、すなわち、主として外部からの借入金で資金調達する企業は、金融情勢の影響を受けやすく、金利負担で経営が不安定になる。なぜなら、業績に関係なく、借入金返済予定表に従って、元本と利息を払わねばならないので、資金繰りがより苦しくなるからである。とくに、経営リスク（危険）が高い企業は、無理やり借金をするので、より高い金利を払わねばならなくなり、固定費が増加して競争力を弱め、間近な資金繰りに追われ、多額の資金を投入する長期経営戦略に取り組めない。このような状態を、「自転車操業」とよぶ。つまり、自転車が倒れないようにこぎ続ける状態をあらわした言葉である。

　外部借入金の元本や金利は、物価の動きとは関係がないので、物価が下がる時期（デフレ期）には、借入時より市場金利は下がっているが、相対的に悪影響を受けて、世間相場より割高となる。

借入金返済可能期間の算出

　その会社の経営状況に比較して、外部借入金が多すぎないかは、借入金返済可能期間からおおよそ判断できるものである。

$$借入金返済可能期間(年) = \frac{現在の借入金（長期・短期）}{税引後純利益 + 減価償却費}$$

　税引後純利益 + 減価償却費 − 株主配当金・役員賞与 = 年間返済能力 A
　長期・短期借入金 + 長期設備支払手形 = 要返済額 B
　借入金の返済能力 = B ÷ A

借入金は返済限度額を超えていないか？

　銀行などからの外部借入金は、一般的に契約返済期間が8年くらいなので、複数借入契約を前提に考えれば、8年の2分の1の4年くらいが平均返済限度期間である。したがって、現在の借入金額を4年位で返済できなければ、返済用資金を他から借入しなければならなくなる（サラ金地獄）。そこで、平均借入金返済限度期間の2倍の10年くらいが借入金残高の限度と考えて、10年を超える借入金は過剰債務（焦げ付き）とみなすことになる。

2. キャッシュ・フロー計算書の仕組み

(1) キャッシュ・フロー計算書の役割

　企業（経営）活動全般に関する資金情報を開示することで、財務諸表に直接表示されない企業活動内容を利害関係者（ステークホルダー Stakeholder とよばれ、その意味は「掛け金預り人」であるが、株主、債権者、投資家などのことをいう）に提供できる。

キャッシュ・フロー計算書の役割とは？

　キャッシュ・フロー計算書とは、キャッシュ・フロー（現金などの流れ）の状況をあらわす計算書で、財務諸表（貸借対照表・損益計算書など）とともに企業活動の重要情報を提供する役割をもつものである。会社が、いわゆる"勘定合って銭足らず"の状態にあるかをチェックする資料である。このキャッシュ・フローは、経営者のほか、利害関係者が企業の実態をとらえて適切な意思決定をおこなううえで、欠くことのできない資料である。たとえば、会社の経営者は売上債権・棚卸資産などを管理し、予算案の作成や業績の評価に役立てたり、投資や資金調達の意思決定の根拠となるものである。また、この資料を投資家は株式購入の判断材料にするし、銀行などの金融機関は融資の審査資料にする。

キャッシュ・フロー計算書（間接法）
　これは、以下の3活動区分のキャッシュ・フローから成り立っている。
①営業活動によるキャッシュ・フロー
　税金等調整前当期純利益、減価償却費等（＋）、運転資本の増加（－）、その他（－）
②投資活動によるキャッシュ・フロー
　有形固定資産の取得（設備投資のこと）（＋）、投資有価証券の取得（＋）
③財務活動によるキャッシュ・フロー
　長期借入金の返済（－）、社債の発行、配当金の支払（－）
　現金および現金同等物の増加額（1＋2＋3）

キャッシュ・フロー計算書で明らかになるものは？
　会社の投資活動や財務活動を含めた資金（キャッシュ）全体の流れが、活動区分別に明らかになる。たとえば、新工場の建設資金をどこから、どのような形で、いくら借りて、いままでにいくら返したかなどがわかる。
　キャッシュ・フロー情報には客観性がある。発生主義に基づいた会計情報には、会計基準の選択（減価償却費など）や費用・収益の見積り（未収・未払他）などで、恣意性が入りやすい。しかし、現金主義に基づいたキャッシュ・フロー計算書では、恣意性が入りにくい（減価償却前の数字など）。したがって、キャッシュ・フローが会社の資金力を示し、収益を実質的にあらわすので、情報の客観性が評価（信用）されることになる。

(2) キャッシュ・フロー資金の範囲

　キャッシュ・フロー計算書は、企業の資金の流れを示す計算書なので、その資金の範囲は、「現金」および「現金同等物」である。
　現金は、勘定科目としての現金よりも範囲が広く、手許現金・要求払預金すなわち当座預金・普通預金・通知預金等を含む。なお、預入れ期間が定まっている定期預金は、この要求払預金には含まれない。
　現金同等物は、取得日から満期日か償還日までが3ヶ月以内の短期投資である定期預金・譲渡性預金・コマーシャルペーパー（CP）・売り戻し条件付現先

（一定期間後に一定の価格で同一証券を売り戻すあるいは買い戻すことをあらかじめ約束した証券売買）取引・公社債投資信託などの、①容易に換金できる、②価値の変動リスクが少ない、③短期間の投資、という3条件を満たすものである。市場性のある一時所有の有価証券は、投機目的のため、②を満たさない。また、金融商品は、運用期間が長期のものは、③を満たさない。

　当座借越（マイナスの現金同等物）とは、会社が日常の一時的な現金過不足を解消するために、取引銀行と当座借越契約を結んで調整していることをいう。このような会社は、当座勘定または当座借越勘定で処理（仕訳）している。たとえば、水道光熱費／当座（当座借越）で仕訳した場合は、財務活動としての短期借入金とみるのではなく、現金同等物がマイナスであると考える。なお、一定期間、一定額を借り越している場合は、短期借入金と考えて、資金調達したものとして財務活動で扱う。

　借入金担保預金は、借入金として銀行に担保権が設定されるので、短期の支払に当てることができないため、現金同等物から除く。

　現金同等物間の移動は、当座預金から普通預金へ振替る場合や、国債・コマーシャルペーパーを現金で売買する場合、営業取引でも投資取引でも財務取引でもないため資金内取引と考えて、キャッシュ・フロー計算書には記載しない。

(3) キャッシュ・フロー計算書の区分

　キャッシュ・フロー計算書は、企業活動を営業活動・投資活動・財務活動の3つに区分し、相互の関連をみることで、財務諸表ではわからない会社の財務状況や経営戦略の方向を知ることができる。

営業キャッシュ・フロー区分に含まれるものは？
　企業がみずからの営業（本業）努力によって生み出した資金である。たとえば、銀行での手形割引・取引先への前渡金や営業保証金・取引先からの前受金や営業保証金などは、営業債権・債務から生じるキャッシュ・フローとして扱う。
＊営業キャッシュ・フロー＝営業損益取引・営業活動にかかわる債権債務・従

業員や役員への報酬・投資や財務活動以外の取引などによるキャッシュ・フロー。

投資キャッシュ・フロー区分に含まれるものは？

収入項目としては、貸付金の回収・金融商品の解約・社債の償還による現金受取・営業債権の譲渡・遊休資産の売却などがある。支出項目としては、設備投資・子会社への貸付・ベンチャー企業への資本参加・金融商品の取得など（メーカーなどでは副業）がある。

資産購入での頭金・前渡金は投資区分だが、残高割賦金（ローン）や借入金（ファイナンス）返済は財務区分になる。

リース取引では、オペレーティング・リースは営業区分だが、ファイナンス・リースは利息分が営業区分で、元本分が投資区分になる。

＊投資キャッシュ・フロー＝設備投資と処分・新規事業への投資・運用目的の有価証券の取得と処分・貸付金と回収等によるキャッシュ・フロー。

財務キャッシュ・フロー区分に含まれるものは？

会社が、営業活動や投資活動をするために、その資金をどのように調達・返済したかを示すものである。

＊財務キャッシュ・フロー＝株式の発行収入や自己株式の取得支出・株主配当金の支払・借入金の借入と返済・社債の発行収入と償還支出等によるキャッシュ・フロー。

資金循環パターンは？

営業キャッシュ・フローと投資キャッシュ・フローと財務キャッシュ・フローの合計が、プラスならば健全型、イコールならば一般型、マイナスならば赤字型と判断できる。とくに、財務キャッシュ・フローは、返済支出額と新規借入収入額を比較することが重要である。たとえば、返済資金不足のための新規借入であれば、いずれは会社が多重債務者に陥る可能性が高い。

(4) 営業キャッシュ・フローの直接法と間接法

　営業キャッシュ・フローを計算書に表示する場合、直接法と間接法を選択できるが、継続適用が条件となる。

　投資キャッシュ・フローと財務キャッシュ・フローを計算書に表示する場合、直接法のみとなる。

　以下、直接法と間接法の区分を比較する。

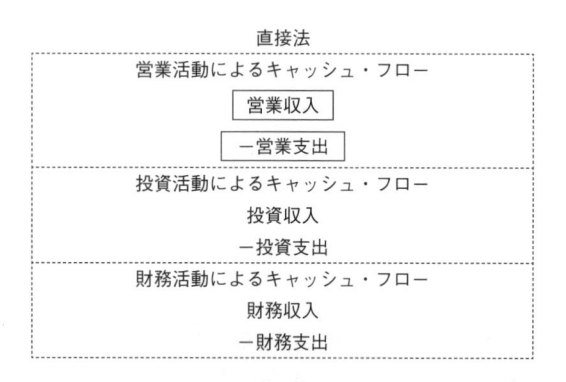

直接法
```
┌─────────────────────────────────────┐
│ 営業活動によるキャッシュ・フロー          │
│   ┌──────────┐                      │
│   │ 営業収入  │                      │
│   ├──────────┤                      │
│   │ －営業支出 │                      │
│   └──────────┘                      │
├─────────────────────────────────────┤
│ 投資活動によるキャッシュ・フロー          │
│        投資収入                      │
│       －投資支出                      │
├─────────────────────────────────────┤
│ 財務活動によるキャッシュ・フロー          │
│        財務収入                      │
│       －財務支出                      │
└─────────────────────────────────────┘
```

間接法（簡便法）
```
┌─────────────────────────────────────┐
│ 営業活動によるキャッシュ・フロー          │
│   ┌──────────┐                      │
│   │ 当期純利益 │                      │
│   ├─────────────────────────────┐   │
│   │ ±現金収支を伴わない収益・費用（発生主義） │
│   ├──────────────┐              │   │
│   │ ±運転資金増減 │              │   │
│   └──────────────┘              │   │
├─────────────────────────────────────┤
│ 投資活動によるキャッシュ・フロー          │
│        投資収入                      │
│       －投資支出                      │
├─────────────────────────────────────┤
│ 財務活動によるキャッシュ・フロー          │
│        財務収入                      │
│       －財務支出                      │
└─────────────────────────────────────┘
```

直接法による表示

　営業活動に伴う資金の収入額と支出額を、主要な取引ごとに総額で示す方法。これは、損益計算書の収益と費用の金額を会計上の発生基準から、収入と支出という現金基準に置き換えたものである。直接法では、資金の流れがそのまま

の大きさでキャッシュ・フロー計算書に示されるので、営業キャッシュ・フローの収入額と支出額を投資キャッシュ・フローと財務キャッシュ・フローの大きさと比較して、資金のバランスをみるのにすぐれている。なお、営業活動キャッシュ・フローを検討する場合、

$$経常収支比率(\%) = \frac{経常総収入}{経常総支出} \times 100$$

が用いられる。

また、営業キャッシュ・フローの収入額と支出額を、損益計算書の売上高・費用の発生額に対応させて、償却前経常損益比率と比較することができる。

$$償却前経常損益比率(\%) = \frac{(売上高＋営業外収益)＝経常収入}{(売上原価＋販管費＋営業外費用)＝経常支出－減価償却費} \times 100$$

間接法による表示

損益計算書の当期純利益をもとに、一定の調整をおこない、営業キャッシュ・フローの増減を純額で間接的に計算する方法。調整は、おもに損益計算書の非資金損益項目＋と、貸借対照表の運転資金項目±についておこなう。

$$営業キャッシュ・フロー＝(税引後利益＋非資金損益項目)±運転資金項目の増減$$

＊非資金損益項目は、貸倒引当金の増加額や減価償却費などが代表的なものである。損益計算書では費用とされるが、実際には現金の支出がないため、こうよばれる。他方、債務免除益など、現金収入のない収益もある（これらは、発生主義に基づくものである）。

＊運転資金項目の増減は、発生基準の費用・収益と現金基準の収入・支出との期間的ズレを調整するためで、たとえば、未収・未払・前受・前払などがある。

間接法によれば、利益の大きさ・非資金損益項目の動き・運転資金の3つに区別して、営業キャッシュ・フローの要因分析ができる。

以下、直接法と間接法を比較すると、その特徴がわかりやすい。

図表 8 − 1 　直接法と間接法の比較

表示方法	長所	短所
直接法：主要な取引ごとに収入総額と支出総額を表示する。	営業活動にかかわる CF の収入・支出をおのおの総額で把握できる。	親会社と子会社の主要な取引ごとに CF の総額に関するデータを収集する事務負担が重い。
間接法：純利益に、調整項目を加減して表示する。	純利益と営業活動にかかわる CF との関係が明示される。	営業活動にかかわる CF の総額が表示されない、減価償却費等が資金を生むような誤解を招く（費用のマイナスのため）。

注：CF＝キャッシュ・フロー

(5) 非資金損益項目

　間接法により営業キャッシュ・フローを計算する場合は、税引前純利益を調整する。調整項目には、非資金損益項目と運転資金項目がある。

営業キャッシュ・フローと非資金損益項目

　間接法により営業キャッシュ・フローを計算する場合、損益計算書にかかわる項目と貸借対照表にかかわる項目について調整を要する。

$$営業キャッシュ・フロー＝税引後純利益 \pm 非資金損益項目^* \pm 運転資金項目の増減^*$$

＊非資金損益項目は、利益を計算する過程で費用か収益として計上されるが（発生主義）、現金が動かない項目で、たとえば減価償却費などがある。
＊運転資金増減項目は、発生主義の税引後純利益を現金主義に置き換える項目で、収支の期間的なズレを調整するもので、たとえば営業活動に関する資産・負債の増減などがある。

非資金損益項目

たとえば、(ア)減価償却費・(イ)資産評価損益・(ウ)少数株主損益などである。

(ア)減価償却費は、損益計算では費用になるが、現金が支出されないもの（固定資産の減価償却費・繰延資産の償却費・貸倒れ引当金繰入額・固定資産売却損益など）。

(イ)資産評価損益は、損益計算では費用か収益になるが、価値が上がったか下がったかだけで、現金は動かないもの。評価損は利益にプラス、評価益は利益からマイナスして調整する。

(ウ)少数株主損益は、関連（子）会社の損益を親会社に反映させるもので、現金の動きに関係しない。持分法上の利益はマイナス、投資損失はプラスして調整する。

営業キャッシュ・フローの調整項目にならないもの

現金支出を伴わない項目などで、たとえば、売上債権（売掛金など）の貸倒れ損失や棚卸資産の評価損などをいう。なお、これら非資金損益項目を間接法で計算する場合、計算書に表示する方法が2つある。

非資金損益項目を税引後純利益にプラスする方法は、期末売上債権を、貸倒れ損失を差し引く前の金額とする。そこで、売上債権（売掛金）／貸倒れ損失の仕訳を入れる（いったん戻す）ことになる。

貸倒れ損失を当期純利益にマイナスする方法は、期末売上債権（売掛金）を貸倒れ損失を引いた後の金額とする。

どちらの方法も、営業キャッシュ・フローの金額は総額では同じである。

営業活動にかかわる資産・負債から生じる非資金損益項目の例示としては、

・売上債権は貸倒れ損失・外貨建て売上債権の為替換算差損益など。
・棚卸資産は棚卸資産の評価損や廃棄損など。
・買入債務は債務免除益・外貨建て買入債務の為替換算差損益など。

があげられる。

3. キャッシュ・フロー計算書の意味

(1) キャッシュ・フロー計算書の見方

損益計算書・貸借対照表の動きと関連させる。
- キャッシュ・フロー計算書は、損益計算書や貸借対照表に表示される会社の財務体質（運転資金の体質・投資の動向・資金の調達と運用）や収益力（収益の構造や水準）の状況に影響を受ける（評価する）。
- 長期的な立場でみる。
- 会社の投資額は毎年異なるので、キャッシュ・フローにも波がある。
- 投資と回収のサイクル（期間）・長期設備資金と短期運転資金のバランスをみて、長期的に評価する。
- 各年度別の異常数値や3期間以上にわたる増加・減少傾向に注意する。

キャッシュ・フローの区分に応じた分析

「財務諸表の裏に企業活動あり」つまり、経営の動向（変化要因）をみるには、その企業の実態に即した分析をすることが必要である。

営業キャッシュ・フローは損益要因と運転資金要因に区分する。損益要因は利益要因と非資金損益要因に区分する（経常収支比率分析・運転資金要因分析・限界収支分析）。

投資キャッシュ・フローは投資の必要性・投資の効果・資金の計算に重点を置く（投資効率分析）。

財務キャッシュ・フローは資金の外部調達割合・調達コスト（支払利息）・償還能力を検討する（最適資本構成分析・資本コスト分析・償還能力分析）。

その会社が属する産業（業界）の収益構造や、その会社がもつ財務以外の経営資源にも注目する。その産業は成長のどの段階（ポート・フォリオ）にあるか、その産業は景気の変動に影響を受けやすいか、その会社の市場占有率（マーケット・シェア）や技術力と生産能力・その会社やその製品の特性・その会社やその製品の販売力はどうか、などをチェックする。

(2) 営業キャッシュ・フロー分析の特徴

キャッシュ・フローは増加しているか？

　これは、まず営業キャッシュ・フローの大きさ・量をみることである。

　営業キャッシュ・フローの区分には、本来の営業活動に伴う資金以外の資金の流れも含まれるので、営業損益に対応した本来のキャッシュ・フローに着眼し、大きさ・推移・異常な動きなどをチェックする。

●営業キャッシュ・フローのチェック・ポイント

　①税引前当期純利益について、利益は増加しているか？

　②減価償却費について、利益と減価償却費のバランスは？

　③売上債権の増加額について、売上の伸びに見合っているか？　代金回収が遅れてないか？

　④棚卸資産の増加額について、増加していれば在庫の回転に注意（回転してないと製品が売れてないので危険）する。

　⑤買入債務の増加額について、増加していればキャッシュ・フローは増加する。つまり、取引相手が資金を負担していることになる。

キャッシュ・フローの大きさは設備投資に見合ったものか？

　これは、営業キャッシュ・フローの「質」をみるものである。

　営業キャッシュ・フローを変動させる要因は、利益要因・減価償却費（非資金損益項目）・運転資金要因の3つあり、それらの大きさ・割合・推移などを検討する。

　税引後純利益と減価償却費の割合に注目する。この2つの項目の合計額に占める税引後純利益の割合、つまり利益構成比率のことである。

$$利益構成比率(\%) = \frac{税引後当期純利益}{税引後当期純利益 + 減価償却費} \times 100$$

　日本の会社は、減価償却費の占める割合が70％くらいで高いのが特徴である。設備投資による減価償却費の負担が大きいことは、設備投資の効果がいまだ十分に出てない段階（慢性的状況）にある。これは、たえず新型機械の導入

している状態ともいえるので、必ずしも悪いことではない。

売上高と利益がどのような割合か？

つまり、利益と資金のバランスをみることである。

$$売上高営業利益率(\%) = \frac{営業利益^*}{売上高} \times 100$$

＊営業利益＝売上高－売上原価－販売費・一般管理費

$$売上高キャッシュ・フロー比率(\%) = \frac{営業キャッシュ・フロー}{売上高} \times 100$$

売上高営業利益率は、売上高に比べて、どれほど利益を上げたかを示すものである。売上高キャッシュ・フロー比率は、営業活動によって、どれほどキャッシュ・フローが得られたかを示すものである。たとえば、売上高営業利益率の高さや動きと比べたり、売上債権等の資産回転期間に変化や業種特性の影響などをみる。

もしも、この２つの比率に大きな差があるときは、その要因に注意する必要がある。

(3) 営業キャッシュ・フローと運転資金の関連

運転資金とは、売上高の増加に伴う仕入債務の増加によるキャッシュ・フローの増加分のことである。

運転資金が増えると、営業キャッシュ・フローが減少する。

・運転資金の増加は、現金から運転資金への移動（キャッシュ・フロー＝利益＋償却費－運転資金増加額）。
・運転資金の減少は、運転資金から現金への移動（キャッシュ・フロー＝利益＋償却費＋運転資金減少額）。

運転資金要因と減価償却費要因の違いはなにか？

　運転資金の増減は、損益計算（売上・費用：発生主義）と資金計算（収入・支出：現金主義）との期間的ズレから生じるものなので、長い期間でみれば収支のズレは消えることになる。

　減価償却費は、設備投資することで費用としていったんは配分した購入（支出）すなわち設備投資の金額を、徐々に回収すると考えて利益に戻すもので、キャッシュ・フローに及ぼす影響は本質的に大きい。

　収益力を実質的に示すものさしとしてキャッシュ・フローをみるときは、運転資金要因を除外して、減価償却前の利益を用いるべきである。

(4) 投資キャッシュ・フロー分析の特徴

投資戦略と投資効果は？

　その投資の背後にある会社（社長）の経営意思決定をみることができる。

　キャッシュ・フロー計算書では、有形固定資産や投資資産の取得と売却は、おのおの総額で記載する。もしも、投資キャッシュ・フローに大きな動きがみられる場合は、その背後に会社の経営上の重要な意思決定（設備投資など）があったと考えられる。

フリー・キャッシュ・フロー

　効率的な投資をおこなって、収益力を強め、自由に使える営業（本業）キャッシュ・フローを増やすことが経営者の目標である。

$$設備投資・営業キャッシュ・フロー比率(\%) = \frac{設備投資額}{営業キャッシュ・フロー} \times 100$$

　この比率が、数期間100％より高いときは、財務キャッシュ・フローによる資金調達が必要になる。しかし、財務キャッシュ・フローに依存した投資を続けると、他人資本（借入金）への有利子負債が増え、会社の財務体質を悪化させることになる。

(5) フリー・キャッシュ・フローとは？

　フリー・キャッシュ・フローは、営業キャッシュ・フローから投資キャッシュ・フローを引いたものである。
　会社が事業（本業）活動によって生み出した営業キャッシュ・フローのうち、現状を維持するために必要な投資をした後に残る、自由に使用できる資金（現金）のことをいう。

$$\text{フリーキャッシュ・フロー} = （\text{営業キャッシュ・フロー}） - （\text{投資キャッシュ・フロー}）$$

●フリーキャッシュ・フローの使い道は？
　①新規事業等への投資（新規事業、M&A：Merger & Acquisition 合併と買収）
　②有価証券等への投資（長期投資、短期投資）
　③財務体質の改善（借入金返済、社債償還）
　④株主への返還（配当金、自己株式買取）

現状を維持するために必要な投資とは？
　・現状維持必要投資とフリーキャッシュ・フローの区別は外部（社外）の者には困難である。
　・営業キャッシュ・フローから投資キャッシュ・フローを引いた残りと考えてもよい。
　・有価証券等への投資だけは貸借対照表でわかるので、その分は現状維持必要投資から除外する。

中小企業とフリー・キャッシュ・フロー
　大企業は、内部資金（自己資金など）や減価償却費の範囲内で設備投資する。
　中小企業は、収益が厳しくキャッシュ・フローに余裕がない。通常は設備資金の70％が借入金である。
　金融機関も貸付金（融資）の償還財源としてのフリーキャッシュ・フローの

分析に重大な関心をもつ。

(6) 財務キャッシュ・フロー分析の特徴

財務キャッシュ・フローの役割は？

　財務キャッシュ・フローによって、会社の資金繰り状況や財務戦略が判明する。

　営業キャッシュ・フローから投資キャッシュ・フローを引いた残りがフリーキャッシュ・フローであり、その過不足を調整するのが財務キャッシュ・フローである。フリーキャッシュ・フローが不足するときは、増資・社債発行・銀行借入（融資）などで補充する。

　営業キャッシュ・フローで稼いだキャッシュを投資キャッシュ・フローに回し、その過不足分を財務キャッシュ・フローで調整することになる。

財務キャッシュ・フローの見方は？
●資金の調達と運用（使途）の両面から検討する。つまり、調達面では、借入金・社債等有利子負債・増資・内部留保などのバランスをみる。借入金は、長期と短期のバランス・将来の償還能力・資金調達の方法などの影響力を考えることが大切である。
●借入金の償還可能期間をみる。なぜなら、借入金にも限度があるからである。返済可能期間は10年以内*が通常である。

$$借入金償還可能期間(年) = \frac{借入金（社債などを含む）}{年平均キャッシュ・フロー}$$

＊借入金の平均的残存償還期間は5〜6年で、機械の耐用年数は8〜10年なので、借入金の償還可能期間が10年を超える場合は、機械の使用期間を過ぎた後も機械購入の長期借入金が残ってしまう。借入金で設備投資した機械を使用して得られた収益（売上）に見合う費用とはならないので（老朽化しもはや利益を生まない機械なので）、どこかから調達してきた資金で残っている借入金の元本と金利のみ負担（返済）することになる。

財務キャッシュ・フローのチェック・ポイントは？
　①長期借入金の増加について、借入金の使途はなにか？（返済原資は駄目である）
　②長期借入金の返済について、本当に借入金を減らして財務体質を強化するつもりか？
　③短期借入金の減少について、償還能力に見合っているか？（無理やりの返済は駄目である）
　④株主配当金の支払について、適切な金額（赤字配当は駄目）を株主に還元しているか？
●配当金の原資が不足すると、粉飾決算によらざるをえないケースも見受けられる。表面的には黒字だが、キャッシュ不足のケースも見受けられる。

4. キャッシュ・フローと運転資金

(1) 運転資金の3要素とは？

　①会社が、経常的に負担する運転資金の大きさは、「売上債権＋棚卸資産（売上予備軍）－買入債務」の式であらわせる（受取手形・売掛金、商品・製品、支払手形・買掛金）。
　②一般に、売上債権と棚卸資産の増加額が、買入債務の増加額を上回るため、売上高が増えると、売掛金などの売上債権が増加するので、相対的にキャッシュ・フローが減って運転資金の必要額が増える。
　③運転資金は、経常的運転資金と臨時的運転資金に分かれる。

経常的運転資金の仕組み
　経常的運転資金は、会社が営業活動を続けるうえで、日常的に必要な資金（仕入代金・人件費・諸経費など）である。営業活動循環で一部は売上債権や棚卸資産に変化するので、その不足分を補充することが必要（追加運転資金）となる。もしも、買入債務見合いの資金を取引先に負担して貰えれば、その余剰分だけは追加運転資金が少なくなる。

運転資金必要額＝売上債権＋棚卸資産－買入債務
(右辺3つが「運転資金の3要素」)

資金調達方法は、割引手形（期日前現金化）・短期借入金・自己資本（増資・転換社債）などが考えられる。

一時的（臨時的）に発生する資金需要とは？

運転資金には、経常的な運転資金のほかに、決算（配当）資金・賞与資金・季節資金などの臨時的な資金が必要となる。経常的な運転資金と、臨時的な運転資金とは、調達方法や返済財源が異なる。

季節資金は、業種によって生産・仕入・販売・輸出入の時期がかたよる場合に発生し、支払手形借入（約束手形貸付・借用証書貸付）・受取手形割引などで急場をしのぐことになる。これは、融通手形（約束手形の形式の借用証書）とは別である。

(2) 運転資金と回転期間とは？

売上債権・買入債務・棚卸資産については、回転月数の長さや推移をみる。
売上債権回転期間が3ヶ月（通常の受取手形期間）を超える場合は、要注意（不渡りなど）である。

運転資金の負担月数をつかむ

経営者は、運転資金の必要額と、それが月売上高の何ヶ月分に当たるかを知るべきである。

$$売上債権回転期間(ヶ月) = \frac{売上債権}{月売上高}$$

これは、月売上高（月商）の〇ヶ月分相当の資金を取引先に貸しているかを示すものである。

$$棚卸資産回転期間（ヶ月）=\frac{棚卸資産}{月売上高}$$

$$買入債務回転期間（ヶ月）=\frac{買入債務}{月売上高}$$

買入債務回転期間は、月売上高の〇ヶ月分相当の資金が買入債務として残っているか、つまり、仕入代金を取引先に負担（借りている）してもらうことによって、〇ヶ月分の運転資金が節約できているかを示すものである。

$$運転資金必要額＝月売上高×運転資金回転期間^{*}$$

＊運転資金回転期間＝売上債権回転期間＋棚卸資産回転期間
　　　　　　　　　－買入債務回転期間

運転資金の回転月数の変化に注意する

　回転月数が短いほどよい。たとえば、売上債権回転期間が長期化の傾向がみられたら、不良債権の発生や資金繰りの悪化が懸念される。

(3) 運転資金の必要額を計算する方法とは？

　運転資金の必要額を出す場合、貸借対照表の勘定残高から計算する方法と、取引条件から計算する方法がある。ただし、貸借対照表の残高には、季節的要因などが含まれているので、そのまま回転期間を出すと、実際の取引条件とは一致しない。

運転資金必要額算出2つの方法の比較

　勘定残高計算法は、運転資金3要素（売上債権＋棚卸資産－買入債務）の数値＝金額を使用する。

　取引条件計算法は、掛け取引・手形取引等の回転期間（サイト）などの数値を使用する。

　比較する点は、①期末貸借対照表残高か平均的残高か、②回収遅れ・過剰在庫の場合は回転期間がより長くなるか、③売上高に季節変動ある場合は期末損

益計算書年残高と月平均残高は一致しない、というものである。

取引条件計算法

売掛金＝平均月売上高×売掛期間（ヶ月）
受取手形＝平均月売上高×手形回収（受取）比率×手形サイト（ヶ月）
製品商品＝平均月売上高×売上原価率×製品商品在庫期間（ヶ月）
買掛金＝平均月仕入高×買掛期間（ヶ月）
支払手形＝平均月仕入高×手形支払比率×手形サイト（ヶ月）

(4) 運転資金の必要額を、短期借入金で調達できるか？

経常（≒通常）運転資金は、安定した長期資金を調達するべきである。
短期借入金が経常運転資金必要額より大きい企業では、短期借入金が過大なので、その使途を検討する必要がある。

経常的な運転資金とは？

経常的な運転資金は、長期にわたって必要なものである。つまり、自己資金や固定（≒長期）負債（長期借入金）で調達し、不足分のみ手形割引や流動（≒短期）負債（短期借入金）で補うべきである。
かつては、経常的な運転資金は、収支のズレから生じる資金不足なので、短期借入金で調達し（借り換えで延長できた）、売上代金の回収分で返済すると考えられていたが、借り換えが難しくなった現在、この考え方は危険である。

●短期借入金倍率をみる（経常的な運転資金を短期借入金で手当てせざるをえない場合）。

つまり、経常運転資金必要額が短期借入金残高より小さい場合である。

$$短期借入金倍率 = \frac{短期借入金残高}{経常運転資金必要額} > 1$$

(5) 売上高が増加すると、資金繰りがどうなるか？

　売上高が増えると、キャッシュ・フローが相対的に減って、かえって資金繰りが必要になる。

　売上高の増加に伴って生じる運転資金の大きさは、利益の伸びと運転資金の増加のバランスで決まる。

●売上高増加による運転資金必要額はいくらか？

　運転資金必要額増加額＝月売上高増加額×運転資金回転期間（ヶ月）＊

＊売上債権＋棚卸資産－買入債務の各期間

　（例）月売上高増加額が100万円で運転資金回転期間が3ヶ月の場合、100万円×3ヶ月なので、新たに300万円の運転資金が必要となる。月運転資金回転期間を年運転資金回転期間に換算した率を「運転資金増加率」とよぶ（上の例では、3÷12＝0.25の3ヶ月分）。

●次の売上高増加による利益増加額は、いくらになるか？

（例）	前月	今月	
売上高	100万円	150万円	
変動費	－60	－90	
限界利益	40	60	……限界利益＝売上高－変動費
固定費	－30	－30	……固定費＝限界利益ならば利益はゼロである。
利益	10	30	……利益＝限界利益－固定費

＊限界利益率は限界利益÷売上高で、この例題では前月の $40 \div 100$ 万円＝0.4（40％）は変わらないと仮定する。

＊固定費は売上高に関係なく、一定金額は必要とされる費用で、この例題では30万円は変わらないと仮定する。

　　売上高増加額×限界利益率＝利益増加額
　　（例）$50 \times 0.4 = 20$……$30 - 10 = 20$

●限界利益率と運転資金増加率との差額を、運転資金新規発生率＝限界収支率

第8章 資金管理概論

（仮称）とよぶことにする。

売上高増加に伴う限界収支率は、限界利益率から運転資金増加率を引いたものになる。

　　　（例）限界利益率 0.4（40％）－運転資金増加率 0.25（25％）
　　　　　＝限界収支率 0.15（15％）

売上高増加に伴う運転資金増加額は、売上高増加額×限界収支率である。

（例）売上高増加額 50 万円×限界収支率 0.15 ＝運転資金増加額 7.5 万円

資金繰り上、運転資金の回転期間にも限界がある。なぜなら、売上高が増加しても運転資金回転期間が長い場合は、運転資金の増加額が少なくなるためである。

(6) 運転資金の増加要因とは？

運転資金の増加要因は、売上高の増加によるものと、取引条件の変化によるものと2つある。

とくに、取引条件の変化によって運転資金が増加した場合、その内容を調べる必要がある。

増加運転資金とはなにか？

売上高が増加したり、取引条件が変化（手形サイトなど）したりすることによって、新たに必要となる資金のことを意味する。

　（例）
　①月売上高が 100 万円から 150 万円に増加する（＋50 万円）が、
　②売上債権（売掛金）が 30 万円増加、買入債務（買掛金）が 20 万円増加、在庫 15 万円増加すると、
　③不足する運転資金（営業キャッシュ・フローの不足要因）は、30 万円＋15 万円－20 万円＝25 万円となる。したがって、手形割引・借入金・自己資金などで資金を賄うことになる。

増加運転資金と回転期間分析

運転資金増加額＝月売上高 A × 運転資金回転期間 B（ヶ月）

（例）（単位：万円）	旧	新	差
月商（月売上高）A	100	150	＋ 50
運転資金の回転期間 B	2	3	＋ 1
運転資金 C の残高	200	450	増加資金＋250

●売上高 A の増加と取引条件の変化による運転資金 C の必要額は？

①月商の増加だけで、他の取引条件が変わらない（回転率 2 のまま）場合は以下のようになる。

売上増加額 50 万円 × 運転資金回転率 2 ＝ 運転資金必要増加額 100 万円

②運転資金の回転期間（取引条件）が変わった場合は以下のようになる（2⇒3）。

新売上高 150 万円 × 運転資金回転率増加率 1 ＝ 運転資金必要増加額 150 万円

③月商の増加と運転資金の回転期間の増加を合計すると、250 万円の新規運転資金需要が必要となる。

5. 資金運用表とキャッシュ・フロー計算書

(1) 資金運用表の意味とは？

資金運用表は、貸借対照表の当期末と前期末の数値を利用し、会社が 1 年間に資金を、どのような方法でいくら調達し、どのような資産にいくら投資（運用）したかを示す表である。長期の資金バランスをみるために、利益計画表とともに利用されるものである。

資金運用表の仕組み

　貸借対照表は、資金の調達状況（貸方）と資金の運用状況（借方）を示している。つまり、2会計期間の貸借対照表を比較すれば（資金運用表）、それぞれの増減を、長期と短期の区分であらわすと、資金の調達・運用の様子や財政状態の変化が明らかになる。
　この資金運用表の形式は、いくつかある。

(例)	運用（借方）		調達（貸方）	
固定資金	税金支払		税引き前利益	
	配当金支払		減価償却費	
	固定資産投資		資金不足（要調達）	
	合計		合計	
運転資金	売上債権増加		買入債務増加	
（繋ぎ資金）	棚卸資産増加		資金不足（要調達）	
	合計		合計	
財務資金	固定資金不足		長期借入金増加	
	運転資金不足		短期借入金増加	
			割引手形増加	
			現預金減少	
	合計		合計	

＊固定資金の欄は、営業活動に伴って「貸方」が資金を発生させる原因＝調達、「借方」がその運用の状況を示すものである。
＊運転資金の欄は、営業活動に伴って発生する収支の期間的なズレ（タイム・ラグ：Time Lag）が、一時的（一過性）資金需要の発生を示すものである。

長期と短期に区別する

　資金運用表は、資金の流れを、長期と短期で区分する。なぜなら、長期資金と短期資金は、調達方法・調達コストや運用方法・返済財源などが異なるためである。

(2) 資金運用表のつくり方は？

　資金精算表を使用して作成する方法と、使用しないで作成する方法がある。
　キャッシュ・フロー計算書と同様に発生主義の非資金損益項目（たとえば減価償却費）の振替等をおこなう。
●勘定科目が多い場合は、「資金精算表」をいったん、作成する。
　まず、資金精算表は、4つの欄で区分表示する。
　①前期と当期（今期）の貸借対照表の金額を記入する欄
　②貸借対照表の各項目の増減を記入する欄
　③修正仕訳を記入する欄
　④差引を記入する欄

(3) 資金運用表の使い方は？

　　・固定資金の調達と、運転資金のバランスをみる。
　　・運転資金の増加額と、売上高の増加をみる。
　　・総合的にみた資金過不足への対応状況をみる。

固定資金と運転資金と財務資金のバランスは？
①資金は、固定資金から運転（流動）資金へ流れているか？
　一般的に、売上高の増加に応じて運転資金が必要になるので、それまでの運転資金では不足する。もしも、固定資金の調達額が超過（余裕）であれば、その超過分を運転資金に充当すればよいが、それでも運転資金が不足する場合は、財務資金（借入金など）で補うことになる。
②運転資金の増加は、売上高に見合っているか？
　運転資金の各項目（売掛金・買掛金等）は、売上高に回転月数を掛けたものなので、取引条件が変わらなければ、運転資金は売上高の増加に比例して増加するはずである。運転資金の増加原因は売上高の増加か、回転期間（手形サイト等の取引条件）の減少によるものかを調べる必要がある。
③運転資金の最終調整（過不足）は、財務資金でどのようにおこなったか？
　短期の調達資金（短期借入金など）を、長期の運用資金（設備投資など）に

充てることはよくない。したがって、自己金融（自己資金調達＝増資など）や外部長期資金調達（長期借入金など）で、調達資金の不足分を賄うべきである。

(4) キャッシュ・フロー計算書との関連は？

これらの資金計算書は、決算期の同時期に作成されるので、資金の流れは、あくまで資金運用表において長期・短期でみるか、他方キャッシュ・フロー計算書において営業・投資・財務区分でみるか、の違いだけであり、これらの資金計算書は相互に組み替えて（つくり替えて）、検討することができる。

6. 資金繰りと資金繰り表

(1) 資金繰り表の形式は？

- 資金収支は３つに区分する。
- 月売上高や運転資金項目の動きを欄外に記入する。
- 割引手形や設備手形の記入の仕方に注意する。

①まず、**資金収支は３つに区分する**。

会社の経営活動における資金の流れを、営業活動に伴うもの（経常収支）と、投資・財務活動に伴うもの（経常外収支）、とに区分して表示する。

②次に、**運転資金項目の動きは、欄外に記入する**。

なぜなら、現金（1）の収入・支出を表示するだけでなく、将来に現金となるであろう受取手形・売掛金・棚卸資産など（2）や、将来に支払義務が生じるであろう支払手形・買掛金など（3）の運転資金項目について、どのように変化する（動く）かを表示することも必要だからである。

上記（1）（2）（3）の運転資金の３要素は、短期的な資金繰りに影響を与えるものである。したがって、現金（1）の動きとは別に、売上債権・棚卸資産（2）と買入債務（3）の動きを記入する欄を用意する。

③**割引手形は、どこに表示すればよいか？**

手形の割引収入は、営業収入とするか、財務収入とするかによって、資金繰り表の形式が異なる。日本では、売掛代金を手形で貰う商習慣があるので、こ

れを営業収入とする会社が多い。
④営業関係（買掛金）の支払手形と、設備関係（借入金）の支払手形を区分する。

　資金繰り表の経常（営業＝本業）収支区分は、営業活動に伴う資金の収支に限定されるので、設備購入のための買入金を手形取引（長期サイト）でおこなうことは、経常外収支の区分に表示する。

資金繰り表のチェック・ポイント
●経常収支と経常損益の状況
　資金繰りは収益力に左右される。なぜなら、売上高が増加すると、必要運転資金も増加するが、利益で資金が賄われるならば、経常収支はプラスになるからである。
　①経常収入と経常支出のバランス
　②売上高の季節的変動と繋ぎ（一時的）資金への対応
　③経常収支（現金主義）と経常損益（発生主義）の関連

$$経常収支比率 = \frac{経常収入}{経常支出} \times 100 \cdots\cdots 目安は100\%以上である。$$

●借入金を中心とした経常外収支
　経常収支のバランスだけでなく、経常収支残高のなかから決算資金（税金・配当金・役員賞与など）を賄い、残金で借入金の返済や固定資産の投資に充てる資金が必要である。
　償還能力とのバランス……借入金返済・固定資産支払≒手形借入による分割返済、などの月々の固定的支出は、償還能力からみて過大になってないか？

$$償還期間 = \frac{借入金 + 設備支払手形}{税引き後償却前利益} \cdots\cdots 目安は10年以内である。$$

●運転資金と回転の状況
　売上高に応じた運転資金必要額である運転資金体質を決めるのは、運転資金の回転期間である。

①売上債権・棚卸資産・買入債務の回転状況は変わりないか？　他社と比べてどうか？
②売上債権と買入債務・棚卸資産と買入債務のバランス
③増加運転資金（運転資金必要額の動き）

$$売上債権回転期間（月）＝\frac{売上債権}{月売上高}$$

受取手形残高＝月平均売上高×手形回収率×手形平均サイト（ヶ月）

限界収支率＝限界利益率（限界利益÷売上高）－運転資金率（運転資金÷売上高）

月末現金・預金の残高

資金繰りは、資金調達の状況や投資（運用）の効率を反映する。
①翌月支払日・翌月入金予定日、収入予定金額などからみて、現預金残高は足りなくないか？
②その他

$$自己資本比率＝\frac{自己資本}{総資本（他人資本＋自己資本）}×100$$

$$借入依存度＝\frac{借入金収入（長期・短期借入金収入＋手形割引収入）}{経常収入＋借入金収入（長期・短期借入金収入＋手形割引収入）}$$

(2) 経常収支とは？

経常収支（額）とはなにか？

会社の営業活動のなかで、継続的に生み出される収入と支出との差額（資金繰りの余裕）のことである。

$$経常収支＝経常収入－経常支出$$

経常収支がプラスならば設備の購入・借入金の返済などに充てる（資金の運用）。

経常収支がマイナスならば資金の調達（新規の借入など）をおこなう。

経常収支の算出方法は？

①経常収支＝経常収入－経常支出

　　経常収入＝売上高＋営業外収益－売上債権＊増加（－未収入金増加＋前受金増加＋前受収益増加）

　　経常支出＝売上原価＋販売費・一般管理費＋営業外費用－買入債務増加（－未払金増加－未払費用増加－貸倒引当金増加）－減価償却費＊＋棚卸資産増加（＋前渡金増加＋前払費用増加）

　これらは、損益計算書（発生ベース）の売上高と費用を、現金ベース（主義）に置き換えたものである。

＊売上債権は、売上代金の未収分（売掛金と受取手形）で、割引手形・裏書手形は加算し、前受金は減算する。

＊減価償却費は、現金支出を生じない費用（その他は引当金の繰入など）である。

②経常収支＝経常利益＋減価償却費－運転必要資金増加

　これは、経常収入・経常支出ではなく、資金・利益でとらえるものである。

(3) 経常収支比率の見方は？

　経常収支比率（経常収入÷経常支出）が80％を下回るか、経常収支差額（経常収入－経常支出）が3期連続でマイナスの場合は、原因を調査すべきである。

　経常収支比率は、売上債権や棚卸資産の回転期間と関連させてみることが大切である。

経常収支比率の意味するものは？

　経常収支比率とは、営業（本業）活動による収入と支出の割合（現金ベース）なので、会社の現金支払い能力をみる指標である。

　もしも、運転資金の回転が正常で、かつ利益が出ている会社は、経常収支差額はプラスで、経常収支率は100％を超える。逆に、経常収支率が100％以下の会社は、営業（本業）活動による支出を収入でカバーできないので、手持ちの資産を処分したり、本業以外（副業や銀行取引）からの資金調達が必要と

なる。

$$経常収支比率(\%) = \frac{経常収入}{経常支出} \times 100$$

経常収支比率（資金面＝銭）と経常損益比率（損益面＝勘定）の違いは？

　この違いは、いわゆる"勘定合って銭足らず"の状態を示している。

　もしも、経常収支比率が100％を超え、経常損益比率がプラスの場合は、資金面で収支が支出を上回り、損益面で収益が費用を上回り利益が出ているので会社の経営は上手くいっている。逆に、経常収支比率（現金ベース）が100％を下回る会社は、経常損益比率（発生ベース）がプラスで利益が出ていても、それに見合う資金（現金）が発生してないので、運転必要資金の増加による資金ショート（不足）の恐れがある。

$$経常損益比率(\%) = \frac{売上高 + 営業外収益}{売上原価 + 販売費および一般管理費 + 営業外費用 - 減価償却費} \times 100$$

経常収支は運転資金の回転状況と関連させてみる

　経常収支は、本来（本業）の営業活動から生まれるものなので、その額（経常収入－経常支出）は比較的安定しているし、同じような収入と支出が繰り返し発生する点が特徴である。経常収支差額は、売上代金を早期に回収した場合や仕入代金の支払期日を遅らせた場合もプラスになるので数期間の動きや受取・支払勘定の回転率もあわせてチェックする必要がある。

経常収支と経常外収支とのバランスをみる

　経常収支の計算上は、本業以外の投資・財務活動のための支出を考慮（織込）していないので、経常収支がプラスでも、それだけで会社全体を維持するのに資金が十分とはいえない。

業種別の特徴に注意する

たとえば、建設業では、製造業（108％）に比べて経常収支比率（104％）が低く、かつ比率の変動幅が大きい。これは、（工場や設備が少なく現場作業が多いので）減価償却費の割合が低いこと、景気変動の影響を受けやすいことなど、業界の体質による。反対に、製造業では、経常収支比率は長期的に安定し、減価償却費の割合も高いのが特徴である。しかし、過去の設備投資額が大きいので、その設備資金の調達コストも大きいのが特徴である。

(4) 収支分岐点と限界収支分析とは？

収支分岐点の分析は、収支分岐点式を利用して、運転資金の収支や、その背景にある会社の資金構造を明らかにする目的でおこなわれる。

収支分岐点の公式は、資金の流れを決定する要因が多いことや収益力が資金の流れに関係することを示している。

収支分岐点とは？

資金計算上（現金ベース）で、売上の収入額と、費用の支払額がちょうど等しくなる売上高である。つまり、運転資金の収支が均衡イコールする売上高のことである。なお、損益分岐点は、損益計算上（発生ベース）で、売上の収益額と、費用の発生額がちょうど等しくなる売上高で、利益も損失も出ない（損益ゼロ）採算点の売上高のことである。

損益の仕組みと収支の仕組み

収支分岐点は、損益分岐点と同様に、算式か図表で算出できるものである。

$$収支分岐点 = \frac{固定費① - 償却費 - 期首運転資金②}{限界利益率③ - 運転資金率④ \cdots\cdots ③ - ④ = 限界収支率}$$

限界利益率③ ＝ 限界利益⑤ ÷ 売上高

限界利益⑤ ＝ 売上高 － 変動費（÷固定費）

運転資金率④ ＝ 期末運転資金⑥ ÷ 当期売上高

固定費① ＝ 売上原価のうちの固定費 ＋ 販売費・一般管理費のうちの固定費

期首運転資金② ＝ 期首売上債権 ＋ 期首棚卸資産 － 期首買入債務
期末運転資金⑥ ＝ 期末売上債権 ＋ 期末棚卸資産 － 期末買入債務

損益分岐点の算式は、売上高・変動費・固定費の損益構造を示す3項目で形成される。

収支分岐点の算式は、これに運転資金に関係する2項目②＋④が追加され合計5項目で形成される。

収支分岐点の算式の構造

経常収支 ＝ 経常利益A ＋ 減価償却費 － 運転資金増加額B

経常利益A ＝ (売上高 × 限界利益率) － 固定費

運転資金増加額B ＝ 期末運転資金 － 期首運転資金
　　　　　　　　 ＝ (売上高 × 運転資金率) － 期首(前期末)運転資金

経常収支 ＝ {A(売上高 × 限界利益率) － 固定費} ＋ 減価償却費 － {B(売上高 × 運転資金率) － 期首運転資金}
　　　　 ＝ 売上高 × (限界利益率 － 運転資金率) － 固定費 ＋ 減価償却費 ＋ 期首運転資金

左辺の経常収支をゼロとする収支分岐点の売上高は？

$$\text{ゼロ} = \frac{売上高 \times (限界利益率 - 運転資金率)}{(限界利益率 - 運転資金率)} - \frac{(-固定費 + 減価償却費 + 期首運転資金)}{(限界利益率 - 運転資金率)}$$

$$売上高 = \frac{固定費 - 減価償却費 - 期首運転資金}{(限界利益率 - 運転資金率^*)}$$

＊運転資金率 ＝ 期末運転資金 ÷ 売上高

仮に、分子＝固定的支出、分母＝限界収支率とよぶと、

$$収支分岐点 = \frac{固定的支出}{限界収支率}$$ と表示されることになる。

収支分岐点計算式の活用は？

　一般的に、売上高が増えると運転資金必要額が増えるが、新たに運転資金も生み出されるので、経常収支はその分だけ増えることになる。例外的に、売上高が増えると経常収支が減るタイプの取引条件が悪い会社もあるが、それは会社固有の資金構造によるものである。

7. 金融機関との取引

(1) 収益による償還と資金繰りによる償還

　借入金の償還（返済）方法は、収益力（本業）による償還と、資金繰り（副業）による償還の2つがある。
　収益力による償還は、事業（本業）活動から生み出される資金（Cash）によって借入金を返済する方法である。
　資金繰りによる償還は、事業活動以外（副業）の財源によって借入金を返済する方法である。

償還能力は2つに分けてみる

　償還能力とは、借入金を契約通りに返済する企業の財務力のことである。償還能力を高めるためには、本業の事業活動によって経常的に資金を生み出して（収益償還能力）、借入金を返済することが大切である。

　　　　　収益償還能力：税引き後利益＋減価償却費－株主配当・役員賞与

　資金繰り償還能力とは、増資（社債は債務）・預貯金取崩・資産処分・債権回収などの返済財源のことである。

収益償還能力の計算方法

$$借入金返済可能期間(年) = \frac{借入金残高}{税引き後利益 + 減価償却費 - 株主配当・役員賞与}$$

返済可能期間が契約返済期間より長い場合の対策は？
　①設備投資規模の縮小
　②自己資金割合の拡大
　③増収増益計画の立案
　④契約返済期間の延長
　近年、取引銀行など金融機関の方針変更（取引年数、担保不動産重視からキャッシュ・フロー、事業危険重視へ）により、収益力・信用力を反映した貸付危険の大小が貸付すなわち融資条件（貸付額・貸付金利）を決定するようになった。

借入金の範囲は？

　返済を要する借入金の範囲は、長期有利子負債（長期借入金・社債など）のみか、短期借入金を含めるのだろうか？
　短期と長期の借入金は、その使途・返済財源・返済期間等に差がある。長期借入金とするのが一般的である。しかし、有利子負債全体（現金化済の割引手形を除く）を償還の対象としてみるべきである。
　①借入金償還期間の算定は、資金調達の健全性（有利子負債＝借入金に依存しすぎていないか？）をみるもの。
　②経常的な運転資金は、資金需要が継続するので、本業の収益によって償還されるべき。
　③長期と短期の区別が不明確である。
　わが国の中小企業の借入金の長短割合は、6：4か7：3で、長期が多い。

返済財源としての減価償却費

　短期耐用年数の固定資産（車両・備品など）購入は、短期借入金ではなく、減価償却費として回収する資金（利益マイナス要因）*で調達すべきである。

しかし、設備投資による売上増加に伴う運転資金の増加は、減価償却費の充当でなく、キャッシュフローで充当すべきである。
＊減価償却費の3割を企業維持費と考えて、残りの7割を借入金の返済財源とすべきである。

$$借入金返済可能実際期間(年) = \frac{借入金残高}{税引き後利益 + (減価償却費 \times 0.7) - 株主配当・役員賞与}$$

（注）
①運転資金項目の増減を省略する（利益計上年度に現金で回収と仮定）。
②減価償却費は固定資産取得額と固定資産償却額が同額と仮定する（残存簿価ゼロ）。
③減価償却費以外の非資金損益項目はないと仮定する

(2) 長短借入金の限度

・借入金の限度をみるには、売上高・金融費用＝資金コスト・返済能力の3つのものさしがある。
・資本構成面でみて、有利子負債（借入金）の占める割合は、50％が限度である（借入金の限度をみる返済能力のものさしは、前項目（借入金返済可能実際期間算式）で既出）。
・月商（月売上高）と比べる。

$$借入金月商倍率(倍) = \frac{短期借入金 + 長期借入金 + CP^* + 受取手形割引高 + 社債}{年売上高(年商) \div 12 \cdots 月商換算}$$

＊CP：Commercial Paper：無担保で発行する約束手形のこと（短期資金の借入用）。
●借入金が月商の何倍あるか？　借入金が経営の負担になっていないか？
建設業・製造業は6倍、卸売業・小売業は3倍が限度である（大規模設備投資が有無の差）。
●金融費用（資金コスト＝支払利息など）と比べる。
　金融費用の負担状況から借入金依存の限界をみる。

2つの指標（①売上高金融費用比率：売上高と比べる、②インタレスト・カバレッジ：営業利益と比べる。後述）を使用する。

●売上高金融費用比率（会社の収益構造や資金調達状況を知る）

$$売上高金融費用比率(\%) = \frac{金融費用(支払利息^*) - 受取利息・受取配当金}{売上高} \times 100$$

＊ほかには、支払割引料・社債利息・社債発行差額（差金）償却＊等を含む。
＊社債発行差額（差金）は支払利息の前払いであるので、差額償却費は金融費用である（社債発行費・株式発行費は事務費用の繰り延べなので、金融費用ではない）。

この金融費用の負担状況は、3つに分解できる。

$$\frac{金融費用}{売上高} = \underbrace{\frac{借入金}{総資本}}_{(借入金依存割合)} \times \underbrace{\frac{総資本}{売上高}}_{(資本回転期間)} \times \underbrace{\frac{金融費用}{借入金}}_{(借入金利子率)}$$

借入金依存割合は調達した資金全体（使用総資本）に占める有利子負債（借入金）の割合を示し、資金の調達状況が健全かどうかを判断する。大きいと不健全である。

資本回転期間は調達した資金の運用状況が効率的かどうかを、売上高との関係で示す。

借入金利子率は資金の調達費用（資金コスト）の大きさ（割合）を示す。

資金の調達費用のうち、金融機関からの借入レート（支払利子率）は、次の条件が反映する。

①会社の経営内容（金融機関の融資レートには回収リスクが織り込まれる。経営内容がよければ低く設定される）

②銀行預金の残高（銀行に預けている金は万一の場合に貸付金と相殺できる。担保的役割を果たす）

③銀行の融資期間（融資期間が長ければ回収リスクは大きくなる）

④その他の諸条件（融資額・割引手形か単名手形か・他行とのバランス。リ

スクヘッジを織り込む)

　なお、ここでの金融費用は、受取利息を差し引かない（よりシビアにみるため）。また、ここでの総資本・借入金には、割引手形を含む（よりシビアにみるため）。
●借入金（有利子負債）が総資産（総資本）に占める割合は、50％以下になっているか？
　なぜなら、依存度が50％を超える会社は、自己資本比率が低く、資金繰りに余裕がなくなっているからである。
（例）資本回転率が1回転の場合、総資産と売上高が同額なので、借入金が総資産に占める割合が50％であると、借入金残高は月商6ヶ月分と同額になり資金繰りの限界である。

$$借入金依存割合(\%) = \frac{借入金}{総資産(総資本)} \times 100$$

　借入金の動きは、キャッシュフロー計算書では、財務キャッシュフロー区分に示される。
　注意すべき点は、資金調達が投資（設備資金）目的か資金繰り（運転資金）目的か、あるいは、借入金の返済額は償還能力の範囲内か、などである。

(3) 借入金を返済するための売上高

●損益分岐点の計算式を利用して、返済可能売上高を求めることができる。
　運転資金（短期）の増加を見込まない場合

$$返済可能売上高 = \frac{固定費 + 必要利益^*}{限界利益率^*}$$

$${}^*必要利益 = \frac{年返済額 - 減価償却費}{1 - 税率}$$

$$^*限界利益率(\%) = \frac{限界利益(売上高 - 変動費 ≒ 固定費)}{売上高} \times 100$$

　上記の式では売上高の増加に伴う新規運転資金を考慮してないので、別途検

計すべきである。

(4) インタレスト・カバレッジ・レシオ（Interest Coverage Ratio）

インタレスト・カバレッジ・レシオは、本業による金利負担能力をみる指標である。この指標は、業界（業種）によって差があるので、時系列や同業他社で比較すべきものである。

この指標の計算方法とは？

銀行からの借入金等の有利子負債（元本）と支払利息を、契約（約束）通り返済できる水準の利益を上げることが必要である。そのために、インタレスト・カバレッジ・レシオは、利息を支払う前の当期利益が、支払利息総額の何倍あるかを示す指標である。

$$\text{インタレスト・カバレッジ・レシオ(倍)} = \frac{\text{営業利益} + \text{受取利息・配当金}}{\text{支払利息・割引料}^*} = \frac{\text{事業利益}}{\text{支払利息・割引料}}$$

＊分母の支払利息・割引料には、長期借入金・社債・CPの支払利息のほか、手形割引料を含む。支払利息・割引料の原資（財源）は、営業利益・受取利息・受取配当金である。

この指標の見方とは？

インタレスト・カバレッジ・レシオ（倍）は、その倍率が高いほど、金利を支払う収益に余裕があることを示している（収益力が高く、借入金依存度が低い企業）ので、一応、3倍が目安である。もしも、1倍を割っている場合は、本業の利益で金利の支払額を負担できないことになる。

インタレスト・カバレッジ・レシオは、自己（株主）資本比率とともに、企業の安全性を格付けする指標とみなされる。ただし、この指標は損益計算書の数字をもとに算出するので、毎期の業績や市場の利子率を反映して、短期的に変動しやすい性質をもつものである。

(5) 金融機関から借入する際の「提出書類」

融資を受けること、つまり借入の際に注意すべき点は、以下の通りである。
・借入の必要性……資金の使途は？
・投資の効果
・資金の調達方法と返済財源（原資：資金の源泉・元手）
・担保の内容

資金の使途は？

金融機関から借り入れをする際に、必ず聞かれる項目である。
資金の使途……「①設備資金検討表」と「②必要運転資金検討表」の表示項目
　①設備（長期）資金：必要金額・必要理由・必要月日
　②運転（短期）資金：必要金額は、売上高に見合う金額か？

投資の効果は？

金融機関が融資をおこなう際に、貸付資金の回収可能性がポイントとなる。
投資の効果……「投資効果検討表」の表示項目
　①売上の増加額
　②費用の低減額
　③利益の増加額
　このほかに、利益計画表・投資資金回収期間・投資利益率・割引キャッシュ・フロー法採算の計画表などの補足資料も必要である。

資金調達の方法は？

金融機関は、融資額の必要性・妥当性についてチェックする。
資金調達の方法……「資金調達方法検討表」の表示項目
　①自己資金：手元（手許）資金・資産処分・増資など
　②うち、資産処分：処分難易度・予定価格・担保影響度・税金負担額（譲渡所得）
　③売上代金の入金

設備投資の効果は、長期にわたるので、設備資金調達は、自己資金をベースに、不足分のみ長期借入金で調達することがポイントとなる。

返済の能力は？

金融機関は、融資額（元本）と利息について、確実に回収できるかをチェックする。

返済の能力（前々期・前期・当期実績、来期予想別）……「借入金返済能力検討表」の表示項目

①税引き後利益
②減価償却費
③支払配当・役員賞与
④長期借入金返済額（新規借入分を含む）
⑤差額（余裕額）：①＋②－③－④

●設備投資額の売上による回収は、設備の使用期間が10年とすれば半分の5年で可能か？

$$設備投資額 \div (①＋②－③) ＜ 5年（土地を含む場合は10年）$$

返済可能期間は、設備の使用期間（≒耐用年数）以内か？

設備資金の調達が借入金による場合は、借入金は毎年の減価償却前利益で返済するので、長期事業（利益）計画と長期借入金返済計画が必要である。

(6) 赤字企業の黒字転換対策

赤字企業を、体質的赤字の企業・一過性赤字の企業・創業時赤字の企業、の3ケースに分ける。

体質的赤字の企業は、3～5年で黒字に転換できる具体的な計画が必要である。

体質的赤字企業のケースは？

業績不振の企業は、財務体質に構造的要因（欠陥）をもっている。

一般的に年度赤字⇒累積赤字⇒債務超過⇒倒産と連鎖することが多い。

「貸借対照表」当期未処理損失＝累積赤字
　　　　　　　（うち当期損失）＝年度赤字
　　　　　資本（純資産）の部マイナス合計＝債務超過

　収益力に比べ、借入が多く、返済が重荷の企業は、新規借入が困難となる。
●金融機関の企業評価項目は？
　当該企業の収益状況・資金繰り・財務基盤等の財務要因、貸付条件、履行（過重融資？）状況、担保などを、個別的に判断する。その他、経営者の姿勢、販売力・技術力（将来性）、従業員のモラル（士気）などの内部要因および景気の動向、産業構造の変化、為替（貿易）の動向などの外部要因なども含めて、総合的に判断する。
　したがって、会社の経営者は、黒字転換の「事業計画書」を作成すべきである。
　①実質的な赤字はいくらなのか？
　②いくら資金が必要で、どんな調達をするのか？
　③自己資金の調達方法は、どの程度か？（増資、社債など）
　④借入金の返済計画は、どうなっているのか？
　⑤事業計画書を裏付ける財務構成改善計画は？

一過性赤字企業のケースは？
　急激な景気の落ち込み・特別損失の処理等によって、一時的に赤字に陥る場合がある。これは、企業の財務体質に原因はないが、長期にわたって赤字に低迷すると、経営不振に陥ることになる。また、赤字から脱却する長期計画が出来ても、当面（短期）の資金繰りは大丈夫かがポイントとなる。そこで、「資金繰り計画表」や「キャッシュ・フロー計算書」も作成することが必要となる。

創業時のみ赤字企業のケースは？
　創業時は、先行投資が必要なため、赤字になりやすい。たとえ利益を計上していても、開発費や棚卸資産を再評価すると債務超過になる場合もある。一般的には、黒字転換時期が創業から5年以内、創業後の売上高や当期利益が当初

計画の7割以上が確保されていれば、創業時のみ赤字と判断できる。
●黒字転換が進まない理由
　①経営者の判断力（経営手腕・センス）に問題がある。
　②技術力に過信（技術が有るので当然売れる）がある。
　③市場調査が不十分（最良を想定し販売計画が甘い）である。

(7) 金融機関がおこなう企業のチェック方法

　　・不明瞭・不健全資産・簿外負債などからみて、企業は実質的に債務超過に陥ってないか？
　　・期間損益はプラス（黒字）表示だが、実質的にみてマイナス（赤字）ではないか？

正味資力の見方

　正味資力とは、貸借対照表の資産・負債について、実質的に判断して、純資産（資本）の部の金額を計算し直したものである。これは金融機関（銀行など）が、企業（融資先）の耐久力や弁済能力を正確にとらえるため、とくに中小企業に対して信用供与（＝融資）の判断に参考とするものである。

不健全資産の種類

　不健全資産は資産のうち、内容が不明瞭・不健全で、換金性（現金化）に欠けるもので、①勘定科目から判断するものと、②内容を実質的に判断するものに分けられる。

不健全資産の例①（勘定科目から判断するもの）
　　・流動資産（短期貸付金・仮払金・立替金・未収入金など）
　　・固定資産（長期貸付金・長期未収入金など）
　なお、繰延資産は換金性（現金化）がない（償却）ので、資金の合計額から除外する。

不健全資産の例②（資産内容から判断するもの）
　　・流動資産（売上債権のうち長期滞留債権・棚卸資産のうち不良在庫など）

・固定資産（含み損のある土地・ゴルフ会員権・投資有価証券・償却不足や遊休中の工場や機械設備など……帳簿価格（貸借対照表）が実質価値に対して極端に大きいもの）

不健全資産と財務状況の判断

　不健全資産の金額が増加している企業や、不健全資産の総資産に占める割合が20％を超える企業は、財務体質に問題がある。

●不健全資産の検討

　以下の事項が、検討の対象となる。

〈検討項目〉

　不健全資産 A

　流動資産（その他）・投資等・繰延資産、実質的不健全資産

　総資産 B

　総資産に占める不健全資産の割合（％）＝ A ÷ B

　①不健全資産＞自己（株主）資本　　　　　　　　⇒実質債務超過の企業

　②不健全資産＞剰余金・法定準備金(資本・利益剰余金)⇒要注意状態の企業

$$\frac{不健全資産}{総資産} > 20\% \quad \Rightarrow \quad 同上$$

　③不健全資産期中増加額＞当期純利益　　　　　　⇒当期実質赤字の企業

(8) 金融機関がおこなう信用格付など

●金融庁は、各金融機関に対して、経営の健全性をチェックする立場から、検査を実施する。この検査の前提として、各金融機関は、取引先（融資先）について、信用リスクに応じて、「信用格付」「債務者区分」をおこなった後に、個々の債権（資産）について、分類・引当をおこなう。

　│信用格付│→│債務者区分│⇒│資産分類│→│償却・引当│

第8章 資金管理概論

信用リスクと債務者（取引先＝融資先）の区分

　金融機関は、債務者の信用リスクに応じて「信用格付」をおこない、それに応じて債務者を5つに区分する。
　①正常債務者
　②要注意債務者
　③破綻懸念債務者
　④実質破綻債務者
　⑤破綻債務者

債権（資産）の区分と償却・引当

　金融機関は、債務者の区分をおこなった後で、個々の債権に着目し、担保や保証の状況に基づき、債権（貸付金）の回収可能性に応じて、担保用債権（資産）を4つに区分する。
　①回収の危険性または価値の毀損の危険性について問題のない資産。
　②債権確保上の諸条件が満足に充たされないため、あるいは信用上の疑義が存するなどの理由により、その回収について通常の度合を超える危険を含むと認められる資産。
　③最終の回収または価値について重大な懸念が存し、したがって損失の発生の可能性が高いが、その損失額について合理的な推計が困難な資産。
　④回収不可能または無価値と判定される資産。
　以上のような債務者区分・資産分類作業の結果、金融機関は、信用リスクの大きな債権については、より多くの引当（担保を取る）や償却（簿価を減額する）を必要とする。

(9) 金融機関がおこなう債務者区分

　債務者（取引先＝融資先）の財務状況・資金繰り・収益力などにより、債務者の返済能力を判定し、その状況（判定結果）によって、債務者を正常・要注意・破綻懸念・実質破綻・破綻の5つの企業に区分する。

正常債務者区分の判断

　正常債務者とは、「業況が良好」Ⓐであり、かつ「財務内容にも特段の問題

がない」Ⓑと認められる企業をいう。
- ●「業況が良好」Ⓐの判断
  ①収益性に問題がないか？
  ②収益の安定性はどうか？（悪化の兆候はないか？）
  ③キャッシュ・フローによる債務償還能力はあるか？
  ④業界の動向はどうか？
- ●「財務内容にも特段の問題がない」Ⓑの判断
  ①繰越欠損はないか？
  ②債務超過や借入金過多・急増になっていないか？
  ③固定資産への過大投資はないか？
  ④不良在庫、不良売上債権、含み損資産がないか？
  ⑤財務比率に問題はないか？……財務レバレッジ：負債と自己（株主）資本との関係など

要注意債務者区分の判断

　要注意債務者とは、以下の問題点を１つ以上抱えており、今後の弁済能力に懸念がもたれるために、今後の取引先（融資先）管理にとくに注意を要する企業をいう。
- ●問題点
  ①支払金利の減免や棚上げなどをおこなっていることで、債務者の融資条件に問題がある企業＊
  ②元本や利息の支払が事実上延滞していることで、返済の履行状況に問題がある企業
  ③業況が低調ないし不安定な企業または財務内容に問題がある企業

＊融資条件に問題がある企業とは、収益力、財務内容などに問題があり、設備資金の返済期間が設備の耐用年数を超えて約定されていたり、最終期日一括返済とされている企業。

破綻懸念債務者区分の判断

　破綻懸念債務者とは、現在のところ経営破綻の状況にはないが、経営改善計

画などの進捗状況が芳しくなく、今後は経営破綻に陥る可能性が大きいと認められる企業（金融機関などの支援継続中の企業を含む）をいう。

具体的には、現在、事業を継続しているが、実質債務超過の状態に陥っており、業況が著しく低調で貸付金が延滞状態にあるなど、元本および利息の最終の回収について、重大な懸念があり、したがって、損失（貸倒）の発生の可能性が高い状況で、今後、経営破綻に陥る可能性が大きいと認められる債務者のことである。

基準は、「実質債務超過状態」「業績のいちじるしい低調」「貸付金の損失（貸倒）発生の可能性」の3つである。すなわち、事業は継続しているが、自助努力のみでは好転の見通しが立てにくく、今後は経営破綻に陥る可能性が大きい企業である。

●具体的な判断基準
　①今後の事業継続の見通しは、どの程度あるか？
　②予測される収益力で、債務超過を早期に解決できるか？……3年以内、最長でも5年以内
　③キャッシュ・フローの状況や今後の資金繰りの見通しは、どうか？
　④経営改善計画などの進み具合は、どうか？……実効性は？
　⑤金融機関等の支援状況は、期待できるか？

実質破綻債務者区分の判断

　実質破綻債務者とは、法律的には経営破綻の事実は発生していないが、深刻な経営困難の状態にあり、再建の見通しがない状況にあるなど、実質的に経営破綻に陥っている企業をいう。具体的には、事業は形式的には継続されているが、多額の不良債権や過大な借入金があるために、実質的な債務超過の状態が相当期間続いており、3年以上、事業好転の見通しがない場合である。すなわち、実質的に借入金の返済が長期間（6ヶ月以上）停滞している企業、経営改善計画などがつくられていても、進捗状況が不明であるため、金融機関の支援も期待できない状態にある企業である。

破綻債務者区分の判断

　破綻債務者とは、破産＊、更生＊など、法的な経営破綻の事実が発生している企業をいう。債務者（融資先）の経営実態などに着眼した実質的な判断は要せず、単に法的な状態をもって、形式的に判断して、経営破綻とみるものである。

＊破産：個人ないし企業が経済的に破綻し、債務の支払が困難な状態（破産法）

＊更生：窮境にあるが、再建の見込みのある状態（会社更生法）

8. 中小企業のための経営支援

(1) 公的支援政策活用のための事業計画書

　　・実績からみた計画の妥当性は認められるか？
　　・事業基盤を強化するため、具体的な道筋をどのように織り込むか？
　　・貸借対照表・損益計算書・資金計算書との整合性はあるか？

　近年、ベンチャー企業に対する政策的な支援は、金融中心から多様な経営資源獲得へ、重点が変化した。

経営支援の『ベンチャー企業の発展のために』中小企業庁

1. 資金面の支援
   (1) 創造的中小企業創出支援事業：ベンチャー財団を通じた株式・社債による資金調達支援
   (2) ベンチャー予備軍発掘・支援事業（中小企業総合事業団）
   (3) 中小企業投資育成株式会社による投資
   (4) 新事業開拓保証（信用保証協会）
   (5) 成長新事業育成特別融資（中小企業金融公庫）
   (6) エンジェル（個人投資家）税制の大幅拡充
2. 技術面の支援
   (1) 新事業創出促進法（中小企業技術革新制度：SBRI）による支援

(2) 創造的技術研究開発費補助金・地域活性化創造技術研究開発費補助金
　(3) 課題対応新技術研究調査事業（技術調査）
　(4) 課題対応新技術開発事業（技術開発）
3. 経営面の支援
　(1) 中小企業・ベンチャー総合支援センター
　(2) 都道府県等中小企業支援センター
　(3) 地域中小企業支援センター
　(4) ベンチャー・プラザ
　(5) ベンチャー・フェア
4. 法律による支援
　(1) 中小企業創造活動促進法
　(2) 中小企業優遇税制

「事業計画書」のポイント

　金融機関は、過去の財務資料＋キャッシュ・フロー計算書を要求する。この公的支援は、事業計画書（経営革新を内容とする）すなわち、明確な経営戦略に裏づけされた経営内容の一新と経営力の強化を強調する利益計画と資金計画を含めた計画書（ビジネス・プラン企画書）に基づくものである。具体的には、経営改善の計画や技術力・販売力の強化策を織り込むことと、財務諸表（貸借対照表、損益計算書、キャッシュ・フロー計算書）との整合性をもたせることがポイントとなる。

(2) ベンチャー企業が市場から資金を調達する方法

　企業が成長期にある時期は、設備投資や増加運転資金が必要になるため、フリー・キャッシュ・フローがマイナスになる場合もある。もしも、マイナスが続く場合は、収益構造・資金管理・投資効率などに問題がある。

　金融市場から資金を調達するために、外部の投資家が企業の実態を合理的に判断できるように、企業の経営活動とリスクに関する情報を公開することと、リスクに見合うリターン（収益性）を主張して、投資家の興味をそそることがポイントとなる。

図表8-2　企業の成長各段階におけるフリー・キャッシュ・フロー等比較表

		創業期	成長期	安定期
Ⅰ営業活動	①キャッシュ・フロー（損益要因）	不足	充足	充足
	②増加運転資金（運転資金要因）	不足	不足	―
	③営業キャッシュ・フロー（OCF）	不足	充足	充足
Ⅱ投資活動		必要	必要	必要
Ⅲフリー・キャッシュ・フロー		不足	不足	充足

ベンチャー企業の成長とキャッシュ・フロー

①創業期とは、創業から2～3年の、基礎固めの時期をいう。すなわち、採算はとれないが、売上増に伴う運転資金・開発投資資金が必要なので、営業キャッシュ・フローはマイナスへ移行する時期である。このため、自己資金をできるだけ確保することと、公的資金の支援制度を活用することが重要となる。

②成長期とは、利益が伸びて、営業キャッシュ・フロー（償却前利益）がプラスへ移行する時期である。しかし、売上高の増加に伴う運転資金・設備投資資金が必要なので、フリー・キャッシュ・フローに余裕がなく、資金の調達が必要である。営業活動によるキャッシュ・フローの拡大を図り、財務情報の公開によって資金市場から外部資金を調達することが重要となる。

③安定期とは、事業が軌道に乗り、フリー・キャッシュ・フローに余裕が出て、借入金の返済へ回すことができる時期である。

資金市場から資金を調達する場合

近年、中小企業の上場等を念頭に置いた直接金融市場の創設・整備が進んだ。
（例）
　　　・新市場「ナスダック・ジャパン」「マザーズ」など
　　　・中小企業の私募債に対する信用保証協会の保証・施策など
　　　・中小企業が発行する新株予約権付社債の中小企業金融公庫引受制度など
　　　・中小企業向けローン担保証券市場の創設など

●事業資金を外部から調達する際の注意点は？
①ベンチャー企業に対する資本提供者はリスクの高い事業に資金を投資する

ので、企業は事業の成長性とリスクの大きさに関する情報を提供すること。

②株式を公開する会社は、投資家が期待するリターン（収益）を上回るリターンが必要である。すなわち、リスクがより少ない他の代替的な資産を運用することによって得られるリターンに、その事業のリスク・プレミアムを上乗せした高いリターンが必要となり、その値は一般的な投資＝10％、リスクの大きな戦略的な投資＝15〜20％といわれている。

(3) 少人数向け私募債の仕組み

中小企業の経営者は、身近な縁故者向けに私募債を発行することによって、資金を調達することができる。信用保証協会が保証する特定社債保証によって、私募債の発行がしやすくなる。

少人数向け私募債発行のメリット

①手続きが簡単（公募債では、格付会社の格付を取得しなければならないが、その必要がない。引受者の諒解が得られれば物的担保がなくても発行できる。金融庁への届出・告知義務が免除される）。

②資金負担が軽い（銀行借入と比べて、償還期限に元本を一括して支払うので、期中の支払は利息分のみとなる）。

③税務上有利（増資では株主への配当金は税法上の損金にならないが、社債の利払いは損金になる。代表者が株式の大半を所有している会社が第三者引受で増資する場合は持株割合が変動して税務上の問題（同族会社の別表）が起こることがあるが、社債の発行は無関係である）。

④その他（代表者が大きな金額を会社へ貸し付けている場合は、貸付金を社債に切り替えることも可能である）。

少人数向け私募債の仕組み

●私募債発行の要件は？
　①発行できるのは株式会社
　②募集総額は5億円未満
　③私募債の購入者は50人未満で、機関投資家でないこと

④返還期間や利息の取り決めは自由
　⑤財務内容の開示は不必要
●私募債募集の手続きは？
　①取締役会で決議
　②募集要項を決め、社債申込書によって応募者を決める
　③応募者に「募集決定通知書」を送付して払込を受ける
　④毎年、利息（利札）＊を支払う
　⑤満期日＊に元金を償還する
＊利率は自由（一般的には３～５％）
＊満期は自由（一般的には運転短期資金２～３年、設備長期資金４～５年）

少人数向け私募債の上手な利用方法
　会社の経営情報を引受人に開示する義務がない。しかし、信頼関係を維持するため、事業計画とリスク情報を開示する姿勢が必要である。経営者は、単なる資金調達の一手段と考えずに、財務体質強化（自己資本比率アップ）のための資本政策の一環と捉えることが大切である。あわせて、信用保証協会が中小企業の発行する私募債を保証する「特定社債保証」の活用も検討すべきである。

(4) 中小企業の財務効果

　資本利益率＊が負債（支払）利子率＊より大きい中小企業は、負債（借入金）による資本調達の割合を高めることによって、自己資本利益率を高めることができる。
＊資本利益率＝利益÷資本
＊負債利子率＝金融費用÷負債
　自己資本比率の低い中小企業は、自己資本利益率の変動幅が大きくなるリスクを避けるべきである。

中小企業と資本充実の課題
　借入金に依存した財務体質では、長期的に安定した資金を必要とする戦略的投資に耐えることができないので、足元（短期）の資金（運転資金）繰りに追

図表8-3　資金の調達方法

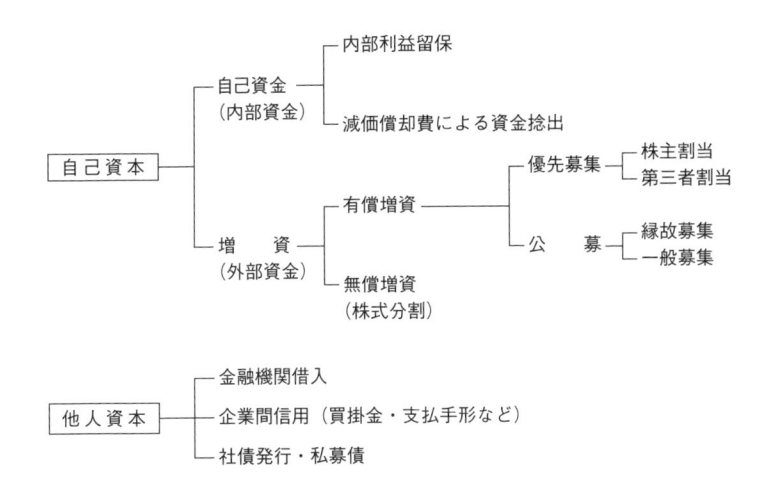

```
                    ┌─自己資金  ┌─内部利益留保
                    │ （内部資金）└─減価償却費による資金捻出
                    │                              ┌─株主割当
       ┌─自己資本──┤           ┌─有償増資──┬─優先募集──┤
       │            │           │              │       └─第三者割当
       │            └─増　資──┤              │       ┌─縁故募集
       │              （外部資金）│              └─公　募──┤
       │                         │                       └─一般募集
       │                         └─無償増資
       │                           （株式分割）
       │
       │            ┌─金融機関借入
       └─他人資本──┼─企業間信用（買掛金・支払手形など）
                    └─社債発行・私募債
```

われることになる。中小企業の資金調達方法としては、図表8－3に示すものが考えられる。

中小企業の財務効果とは？

　資本構成を検討する際に考慮すべきは、借入（他人）資本の利用に伴う財務リスクと財務レバレッジである。

　財務リスクとは、借入資本への依存度が高く、収益率が借入資本の調達コスト（利子率）を下回る企業では、借入資本の増加がコストを引き上げるので、営業利益の変動が大きくなり、ハイリスク・ハイリターンの事業形態になることをいう。つまり、株主資本は、より多くの財務リスクを追加的に負担することになる。とくに、物価の下落が続くデフレの場合は、借入金や金利は変わらないので、相対的に資金負担が重くなり、企業の収益を圧迫（減少）する。そこで、自己資本比率が30％以下の中小企業は、まず自己資本の充実を図ることが重要である。

　財務レバレッジとは、自己資本比率の高い企業では、調達コスト（利子率）の低い借入資本を利用することによって、全体の資金コストを引き下げること

図表8-4　最適資本構成図表

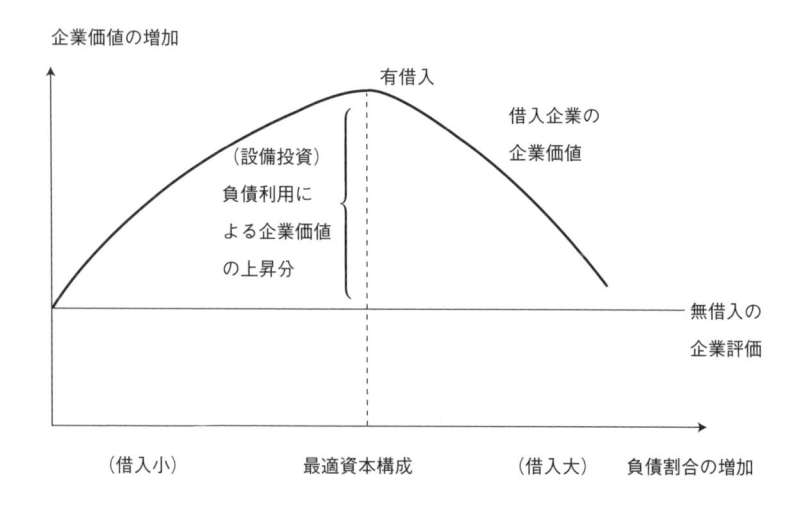

（図：横軸「負債割合の増加」、縦軸「企業価値の増加」。山型の曲線で、頂点が「最適資本構成」。左側「(借入小)」、右側「(借入大)」、頂点付近に「有借入」、右側に「借入企業の企業価値」、中央に波括弧で「(設備投資) 負債利用による企業価値の上昇分」、水平線に「無借入の企業評価」）

ができることをいう。

なお、中小企業の資本の最適性をみるものに、図表8-4の「最適資本構成図表」がある。

(5) 中小企業の経営戦略と評価

M&Aは、不採算部門の処分や、重要部門の補強・買収などを通して、企業の収益性や財務体質の改善を図る事業戦略の1つとして使われるものである。M&Aでは、企業の将来のキャッシュ・フローによる評価方法が重要である。

M&A（Mergers 合併 &Acquisitions 買収）のスタイル

主要なスタイルは、①合併・買収・営業譲渡・資産分割で、②資本提携・業務提携なども広い意味のM&Aである。

①合併・買収・営業譲渡・資産分割は、自社にない経営資源を一瞬にして手に入れる時間節約効果をもつものである。

②資本提携・業務提携は、外部の経営資源（製品開発力・資金力・販売力）を有効に活用することができる。提携形態は、技術提携、共同開発、生産委託

(ノック・ダウン)、ジョイント・ベンチャー（JV）等であるが、①に比べて、必要な資金量が少なくてすむ（投資リスクを抑えられる）。

なお、適当な事業継承者がいない中小企業では、手持ち株式を譲渡して投下資本を回収するとともに、会社の経営を第三者に託すことによって、事業の継続を図ることもある（M&Aの一形態）。これにより、営業基盤「カネ」・生産設備「モノ」・従業員（雇用）「ヒト」を維持できる。

M&Aと企業評価

M&Aでは、相手方企業の株価や企業価値を財務（会計）的に評価（金額表示）することが必要である。これは、中古車の査定と同様に考えることができる。しかし、市場を通した客観的な評価基準に欠ける点は、市場（マーケット）がないためである。

● 代替的な評価方法は？

①純財産価値を基準とする方法。企業の財産価値を一定の時点で評価し、その企業の正味財産を中心に企業価値や株価を算出するもので、ストック面（貸借対象表）を中心にした評価方法である。

②他の上場株式の市場価値を参考にする方法。財産の評価に簿価を用いる場合と時価を用いる場合がある。

③事業の期待収益力を基準とする方法。事業が生み出す利益やキャッシュ・フローをもとに、企業価値を推定する方法である。

● （例）収益還元法とキャッシュ・フロー割引法

収益還元法とは、予想される税引後利益を、資本還元率で割って、企業価値を評価する方法である。

$$収益還元価額 = \frac{予想税引き後利益}{資本還元率^*}$$

＊長期利子率にリスク・プレミアムを加えたもので通常8〜10%

キャッシュ・フロー割引法とは、事業からのキャッシュ・フローを予測し、それを資本コスト（利子率）で割り引いた現在価値をもとに、企業価値を評価する方法である。①正味現在価値法と、②内部利益率法（税引後営業利益＋減

価償却費、税引後当期純利益＋減価償却費＋税引後支払利子……割引現在価値）がある。

知的所有権の評価

　ベンチャー企業は、技術力と人材という無形の資産を所有しているが、業歴が浅く物的（有形）の資産を所有していないので、銀行等の融資に馴染まない（融資しがたい）。しかし、ソフトや開発力に資産価値があると判断されれば、それらの価値を資産化して評価し、これを担保として資金の供給（融資）をおこなうことは可能である。従来、有形の資産を担保として評価する場合は、
　①原価法
　②取引事例比較法
　③収益還元法
　④キャッシュ・フロー割引法
などが用いられてきた。しかし、ソフト開発力や事業の将来性などの知的所有権について、開発コスト（開発費：繰延資産＝5年内償却）がそのまま資産価値として評価されるわけではない。要は、ソフトのもつ独創性を利用することによって得られる将来のキャッシュ・フローを評価に取り込まなければ有効な評価方法とはいえない。したがって、①原価法は適切でない。②取引事例比較法は、同じような取引事例が存在すれば利用できるが、ソフトの場合は市場で売買されるケースは稀である。③収益還元法は、評価対象がもつ独創性などの価値を反映できること、市場での売買事例がなくても評価できることなどで、すぐれている評価方法である。④キャッシュ・フロー割引法は、無形の資産が将来生み出すことが期待されるキャッシュ・フローを現在価値で評価するフロー・ベースの投資評価尺度で、M&Aなどの企業評価の手法と同じ方法だが、フリー・キャッシュ・フローの予測値や現在価値へ割り戻すための割引率（長期利子率など）の決め方が重要となる。
　なお、上で述べたM&Aは、図表8－5のように分類できる。

図表8－5　M&Aのスタイル

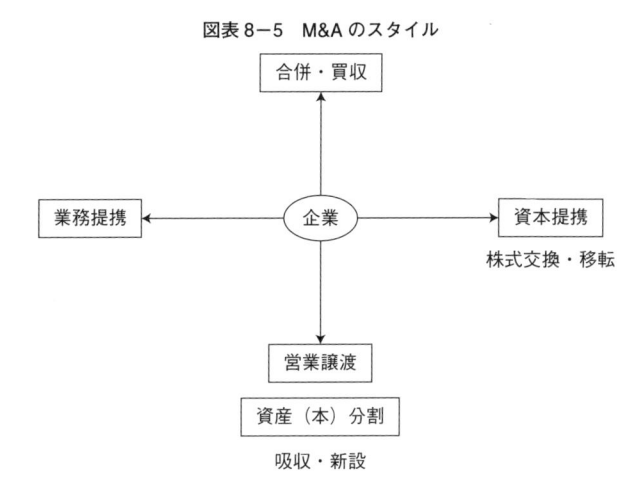

```
           合併・買収
              ↑
              |
業務提携 ← 企業 → 資本提携
              |      株式交換・移転
              ↓
           営業譲渡
           資産（本）分割
           吸収・新設
```

【参考文献】
岸本光永［2006］『中小企業・ベンチャー企業のファイナンス入門』中央経済社。
筒井英治［2004］『すぐわかる資金管理のすべて』中央経済社。
富樫清仁［2002］『入門財務分析』税務経理協会。
西山茂［2008］『入門ビジネス・ファイナンス』東洋経済新報社。
八木宏之［2008］『中小企業の資金調達』中央経済社。
藪下史郎ほか［2006］『中小企業金融入門（第2版）』東洋経済新報社。

第9章　経営史

Takeoff：対外的な影響を受けながらの内発的な工業化の始動

　本章ではわが国の経営史を扱うが、わが国がアジアで最初の工業国家になりえた要因を、通説が主張するような明治政府による殖産興業政策ではなく、民間部門の活躍により重点を置いてみていきたい。また、見落とされがちであった対外的な影響についても重視していきたい[1]。

　伝統的には、封建制が解体し資本主義が成立したことに焦点が当てられてきた。封建制度が完全に終結しないまま資本主義へと突入したと考える講座派と、それを否定する労農派との間で論争が起きた。これは、江戸時代＝封建制、明治以降＝資本主義（労農派）あるいは半資本主義（講座派）としてとらえた論争であったといえる。本章では、これとは異なり、江戸時代を、本格的な資本主義につながる時代としてとらえていきたい。江戸時代には、石高制が敷かれ、封建諸侯の格式などは支配地の石高であらわされている。戦国時代、貫高（銭＝銅の価値）であらわしたものもあるが、江戸時代には、太閤検地を受け継いで石高制が利用され、江戸時代末まで続いた。近世初期には鉱山の開発が世界的に進み、変動しやすい貴金属などの価格よりも米価のほうが安定していた[2]ことも考慮しなければならない。もちろん年貢が米で納められていたことも大きな要因であるといえよう。宮本又郎が実証的な研究[3]をおこなっているように、当時の租税でもあった米は、大坂の堂島で米市場が成立しており、そこでの取引価格は全国的な相場の基準となっていたほどである。もっとも重要な

233

産物である米の相場が成立していたのである。つまり、江戸時代は、市場経済を前提とした社会であるといえよう。

1. 17世紀の経済成長と人口爆発

　また、速水融ら慶應大学を中心とする研究者グループがおこなった、宗門改を用いた実証研究によれば、17世紀に飛躍的に人口が伸び、その後は、18世紀から19世紀後半くらいまで停滞したと考えられている。速水は、1600年ごろの人口を約1200万人と推計している。これは、かつて吉田東伍（1864～1918年、新潟県旧安田町出身の地理学者）が、太閤検地をもとに1石につき1人が生存できると考え、1600年ごろの人口を約1800万人と推計したものから検知帳などを吟味して推計したものである[4]。近年になって鬼頭宏が1500万人ぐらいではないかとの推計を出しているが[5]、幕府の調査をもとにすると、18世紀初頭までには人口が3000万人になっていると推計されるので、17世紀に人口が飛躍的に増加したことは明らかである。

　この時代は、斉藤修が「大開墾時代」と呼んでいるように[6]大規模な灌漑がおこなわれ、それまで山間地を中心におこなわれてきた稲作が沖積平野のような平地でも展開されるようになり、あまり灌漑が設備されなくても生産できるインディカ米に属する赤米が生産されたりもしたことが、生産力の増加につながった。また、この時期には、平和な時代が続いたことも、生産力を増進させた要因となったといえよう。

　また、速水が「勤勉革命」を提唱したように[7]この時代には、中世以前の日本人とは異なり、「勤勉」が美徳として考えられるようになった。かつての歴史家が主張した小農が自立して、個々の生産者に余剰作物が還元されるようになったことも、人びとを勤勉にさせた要因と考えられている。

2. 江戸時代の貿易と外交

(1) 江戸時代前期の貿易

　先に述べたように、戦国期から近世初期にかけてわが国は、鉱山の開発を進め膨大な貴金属を手に入れることができた。中世には永楽銭のような中国の硬貨が流通していたが、江戸幕府は、三貨（金、銀、銭）の流通をおこなうことができた[8]。このことは、幕府政権を安定させ長期政権とさせることに貢献した。また、豊富な貴金属をもっていたわが国は、欲するものを海外より得ることが可能であった。近世初頭のわが国は、中国から生糸を得ていた。そのかわり、膨大な貴金属を輸出していたのである。

長崎貿易
　長崎貿易は、唐船と称された中国船が寄港し通商をおこなっていたが、山脇悌二郎の研究成果が存在するものの[9]、現存する史料が少ない。そのため、当時、オランダ商館が中国船の動きを調べた史料にも注目して研究を補う必要がある。オランダ人は長崎でたえず中国船の動向を気にしていたため[10]、中国船に対する多くの史料を残している。当時のオランダは、東アジアの物産を運ぶ中継をおこなっていたのである。永積洋子の研究によると、幕府は島原の乱終結後の1639年にポルトガルを追放し、オランダのみに貿易を許した[11]。オランダ人の能力を慎重に吟味したうえでポルトガルを追放したのである。つまり、オランダ人が生糸を輸入することが可能であるか否かを吟味して、決定を下したのである。それは、ちょうどオランダ人が東アジアの海の覇権を得ていた1634～40年までと重なっており（永積は「束の間の幸運」といっている）、オランダはそのため、幕末の開港までヨーロッパ諸国のなかで唯一わが国に貿易を許されることになる。幕府がポルトガルを追放したときは、オランダが東アジアの海を制していたが、直後にオランダは台湾に拠点をもつ鄭氏に覇権を奪われた[12]。

　寛永年間（1624～44年）に政策を決定した幕府の関心は、オランダ人がわ

が国に生糸をもってこられるかに向けられていたのである。

対馬＝朝鮮貿易

対馬＝朝鮮貿易は、田代和生の研究によって明らかになっている[13]。対馬藩は10万石の格式を与えられ朝鮮に対する貿易を任されており、朝鮮に対する外交の窓口にもなっていた。また、当時朝鮮半島にあった倭館には、1000人もの日本人が滞在することもあったほど、日朝関係は緊密であった。そのため、対馬藩は詳細な史料を残している。こうした史料を調査した田代によると、対馬から朝鮮への支払い総額は長崎を凌駕することもあったとの推計を出すことができる。ピーク時には、じつにわが国に流通している銀の7～8％もが、1年間で朝鮮へ流出したと推計されている。幕府の貨幣の改鋳はよく知られているが、その際にも幕府は国内に流通させたものとは別に、特別に貿易用の銀貨を用意したほどである。朝鮮からの輸入は、当時大切な医薬品であった朝鮮人参も重要であるが、ここでも大量の生糸が朝鮮を経由して中国よりわが国に流入していることがわかる。

薩摩＝琉球貿易

薩摩もまた、征服して属国とした琉球を通して、生糸の輸入をおこなっていた。中国を宗主国としていた琉球王国は、東アジアの伝統的な朝貢貿易の形で中国と交易しており、中国から生糸を得ていた[14]。中国の生糸は、琉球を通して日本へ入ってきたのである。

(2) 江戸時代の対外関係

しかし、近世の初期と後期では様相が異なる。初期のオランダ商館長は、大変野心的であり有能であった。日本で数年間勤務すれば、一財産築くことが可能であった[15]。しかし、後期の長崎商館長の記録などはマンネリ化して興味を欠くものになっている。これは、対日貿易が重要性を失ったためであろう。反対に日本のオランダ通詞は、初期においてはオランダ語をよく理解していないのではないかと指摘されるなど、能力に疑問があるとされたが、江戸時代後期には蘭学も盛んになり、19世紀になると志筑忠雄（1760～1806年）のよう

なすぐれた人物があらわれたりしている。

ところで、「鎖国」という造語を最初に用いたのはこの志筑である[16]。「鎖国」という用語は、けっして寛永期に幕府が使用した言葉ではない。この語は、エンゲルベルト・ケンペル（Engelbert Kampfer, 1651～1716 年）の著書を志筑が翻訳するのに用いた言葉である[17]。ケンペルは、17 世紀に日本に訪れたオランダ商館の医師であった。彼はドイツ人であったため、彼の著作『日本誌』をドイツ語で著した。これの付録を志筑が「今の日本人は全国を鎖して国民をして国中国外に限らず敢て異域の人と通商せざらしむる事、実に所益なるに与れりや否やの論」と訳し、これを縮めて「鎖国」論と 1801（享和元）年に著したのである。これは、ケンペルの『日本誌』が原著のドイツ語から英語に訳され、そこからオランダ語に訳されたものを日本語に翻訳した志筑がつくり出した造語である。志筑は、オランダ語訳を忠実に翻訳したとされるが、さまざまな言語に重訳されているうちに、原著にはなかったニュアンスが生まれてしまった[18]。

17 世紀は、先に述べたようにわが国は膨大な貴金属を輸出し（支払って）、大量の生糸を中国より輸入した。この時代と 19 世紀初頭のわが国では、明らかに産業が異なっているのである。

ロバート・イネスは、1700 年には京都の人口の 5 分の 1 強の約 6 万 7600 人もの人が西陣の機業に携わっていたと推計している。西陣の機業地は、中国からの原料生糸を用いて生産をおこなっていたのである[19]。当時、西陣は、わが国最大の機業地であり、中国からの生糸の輸入によって成り立っていたのである。

トビは、いわゆる「鎖国」が完成したとする近世初期は、幕府の正当性を確立する必要があったためむしろ積極的に外交を利用したと考えている。朝鮮通信使や琉球からの謝恩使や慶賀使、あるいはオランダ商館長などが将軍を訪れることで、将軍の威光の高さが海外にまで及んでいることを顕示したのである[20]。また、「武威の時代」といわれるように、幕末に黒船が来るまで、幕府はけっして弱腰の外交をおこなう政権ではなかった[21]。

17 世紀の幕府によるいわゆる「鎖国」とは、中国でも海禁政策がおこなわれていたように海外渡航の禁止をおこなったことと考えるなど、解釈の変更が

求められている。

　また、1980年に発見された紀州角倉家の文書によれば、鎖国体制が完成したとされる20年後の1650年代でも、朱印船貿易を再開したいとする関西の豪商の願いがあったが、幕府はそれを考慮のうえ拒否したようである。朱印船貿易とは、海外貿易家に対して将軍が与えた朱印状を携えた船のことである。もちろん幕府の威光が届くところでは、こうした船舶に危害を加える者はありえないが、東南アジアなどでは、まったく役に立たなかった。朱印船貿易を廃止したのは、幕府が威光を傷つけられることを嫌ったことが、理由にあげられている[22]。

(3) 輸入代替化の成功

　近世初期は、西陣と博多などにしか本格的な機業地は存在しなかったが、西陣から技術が伝播した桐生、さらに桐生から技術が伝播して足利というように波及し、近世後期には新しい機業地が成立した。また、絹織物だけではなく綿織物機業地も多く存在するようになった。原料糸も舶来の白糸ではなく、登せ糸といわれる国産の糸が使用されるようになった。海外との人の交流がなかったので技術の伝播は緩慢であった[23]。そのため「超長期的な雁行形態モデル[24]」と評価されるほど時間はかかったが、わが国は幕末には、養蚕業が盛んになったのである。そして、生糸は、幕末の開港と同時にわが国の重要な輸出品になったほどである。「鎖国」は「祖法」といわれたように、19世紀中葉のわが国では、生糸の輸入代替化に成功したため海外貿易は、さほど重要性がないものとなっていたと考えることができる。

(4) 「大君外交」と「国際法」

　1853 (嘉永6) 年にペリーが黒船を率いて来日し、翌年日米和親条約が結ばれた。江戸幕府は、外交について無知であったと評価されることがある。これに対してトビは、「日本人は『外交言語』をもたなかったのではない。日本人は日本との関係を求めてやってきた人々に理解できない『外交言語』を話したにすぎない[25]」との評価をしている。江戸時代日本には「大君外交」という外交が存在していたのである。東アジアでは、国王の称号は、中国皇帝から授

かるものであり、中国に朝貢した国の君主が皇帝より授かった称号である。そのため、幕府は、新井白石による例外（1711（正徳元）年の朝鮮国王に宛てた国書）を除いて「国王」の称号を使用することはなかった。征夷大将軍である徳川氏は、「日本国大君」と名乗り、氏は源氏とした。源は、鎌倉幕府を開いた源頼朝の後継者であるとの主張である。日本国天皇を中国皇帝と同格に置き、その下にある「日本国大君」は朝鮮国王と対等である。江戸時代には外交がおこなわれたのである。この大君外交はウェストファリア条約（1648年）やナポレオン戦争後のウィーン会議（1814〜1815年）などをへて確立したヨーロッパの外交儀礼とは明らかに異なる。幕府は、この欧米列強の外交システム、「国際法」に対して無知であったのである。

3. 幕末の開港と貿易

(1) 幕末の開港

　日米和親条約では、領事派遣については第11条に定められていたが、通商に対しては、取り決めはなかった。これは、日本側が拒否したためであった。
　日米和親条約11条は、和文と英文とで相違が生じていた。日本側は、領事の派遣については、日米双方が必要とした場合派遣されると理解していたのに対して、アメリカ側は、どちらか一方が必要とした場合と解釈していたことから、1856（安政3）年に来日したアメリカ領事タウンゼット・ハリス（Townsend Harris, 1804〜74年）の来航は、幕府が予期していないものであった。ハリスは、最初から幕府の拒絶にあい苦労をしながら交渉していった。目付の岩瀬忠震（1818〜61年）のような能吏を交渉役にしたにもかかわらず、幕府は、一方的な最恵国待遇、領事裁判権、関税自主権をほとんど協議しないうちに認めてしまった。そのため、その後半世紀以上も、日本政府は条約改正に奔走することになった。領事裁判権は、1899（明治32）年に撤廃されるが、関税自主権を日本政府が完全にもつようになるのは、1911（明治44）年である。幕府の近代国際法に対する無知が国益を失わせたことは事実である。
　しかし、岩瀬は幕府内でもたぐいまれな人材として知られている。幕府は、

通商をおこなう予定もなかったため、関税に対しては、協調関税でよしとしたのかもしれない。それに、わが国の商人が、海外へ出かけることはありえなかった時代でもある。江戸時代には、各藩によって藩内に移入する物産に関税をかけることが一般的におこなわれており、日本人が関税に対して無知であると論じることはできない。また、その後、1871（明治4）年の清国との日清修好条規では、双方が協調関税となっており、関税自主権が両者ともになかった。輸入品に対する関税はその国が決定するとする今日の常識とは異なるものであった。

また、領事裁判権を認めたのは、領主が家来を裁くのが一般的であり、外国人もその国の領事が裁くことに対してあまり異論がなかったためなのかもしれない。貿易は原則的に長崎でのみしかおこなっておらず、海外渡航を禁止していた時代の岩瀬にとって、関税自主権を放棄し領事裁判権を認めたのは常識的な判断だったと考えることが可能なのかもしれない。それよりも幕府は、ハリスが交渉したのにもかかわらず、アメリカ人の日本国内の旅行権を拒否し、商業行為を開港所のみに限定させることなどを認めさせた。幕府はできるだけ「鎖国体制」に近い状態を望んだのでいたのであろう。

当初、神奈川が開港される予定であったが、幕府は東海道に直結する神奈川宿の対岸にある小さな漁村であった横浜を、開港地に変更させた。そして、1859年7月1日（安政6年6月2日）に横浜は開港され貿易が開始される。また、神戸港の開港も同様に、古くから栄えた兵庫港から近隣の小さな漁村神戸港に変更された。神戸は、当初の予定より5年遅れ、1868年1月1日（慶応3年12月7日）に開港された。この横浜、神戸は、大いに発展し近代日本の発展を支えた。横浜港と神戸港が開港地に選ばれたのは、幕府が開港地をずらすことで列強との軋轢を少しでも緩和させようとしたためである。そのため、明治政府は、条約違反のそしりを受けないように、廃藩置県（1871（明治4）年）に先立つ1868（明治元）年に横浜、神戸をともに直轄地にした際に、横浜を神奈川県、神戸を兵庫県に編入することで対応したともいわれている。なお、初代の兵庫県知事には、英語が堪能な伊藤博文（1841～1909年）が就任した。

(2) 幕末・明治前期のわが国の綿製品

　各国は、自国の産業を保護するために輸入品に対して関税をかけることで輸入品の価格を上げさせることができる。つまり、高関税をかけることができれば、自国の産業を保護することが可能になる。関税自主権がわが国になかったことを、経済学の巨匠ミルトン・フリードマンは、ベスト・セラーになった『選択の自由』のなかで自由貿易が正しいことの一例としてあげている[26]。保護主義を嫌うフリードマンにとって格好の事例となっている。

　はたして幕末のわが国は、自由貿易のモデルとなるのであろうか。マルクス主義の影響を受けたかつての歴史家も、わが国の産業は欧米の影響を激しく受けたが、それを撃退し工業化に成功していくと考えてきた。こうした歴史観に対して川勝平太が批判を試みている。以下、川勝の学説[27]をみていくことにしよう。

　イギリス産業革命は、1760年代ごろから、紡績機が発明され、ワットの改良した蒸気機関と結びついて使用され、1830年代までには織布部門でも力織機が実用化され飛躍的に生産力を上げた。その結果、それまでイギリスに輸出していたインドの綿織物産業は、徹底的に破壊された。マルクスの『資本論』のなかに1830年代のインド総督が本国イギリスに宛てた書簡に次のような一文がある。「この窮乏たるや商業史上類例をみない、インド木綿職工の骨がインドの野を白く覆っている[28]」。このように産業革命をへて、飛躍的な生産力をもったイギリスと手工業であったインドとでは雲泥の差があったため、インドの綿産業は壊滅的な打撃を受けたのである。

　しかし、わが国の綿業は、打撃を受けるどころか成長し、やがては戦前期のリーディング・インダストリーにまで成長していく。イギリスをはじめとする欧米列強は、市場を求めてわが国に開港を求めたのである。産業革命が成功し、機械で生産された綿製品が、インド同様にわが国に流入したのにもかかわらず、わが国綿業は成長したのである。

　この疑問に対して、川勝は、これまで見落とされてきた綿関係品の品質を吟味することで説明している。当時、わが国で金巾とよばれた輸入綿布を代表する製品は、薄地布であった。しかし、わが国の綿布は、金巾と異なり厚地布で

図表 9 － 1　川勝による木綿文化圏の分類

東アジア木綿文化圏 （日本、中国、朝鮮）	短繊維綿花→太糸→厚地布
混合木綿文化圏 （インド）	短繊維綿花→太糸→厚地布 長繊維綿花→細糸→薄地布
欧米木綿文化圏 （ヨーロッパ、アメリカ）	長繊維綿花→細糸→薄地布

出所：川勝平太［1991］『日本文明と近代西洋』日本放送出版会、85頁より作成。

ある。品質的には、かなり異なる。そして綿布の原料となる綿糸を太糸（24番手以下）、中糸（28～32番手）、細糸（36番手以上）と分類[29]してみると、イギリスの綿布は細糸を原料とし、日本の綿布は太糸を原料として使用されていた。さらに、川勝は、綿糸の原料である綿花に注目した。日本では短繊維綿花が生産され、イギリスでは長繊維綿花が輸入され[30]、それぞれ綿糸の原料として使用されていた。

このイギリスで使用されていた長繊維綿花とわが国で使用されていた短繊維綿花は、同じ綿花とはいうものの、生物学的にはかなり品種が異なるものであった。19世紀後半のイギリスとわが国では文化の相違があったと考えなければならないのである。欧米では、長繊維綿花を原料として細糸が生産され、それを用いて薄地布が生産されていたのである。一方、東アジア（日本、中国、朝鮮）では短繊維綿花を原料として太糸が生産され、それを用いて厚地布が生産されたのである。

このように別々の木綿文化圏を形成したため、両者は競合することがなかったのである。幕末の開港によってイギリスから輸入された綿製品は、品質が異なるのでわが国の綿業を破壊しなかったのである。その後、むしろわが国綿業は大いに成長し基軸産業にまで発展した。

なお、ヨーロッパと東アジアとの中間にあったインドでは、薄地布の欧米木綿文化圏と厚地布の東アジア木綿文化圏との双方が存在していた（混合木綿文化圏）。先にみたように薄地布の生産は、産業革命を成功したイギリスによっ

て産業が完全に破壊されてしまった。しかし、イギリスの植民地であったことから、厚地布は、反対にイギリスに触発され工業化が開始された。しかし、やがて日本の工業化により後退することになる。植民地であったインドと、明治維新の後、国をあげて殖産興業政策をおこなった日本とでは、勢いが異なっていた。アジア木綿市場では、日本が勝利を得たのである。

川勝は、史料から当時、輸入綿製品である金巾が和服の裏地に用いられていることから、金巾を木綿というよりは絹の下級代替品であるとみなした。当時の内外綿布の競合関係[31]があまりないことをそれまで見落とされていた品質より考えた川勝の主張は、研究史上大きな成果であったといえる。

(3) 輸入綿糸の導入とは

また、この時代、輸入綿糸（洋糸）も流入した。通説では各産地は輸入品の圧迫を受けたために綿製品に洋糸を導入して、価格を下げて対抗したと考えられてきた。半唐（経糸（縦糸）のみ洋糸）、丸唐（経糸、緯糸（横糸）ともに洋糸）を利用することで価格を下げることに成功して輸入品を駆逐することができたと考えられてきたのである[32]。

しかし、実際は、機械で生産された洋糸を使用することによって値段を3割ほど上げて販売されたのである。

この理由を田村均は、機械で生産されていた洋糸は、均一でしなやかであるため、むしろ買取価格が上昇したと説明する。洋糸を導入した生産者には利益がもたらされた。新素材である洋糸を使用することは、製品の開発につながったのである。品質面では、①鮮明な色相、②光沢、③柔軟性（しなやかで軽快な手触り感）などを兼ね備えていたため、洋糸を利用した縞木綿は、通説で考えられてきたように価格を下げたのではなく、新製品としてもてはやされて価格を上昇させたのである[33]。

(4) 輸入綿製品

しかし、その時代、膨大な輸入綿布がわが国に流入したのは、事実である。中村哲の輸入綿布の国内市場の占拠率の推計がある。関税手続きがあるためほぼ数量を推計できる貿易統計を用いて輸入綿布の数量を推定し、その時代は断

片的にしか知りえない国内綿布・綿糸の生産高は、工業統計より精度が高い農業統計を用いて、原料となる綿花の生産高から推計した[34]。

すると輸入綿布の国内に占める占拠率は、1861年：10.0％、67年：31.7％、74年：40.3％、80年：23.4％、83年：18.9％となっている[35]。1874（明治7）年には、じつに40.3％もの膨大な綿布が国内市場に流入していたことになる。

このように膨大に流入した輸入綿布を、和服の裏地だけで説明するのは困難であるといえよう。田村は、金巾の用途についても研究しているが、金巾は、襦袢や腰巻などの下着から足袋や絹織物の裏地などさまざまな用途に使用されていたとしている[36]。

農村では、2尺や2尺5寸くらいの金巾の端切れが舶来品ということで贈答品として庶民の間で流行していたようである。この端切れは、襦袢の半襟や付け替え用の袖口として利用された。値段が木綿並みに安価で光沢のある布地であるためさまざまな用途に使用された[37]。

ところで、輸入綿布は、なぜ膨大にわが国に流入したのであろうか。金巾は、更紗や唐桟の生地として、江戸時代より需要があった。しかし、これは薄地布であるためにわが国では、生産が不可能であった。唐桟は縞木綿であり、江戸時代、わが国でも、それを模倣した和唐桟を生産したが、舶来品である唐桟と国産の和唐桟とでは、主人と使用人の衣装の違いといわれるほど差が大きかった。とても国産品は、舶来品に及ばなかったのである。なぜかというと、これも、これまで見落とされてきた染色技術に差があったのである。

(5) 化学染料と洋糸の利用

民族学の巨匠、柳田国男（1875〜1962年）は、戦国期から近世初頭に麻布から木綿への庶民の衣料が交代したことを「衣料革命」としてとらえており、木綿がわが国の衣料の中心となっていくことを描き出した。これはその後の歴史家に影響を与えている。

しかし、柳田は、『木綿以前の事』で以下のように述べている。「色々の染が容易なこと、是は今までは絹階級の特典かと思っていたのに、木綿も我々の好み次第に、どんな派手な色模様にでも染まった[38]」。しかし、染色家でもある吉岡幸雄[39]は、これを批判している。吉岡によると江戸時代には、天然の繊

244

維のなかで、絹や毛織物のような動物性繊維は、紅・茜・紫などの華やかな色彩に染めることができたが、木綿や麻といった植物性繊維は、よく染まらず、いったん染まってもすぐに色あせてしまう。木綿がよく染まるのは、藍であり、そのため江戸時代では、紺屋が殖産振興として各藩より奨励されていた。縞や格子、絣（かすり）などの文様も藍と白がほとんどである(40)。柳田は「今まで眼で見るだけのものと思っていた紅や緑や紫が、天然から近寄って来て各人の身に属するものとなった。つまりは木綿の採用によって、生活の味わいが知らず知らずの間に濃やかになった(41)」といっている。明らかに柳田は、万能な化学染料が存在する現代人と同様な感覚でとらえていたのである。しかし、吉岡によると、当時の一般の庶民は、麻布や木綿布を使用していたので、衣料には藍か茶くらいしか彩りをもっていなかった(42)のである。日本人は明治初年くらいから、化学染料を導入しようと試みていた。明治生まれの柳田は、植物性繊維が、すでに化学染料で染められていたことを見落としていたのであろう。

　江戸時代、わが国では、木綿を赤く染めることは不可能であった。紅を塗ることはできたが、洗濯が不可能で実用性がない。しかし、赤い木綿の例外として輸入品のインド更紗が存在した。インド更紗は赤く染まったものが存在した。インドの周辺で採れるインド茜の塗料を用いて、あらかじめミロバンという茶色の染料で下染し、それを明礬（みょうばん）の液につけて、そのアルミ分を十分に吸収させてから茜の塗料が煮えたぎったところへ入れて染めると赤色が得られる。これは、いわば錬金術のようなものであり、吉岡は「化学以前の化学(43)」と評価している。

　江戸時代は、海外との人の交流はほとんどなかったため、こうした外国の技術を得ることは、困難を極めた。そのため唐桟のような鮮やかな赤色をもった縞木綿を国内で生産することはできなかった。また、唐桟同様、金巾を生地とした捺染（なっせん）された模様が施されている更紗も17世紀より日本に輸入された。

　彦根藩主井伊家が残したコレクションを調査した小笠原小枝(44)によると18世紀の末ごろより、「古渡り更紗」と呼ばれたインド更紗は、ヨーロッパ産の更紗に代わっていった。これは、ヨーロッパでプリント技術や染色技術が改良されたためである。18世紀中葉には銅版印刷が導入され、同世紀末には機械的なローラー印刷が導入された。また、19世紀に入ると化学染料が開発され

ていった。これによって、ヨーロッパ更紗は、インド更紗にとって代わることができたのである。先にみてきたような産業革命の成功による織布・紡績の機械化のほかにも、ヨーロッパは技術を進歩させたのである。

輸入織物である唐桟や更紗は、江戸時代では、高級な舶来織物であり、人びとがあこがれた製品であった。そのため、幕末の開港により大量に流入した。1865（慶応元）年の横浜・長崎・函館より輸入された綿織物製品の輸入数量は、100万9655反あり100万反を超えている。このうち、金巾が45万7519反、唐桟が15万8540反、更紗が16万3557反[45]であった。

わが国の産地もこうした人気商品と同様なものを開発していったと思われる。田村は、二タ子縞のような洋糸を用いて、鮮やかな赤い縞模様をもった製品が開発されたのは1877（明治10）年前後であると推定している。江戸時代には不可能であった舶来の唐桟をしのぐ製品がわが国で完成したのである。それは、輸入綿糸と発明されたばかりの化学染料を用いての成果であった[46]。これが、輸入綿製品の国内での占拠率を減少させたのである。先にみたように輸入綿布の国内占拠率は1874（明治7）年をピークに市場から後退した。これは、和唐桟がオリジナルである舶来の唐桟を追い抜いたためである。庶民にとってあこがれだった舶来の唐桟と類似の製品を、国内で生産することが可能になったのであると筆者は考えている。

4. 明治前期の経済

(1) 御雇外国人

明治政府は、多額の報酬を与えて、明治初年に御雇外国人を雇用した。政府の最高位の太政大臣（内閣制度が1885（明治18）年に施行されるまでは、太政官制であった）の収入月俸800円をはるかに超える者も存在したほどである。当時の外国人は、治外法権をもっており、また各国は最恵国待遇を有していた。そのため、明治政府は、大金を払って外国人より技術や知識を得ていたが、一方では外国人を排斥する姿勢を貫いていた。1899年に領事裁判権の撤廃と引き換えに内地雑居権を認めるまで、原則的には、内地旅行権を認めなかった。

技術は外国人から学ぶが、直接外国人にやらせるのではなく、欧米の技術を用いた近代化は日本人の手でおこなったのである。つまり、炭坑開発や工場を動かす技術を学んでも、炭坑の開発や工場の稼働を外国人に任せたりすることはなかったのである[47]。

(2) 外資を導入しない工業化

また、明治維新後の政府は極端に外資の導入を嫌ったことが知られている。日露戦争の戦費調達を求めた日清戦争後までこの方針は貫かれるが、そのころまでには一応の工業化は達成されているので、わが国は外資に頼らず工業化を達成したことになる。

それ以前、例外として2回、わが国は外債を募集した。最初は、1870（明治3）年に9分付利付公債100万ポンドの募集をおこなった。用途は、新橋、横浜間の鉄道を建設するためである。開港から10年以上経過し、横浜が貿易港としてますます必要性を深めたので、東京と横浜に鉄道を敷くことを急がなければならなかったためである。

次は、1873（明治6）年に募集した7分付利付公債、240万ポンドである。1870年には、利子が9％であったものが、3年後には7％に下がっており、外債募集に対しても明治政府の信用が少し上がってきているといえよう。

これは、秩禄処分の費用に充てられた。明治新政府にとって、武士階級へ俸禄を支払うことは大変な負担でもあったため、一時金を与えて武士階級への俸禄の支給を打ち切る必要があった。武士階級は代々受け継いでいた俸禄を失い、この処分は1876（明治9）年の金禄公債の発行条例によって最終的に断行されることになる。1877（明治10）年の西郷隆盛を首領とする西南戦争のような旧武士階級による反乱も起きたりはしたが、秩禄処分は断行されたのである。

新橋、横浜間の鉄道の建設と武士階級を清算するための秩禄処分とが、明治政府が外債を募集してでもおこなわなければならなかった重要な事項であったといえる。しかし、例外はあるものの、初期における日本の近代化は外資を排除しておこなわれたということができよう。

(3) 両替商の役割

　明治前期の工業化は、国内の資金蓄積によっておこなわれたと考えられるが、どのような資金が用いられたのであろうか。

　石井寛治は、江戸時代から続いている両替商の役割を見直している[48]。江戸時代は、江戸を中心とした金遣いと上方（大坂）を中心とした銀遣いと経済圏が2分されていた。金遣い圏から銀遣い圏へ資金を移動するには、通貨を両替しなければならなかった。そのため巨大な商人は両替商も営むものがほとんどであった。1868（明治元）年に維新政府による銀目停止により、銀遣い圏がなくなれば理論的に両替商も必要なくなるため、従来の学説では銀目停止によって多くの両替商が没落したと考えられてきた。しかし、石井の研究によれば、銀目停止も少なからず影響を与えたものの両替商の没落に大きな影響を与えたものは、薩摩や長州による幕府や会津藩の資金の「分捕」、つまり差し押さえであった[49]。

　近代銀行は、アメリカのナショナルバンク制度をもとにして1872（明治5）年の国立銀行条例によって設立された。国立銀行とは、国の法に基づいて設立されるという意味であり、民間銀行である。最初は、第一国立銀行が東京、第二銀行が横浜、第四銀行が新潟、第五銀行が大阪に設立された。国立銀行は、銀行券の発券は認められたものの正貨（金）への兌換が義務づけられ、資本金の60％を政府に払い込むよう求められていたことなどから設立が難しかった。そのため以上の4行しか設立されなかった。そこで、政府は、1876（明治9）年に設立基準を緩和し、政府紙幣への兌換をおこなうことに改め、資本金の80％の発券を認めたところ1878年設立の第六十九銀行（現、北越銀行）のように1879年までに第百五十三国立銀行まで設立された。しかし、1882（明治15）年に日本銀行を唯一の発券銀行として設立し、各国立銀行は、開業後20年をへたら普通銀行になるように定められたため、1899年までに国立銀行は姿を消した。

　石井によると国立銀行は両替商を前身とするものも多い。江戸時代は、現金の送金は危険性を伴うため為替や手形の流通が発達していた。両替商は、為替を組んだり、商人や時には大名に対して貸付をおこなっていた（大名貸は、大

名が毎年年貢として収入を得ていたため、有利な貸付先でもあった)。両替商はおもに為替業務と貸付業務をおこなっていたのである。銀行業務に不可欠な預金業務はなかったが、両替商は銀行に転身しやすかったといえよう。

石井は、旧両替商、千艸屋平瀬亀之輔家が第三十二銀行を設立したことを紹介している[50]。平瀬亀之輔は、頭取に就任した。設立の際、銀行業務に詳しい、大蔵省銀行課外山脩造（1842～1916年）を総監役として迎えることはあったが、営業は順調であった。なお、外山は、新潟県の出身で、河合継之助の下で戊辰戦争を戦い、敗戦後は慶應義塾などで学び、大蔵省や日本銀行大阪支店長として活躍し、阪神電鉄が創業のとき（1899（明治32）年）には初代社長に就任した人物である[51]。

両替商にみるように江戸時代から蓄積された資本が日本の近代化に大いに貢献したのである。明治前期のわが国は、ほとんど外資を導入しなかったのであるから、このように両替商の役割も重視しなければならないだろう。江戸時代からの蓄積なくしてわが国の工業化は起こりえなかったといえよう。

(4) 旧領主の資本家への転身

また、石井は、旧領主層、大名の資本家としての役割も重視している。明治維新は、イギリスやフランスでみられたような市民革命ではない。上からの近代化がおこなわれたのである。明治政府は、秩禄処分によって永代続いていた武士階級の俸禄を清算し多くの武士階級を切り捨てた。一方で、彼らの主君である領主に対しては、秩禄処分の際に藩の収入の10分の1と定められた金禄公債が与えられたため、膨大な財産を得た者が多かった。そのため、1898（明治31）年になっても東京・大阪・横浜の高額所得者の上位10位以内の5名、20位以内の10名が旧領主である。旧領主の多くが投資家として活躍し、資産を増やしていったためである[52]。

【注】
(1) 工業化をめぐる最近の研究では、①わが国では、問屋制家内工業形態がとられて在来産業が経済発展を遂げるという工場制大工業による工業化とは違った発展を見出しているもの（谷本［1998］)、②日本の経済発展をアダム・スミスの分業化にヒント得て、西洋との相違を論じたもの（斉藤［2008］)、③江戸時代の経済発展を重視し、江

戸時代に勤勉革命が起きたとするもの（速水［1977］）や速水を受け継ぎ、「鎖国」体制を批判し江戸時代に輸入代替化が起きたと論じるもの（川勝［1991］）のように江戸時代の蓄積を重視する研究がある。本文では③の速水、川勝の説を重視した。
(2) 足立［1991］。
(3) 宮本［1988］。
(4) 速水・宮本［1988］。
(5) 鬼頭［2007］。
(6) 斉藤［1988］。
(7) 速水［1977］。
(8) 川勝［1991］「日本の工業化と貨幣」。
(9) 山脇［1964］。
(10) 永積編［1987］。
(11) 永積［1990］。
(12) 日本人の母をもつ鄭成功の活躍は有名であり『国性爺合戦』として近松門左衛門により浄瑠璃として人気を博したほどである。
(13) 田代［1981］。
(14) 上原［1981］。
(15) 永積［1987］、永積［1990］140頁。
(16) トビ［1990］22-30頁。
(17) ケンペル『日本誌』は彼の相続人より草稿を購入した英国人サー・ハンス・サローン（Sir Hans Sloane）によって1725年に英語に訳され初めて刊行された。
(18) 志筑忠雄はすぐれた洋学者であった。『歴象新書』上、中、下（1798〜1802年）を翻訳し地動説・ニュートン物理学を紹介するなどの業績を残した（山脇［1980］102頁）。また、彼は文法書を頼りにケンペルが引用したラテン語の詩を翻訳してしまうほどすぐれた語学力をもっていた（小堀［1974］135頁）。
(19) トビ［1991］238頁。原典はR. L. Innes, "The Door Ajar：Japan's Foreign Trade in the Seventeenth Century." University of Michigan Ph. D. Thesis. 1980. p.492。
(20) トビ［1990］。
(21) 池内［2006］。
(22) 永積［2001］82-86頁。朱印状から幕閣が発行する奉書に改められていった。
(23) ダニエルは、製糖技術を例にあげている（ダニエルス［1991］）。
(24) 山本［1991］。
(25) トビ［1990］189頁。
(26) フリードマン［1980］。
(27) 以下、川勝［1991］『日本文明と近代西洋』に依拠した。
(28) マルクス［1962］。
(29) なお、「番手」とは糸の太さを表すのに用いる単位である。840ヤードで1ポンドの重さのものを1番手として、長さは番手の数に比例している。したがって、番手の数が大きいほど糸は細くなる。
(30) イギリスではアメリカ南部より綿花を輸入していた。綿花はイギリスのような寒冷地では、生産が不可能であった。わが国でも福島県より以北では綿花は生産できない。
(31) なお、高村直助より明治初年に白木綿の産地は、生産量を減らしていることから外圧があったのではないかと批判（高村［1987］）があったが、その後の実証研究などからみて白木綿産地へ影響を与えたものは、輸入綿布ではなさそうである。

(32) 田村 [2004] 106-107 頁。
(33) 同上書、133 頁。
(34) 中村 [1968] 215-216 頁。
(35) 同上書、「表 5 − 1」221 頁。
(36) 田村 [2004] 41-42 頁。
(37) 同上書、256-262 頁。
(38) 柳田国男 [1979] 13 頁。
(39) 吉岡 [1996]。吉岡は『日本の色辞典』(紫紅社、2000 年) を編纂したすぐれた染色家である。
(40) 同上書、34 頁。
(41) 柳田 [1979] 13 頁。
(42) 吉岡 [1996] 35 頁。
(43) 同上書、35 頁。
(44) 小笠原 [1999]。以下、小笠原の論文を参考にした。
(45) 山脇 [2002] 124-125 頁、石井 [1944]。
(46) 当時の染色をおこなった人びとが慣れない、化学染料を使用したことが「粗製濫造」の原因にあげられている (橋野 [2001])。
(47) 石井 [2007] 7 頁。
(48) 石井 [2007] を参考とした。
(49) 同上書、86 頁。
(50) 同上書、249-261 頁。
(51) 武内 [1928]。
(52) 石井 [1972]。

【参考文献】

足立啓二 [1991]「中国からみた日本貨幣史の 2、3 の問題」『新しい歴史学のために』第 203 号。
池内敏 [2006]『大君外交と「武威」』名古屋大学出版会。
石井寛治 [1972]「成立期日本帝国主義の一断面」『歴史学研究』第 383 号。
─── [1989]『体系日本の歴史 12 開国と維新』小学館。
─── [1991]『日本経済史 (第 2 版)』東京大学出版会。
─── [2007]『経済発展と両替商金融』有斐閣。
石井孝 [1944]『幕末貿易史の研究』日本評論社。
─── [1966]『増訂明治維新の国際的環境』吉川弘文館。
─── [1972]『日本開国史』吉川弘文館。
上原兼善 [1981]『鎖国と藩貿易』八重岳書房。
小笠原小枝 [1999]「輸入反物が語るインド更紗の盛衰」永積洋子編『「鎖国」を見直す』山川出版。
川勝平太 [1991]『日本文明と近代西洋』日本放送出版会。
─── [1991]「日本の工業化と貨幣」『早稲田政治経済学雑誌』第 304-305 合併号。
鬼頭宏 [2007]『人口でみる日本史』PHP 研究所。
国史大辞典編集委員会編 [1979-1997]『国史大辞典』吉川弘文館。
小堀桂一郎 [1974]『鎖国の思想』中央公論社。
斉藤修 [1988]「大開墾・人口・小農経済」速水融・宮本又郎編『日本経済史 1 経済社

　　　　　　会の成立』岩波書店．
―――――［2008］『比較経済発展論』岩波書店．
高村直助［1987］「明治維新の"外圧"をめぐる一、二の問題」『社会科学研究』第39巻
　　　　　　第4号．
武内義雄［1928］『軽雲外山翁伝』商業興信所．
田代和生［1981］『近世日朝通交貿易史の研究』創文社．
谷本雅之［1998］『日本における在来的経済発展と織物業』名古屋大学出版会．
田村均［2004］『ファッションの社会経済史』日本経済評論社．
ダニエルス、クリスチャン［1991］「生産技術移転――製糖技術を例として」浜下武志・
　　　　　　川勝平太編『アジア交易圏と日本工業化 1500-1900』リブロポート．
トビ、ロナルド［1990］『近世日本の国家形成と外交』速水融・永積洋子・川勝平太訳，
　　　　　　創文社．
―――――［1991］「域内史の中の近世日本の国史――目下の課題」浜下武志・川勝平太編
　　　　　　『アジア交易圏と日本工業化 1500-1900』リブロポート．
中村哲［1968］『明治維新の基礎構造』未来社．
永積洋子［1987］「解説」永積洋子編［1987］『唐船輸出入品数量一覧 1637～1833年』創
　　　　　　文社．
―――――［1990］『近世初期の外交』創文社．
―――――［2001］『朱印船』吉川弘文館．
―――――編［1987］『唐船輸出入品数量一覧 1637～1833年』創文社．
橋野知子［2001］「織物業における明治期『粗製濫造』問題の実態」『社会経済史学』第
　　　　　　65巻第5号．
浜野潔・井奥成彦・中村宗悦・岸田真・永江雅和・牛島利明［2009］『日本経済史 1600-
　　　　　　2000』慶応義塾大学出版会．
速水融［1977］「経済社会の成立とその特質」社会経済史学会編『新しい江戸時代史像を
　　　　　　求めて』東洋経済新報社．
速水融・宮本又郎［1988］「概説　17-18世紀」速水融・宮本又郎編『日本経済史1　経済
　　　　　　社会の成立』岩波書店．
フリードマン、ミルトン＆ローズ［1980］「第2章　統制という暴政」『選択の自由』西山
　　　　　　千明訳，日本経済新聞出版社．
マルクス、カール［1962］『資本論　第1巻』長谷部文雄訳，角川文庫．
宮本又郎［1988］『近世日本の市場経済』有斐閣．
宮本又郎・阿部武司・宇田川勝・沢井実・橘川武郎［1995］『日本経営史』有斐閣．
柳田国男［1979］『木綿以前の事』岩波書店．
山本有造［1991］「日本経済発展に於ける『超長期的雁行形態モデル』」浜下武志・川勝平
　　　　　　太編『アジア交易圏と日本工業化 1500-1900』リブロポート．
山脇悌二郎［1964］『長崎の唐人貿易』吉川弘文館．
―――――［1980］『長崎のオランダ商館』中央公論社．
―――――［2002］『辞典　絹と木綿の江戸時代』吉川弘文館．
吉岡幸雄［1996］「藍と茜――日本人と木綿の出会い」『別冊太陽　木綿と古裂』平凡社．

人名索引

あ行

新井白石　*239*
アンゾフ（H. I. Ansoff）　*5-6, 20*
石井寛治　*248-249*
伊藤博文　*240*
岩瀬忠震　*239*
小笠原小枝　*245*

か行

川勝平太　*241-243*
河合継之助　*249*
鬼頭宏　*234*
ケンペル（E. Kaempfer）　*237*

さ行

西郷隆盛　*247*
斉藤修　*234*
サイモン（H. A. Simon）　*1, 8-9, 11-12, 15, 20*
サイヤート（R. M. Cyert）　*15*
志筑忠雄　*236-237*
シュンペーター（J. A. Schumpeter）　*2*
ジョブズ（S. P. Jobs）　*3*

た行

田代和生　*236*
田村均　*243*
チャンドラー（A. D. Chandler, Jr.）　*1, 11, 15-17, 20*
テーラー（F. W. Taylor）　*1, 13-14, 20*
外山脩造　*249*
ドラッカー（P. F. Drucker）　*20*

な行

永積洋子　*235*
中村哲　*243*

は行

バーナード（C. I. Barnard）　*1, 7-9, 11, 17-18, 20*
速水融　*234*
ハリス（T. Harris）　*239-240*
平瀬亀之輔　*249*
ファヨール（J. H. Fayol）　*1, 20*
フォード、ヘンリー（H. Ford）　*7*
フリードマン、ミルトン（M. Friedman）　*241*

ま行

マーチ（J. G. March）　*15*
マルクス（K. H. Marx）　*241*
宮本又郎　*233*
メイヨー（G. E. Mayo）　*11*

や行

柳田国男　*244-245*
山脇悌二郎　*235*
吉岡幸雄　*244-245*
吉田東伍　*234*

ら行

レスリスバーガー（F. J. Roethlisberger）　*20*

事項索引

あ行
IT（情報技術）革命　　*103*
IPO　　*23*
アウトソーシング　　*43*
赤字企業　　*215*
アドバンテスト　　*39*
安全性指標　　*154*
アントレプレナー　　*47*
意思決定　　*1-9*
イノベーション　　*16*
インターネット　　*89, 108, 114*
インタレスト・カバレッジ・レシオ　　*213*
イントラプレナー　　*41*
インプット - 変換 - アウトプット　　*66*
ウィーン会議　　*239*
ウェストファリア条約　　*239*
エクイティファイナンス　　*45*
M&A　　*228*

か行
株式会社　　*61*
金巾　　*241*
間接法　　*183*
関税自主権　　*239*
外部情報　　*91*
期間比較分析　　*133*
企業間比較分析　　*134*
企業の経済的形態　　*61*
企業の法的形態　　*60*
キャッシュ・フロー　　*43*
　　──計算書　　*130, 178*
　　フリー・──　　*189*
競争優位（性）　　*98*
勤勉革命　　*234*
クラウドコンピューティング　　*117-118*
グッドウィル　　*70*
経営陣（経営者層）　　*90*
計画経済体制　　*59*
経済的単位としての企業　　*68*
経常収支　　*202*
減価償却費　　*208*
コアコンピタンス　　*24*
講座派　　*233*
高度情報化　　*102*
　　──の進展　　*106*
幸福　　*72*
コーポレートガバナンス　　*45*
国立銀行条例　　*248*
コミュニケーション　　*79*
コンフリクト　　*6, 15*
コンプライアンス　　*45*

さ行
サイボウズ　　*46*
財務諸表　　*124*
財務情報　　*122*
財務分析　　*121*
鎖国　　*237*
サブプライムローン　　*43*
更紗　　*246*
　　インド──　　*245*
朱印船貿易　　*238*
収益償還能力　　*208*
収支分岐点　　*206*
収支分析　　*167*
ジェネシス・テクノロジー　　*35*
資金運用表　　*198*
資金繰り表　　*201*
市場経済体制　　*59*
システム　　*62*
　　オープン・──　　*66*

事項索引

企業＝企業—— 64
　クローズド・—— 66
　POS—— 99
シナジー 7
私募債 225
社会的責任 69
社会の単位としての企業 69
『資本論』 241
収益性指標 143
消費財 55
職能組織 1
事業計画書 222
実数分析 133
情報 80
情報システム 94
　経営—— 98
　フォーマルな—— 96
　インフォーマルな—— 97
情報処理 84
　機械の—— 84
　人間の—— 86
情報通信技術（ICT） 104
スタッフ部門 90
ステークホルダー 15, 71
ストック面 137
生産性分析 136
成長性指標 162
『選択の自由』 241
ソリューション 46
損益計算書 124
損益分岐点 158

た行

大君外交 238
太閤検地 234
貸借対照表 126
大開墾時代 234
大企業 56
ダイナミックな情報の流れ 88
秩禄処分 247

中小企業基本法 27
中小企業投資育成会社 34
直接法 182
テレワーク 107
電子商取引 114
唐桟 246
投資効率分析 134
ドッジライン 25
トランスデジタル 42

な行

内部情報 89
日露戦争 247
日清修好条規 240
『日本誌』 237
ニューヨーク証券取引所 39

は行

ハイリスク・ハイリターン 31
幕末の開港 246
バブル経済崩壊 26
非資金損益項目 184
比率分析 133
ファクタリング 36
不健全資産 217
フロー面 139
粉飾決算 164
ベンチャーキャピタル 33
ベンチャーキャピタリスト 32
ポートフォリオ 6

ら行

ライン部門 91
リーダーシップ 4, 20
両替商 248
領事裁判権 246
労農派 233

255

【執筆者紹介】（執筆順）

宮脇敏哉（みやわき・としや）　第1・2・3章
1955年生まれ。関東学院大学経済学部卒業、早稲田大学システム科学研究所修了、九州情報大学大学院修士課程経営情報学研究科経営情報学専攻修了、山口大学大学院東アジア研究科後期博士課程東アジア専攻単位取得満期退学。経営情報学修士。会社2社・事業体1を起業し24年間経営後、大阪経済法科大学准教授を経て現在、新潟経営大学経営情報学部教授。経営学（ベンチャー起業論、中小企業論、地場産業論）専攻。『ベンチャー企業経営戦略』（税務経理協会、2005年）『マーケティングと中小企業の経営戦略』（産業能率大学出版部、2008年）、『ベンチャービジネス総論』（税務経理協会、2010年）、『中小企業の経営戦略』（財務詳報社、2011年）、他。

村上則夫（むらかみ・のりお）　第4・5・6章
1956年生まれ。日本大学大学院商学研究科博士後期課程単位取得満期退学。商学修士（経営学）。現在、長崎県立大学経済学部教授。情報学、経営学専攻。『システムと情報』（松籟社、1995年）、『地域社会システムと情報メディア〔三訂版〕』（税務経理協会、2005年）、『社会情報入門——生きる力としての情報を考える』（税務経理協会、2009年）、他。

和田造（わだ・はじめ）　第7・8章
1947年生まれ。早稲田大学第一政治経済学部卒業、慶應義塾大学法学部卒業、筑波大学大学院経営政策科学研究科修士課程修了（法学）、高千穂大学大学院経営学研究科修士課程修了（経営学）、高千穂大学大学院経営学研究科博士課程単位取得満期退学。石川島播磨重工業（現IHI）入社、海外勤務を経て税理士。現在、新潟経営大学経営情報学部准教授。企業法学・国際会計学専攻。『負債と持分の区分についての一考察』（『新潟経営大学研究紀要』第16号、2010年）、『持分金融商品の会計についての一考察』（『新潟経営大学研究紀要』第17号、2011年）、『FASBにおける持分再考』（『新潟経営大学研究紀要』第18号、2012年）、他。

吉田一郎（よしだ・いちろう）　第9章
1962年生まれ。早稲田大学商学部卒業、同大学大学院商学研究科修士課程修了、日本大学（通信教育部）経済学部卒業、新潟大学大学院経済学研究科修士課程修了。現在、新潟経営大学経営情報学部准教授。日本経済史・経営史専攻。「日本史教育に対する再考」（『新潟経営大学研究紀要』16号、2010年）、「統計数字でキャラが立つ社会現象学習」（『社会科教育』第45巻3号、2008年）、他。

新経営学概論

2012年5月1日　初版第1刷発行　　（定価はカヴァーに表示してあります）

編　者　宮脇敏哉
発行者　中西健夫
発行所　株式会社ナカニシヤ出版
　　　　〒606-8161 京都市左京区一乗寺木ノ本町15番地
　　　　　　　　　　　　TEL　075-723-0111
　　　　　　　　　　　　FAX　075-723-0095
　　　　　　　　http://www.nakanishiya.co.jp/

装幀＝白沢　正
印刷・製本＝サンエムカラー
© T. Miyawaki et al. 2012.
Printed in Japan.
＊乱丁・落丁本はお取り替え致します。
ISBN978-4-7795-0658-1　C1034

本書のコピー、スキャン、デジタル化等の無断複製は著作権法上での例外を除き禁じられています。本書を代行業者等の第三者に依頼してスキャンやデジタル化することはたとえ個人や家庭内での利用であっても著作権法上認められておりません。

経営は哲学なり

野中郁次郎 編

いまこそ、企業は創造主たる誇りを持て！日本企業が本来の輝きを取り戻すためには哲学が必要である。企業、リーダー、文献の事例を数多く紹介し、経営の実践哲学を幅広く解説していく。　二二〇〇円

組織は人なり

野中郁次郎 監修／東京電力技術開発研究所ヒューマンファクターグループ 編

いまこそ、人間主義的な経営のあり方が求められている。最新の経営学の理論とケースをわかりやすく紹介。組織経営の基本的な考え方を学ぶための、格好の入門書。　二三一〇円

はじめて経営学を学ぶ

田尾雅夫・佐々木利廣・若林直樹 編

経営戦略や組織論など経営学の基本から、イノベーションや倫理、環境経営まで、ビジネス・マネジメントの最前線を59のキーワードで紹介する最新のテキストブック。　二三一〇円

組織間コラボレーション
―協働が社会的価値を生み出す―

佐々木利廣・加藤高明・東俊之・澤田好宏 著

企業、消費者、NPO、行政、大学など、様々なステイクホルダー間に新しい関係・価値を生み出す「協働」。その過程で何が行われているのかを経営学的に分析し、今後の協働のあり方を展望する。　二五二〇円

表示は二〇一二年五月現在の税込価格です。